히든 제너럴
HIDDEN GENERALS

히든
제너럴
HIDDEN GENERALS

KODEF
안보총서
16

리더십으로 세계사를 바꾼 숨겨진 전략가들

| 남도현 지음 |

플래닛미디어
Planet Media

자신이 몸담고 있는 분야에서 일인자의 위치에 오르는 것을 싫어할 사람은 없다. 설령 자신을 낮추어가며 사랑의 정신을 전하려 애쓰는 성직자라 하더라도 자신이 믿는 절대자를 향한 신앙심을 측정할 수 있다면 적어도 그 부분에서만큼은 최고가 되기를 소망할 것이다. 일인자라는 자리가 빛나는 이유는 그것이 치열한 경쟁을 통해서 어렵게 얻는 것이기 때문이다. 반면 일인자가 되면 그동안의 노력을 보상받게 되는데 많은 경우 명예를 대가로 얻는다. 명예는 일인자가 되기 위해 고생해온 지난 모든 노력을 보상하며 더불어 남으로부터 존경과 부러움을 받는 확실한 근거가 된다.

어디에나 경쟁은 있고 누군가가 일인자의 명예를 차지하지만 그중에서도 스포츠는 일인자를 가장 객관적으로 판단할 수 있는 분야인데, 경기 자체가 바로 승패를 가르는 행위이기 때문이다. 참가 자체에 의의

가 있다는 올림픽만 하더라도 경기에서 승리하여 세계를 제패한 자와 그렇지 못한 자의 차이는 극명하다. 하지만 세상에는 스포츠 경기의 등 수처럼 쉽게 순위를 매기기 곤란한 경우가 오히려 더 많다. 이런 분야의 일인자는 해당 전문가들의 의견이나 또는 대중적인 인지도에 의해 결정된다. 예를 들어 노벨상 수상자는 소수의 전문가들에 의해 결정되지만 가요 분야의 일인자는 대중의 선호도에 의해서 만들어진다.

그런데 일인자의 명예를 얻었다고 해서 모두가 대중들에게 존경과 부러움의 대상이 되는 것은 아니다. 대중들의 관심을 끌 만하지 않기 때문일 수도 있지만 스스로 자신이 최고라는 사실을 알리는 데 그다지 적극적이지 않았기 때문일 수도 있다. 어쩌면 최고의 실력을 가진 사람들은 최고가 되어 얻을 수 있는 명예 그리고 뒤따라오는 찬사와 존경보다 오히려 자신의 일에 매진하는 과정에서 느끼는 재미를 더욱 즐겼을지도 모른다. 따라서 결과를 의식하지 않는 동안 자연스럽게 얻게 된 결과를 굳이 남에게 알리는 데 신경 쓰지 않았고 그런 만큼 대중으로부터 존경과 부러움을 얻게 될 기회도 적었을지 모른다. 그런데 지난 역사를 살펴보면 여러 가지 사유로 잘 알려지지 않은 숨겨진 일인자들이 의외로 많다.

이 책에서 소개하는 인물들은 전쟁사에 숨어 있는 일인자, 또는 그 정도의 위치를 점했던 사람들이다. 거시적으로 전쟁 전체를 책임졌던 위정자도 있고 미시적으로 해당 위치에서 최선을 다한 군인도 있는데 몇몇을 제외한다면 서로 살아왔던 시대나 공간 그리고 위치가 그다지 관련이 없다. 이들이 숨어 있다고 한 것은 각자가 속해 있던 전쟁 과정에서 최고의 위치에는 올랐지만 의외로 세인들에게, 특히 우리나라 사람들에게 많이 알려지지 않은 인물들이기 때문이다. 그런데 하필 수많은 인물들 중에서도 가장 험악한 역사라 할 수 있는 전쟁 속의 주인공들을 글의 주제로 선택한 이유는 바로 이들에게서 발견할 수 있는 다양하고도 독특한 리더십 때문이다.

전쟁은 분명히 지양해야 할, 당연히 일어나지 말아야 할 것이기는 하지만 아쉽게도 인류사가 끝나는 그날까지 달고 다녀야 할 업보다. 전혀 그렇지 않을 것 같은 예술사나 문화사를 논할 때에도 전쟁은 시대 상황을 알려주는 배경으로 등장한다. 전쟁에서는 평소에 가장 금기시되는 폭력과 살육이 정당화되고 도덕적으로 비난 받을 일들도 용인된다. 따라서 전쟁이라는 시간과 공간에서는 평시에 보기 힘든 가장 원초적인 인간의 본성을 가장 쉽게 볼 수 있는데, 이러한 극단적인 모습이 나타나게 되는 이유는 모두가 오로지 한 가지 목표인 승리를 얻기 위해 전력을 다하기 때문이다.

이처럼 전쟁은 매우 복잡하고 혼란스러운 과정이지만 단 한 가지 목적만 성취하면 되므로 그 진행과정에 있어 지휘자의 의사 결정이 상당히 중요한 요소로 작용하게 된다. 전쟁의 주체는 국가이고 일선에서 이를 수행하는 조직은 군대지만 결국 이러한 조직의 구성원은 사람이고, 그중에서도 가장 중요한 의사 결정을 내릴 사람은 소수로 한정되어 있다. 따라서 전쟁을 책임지는 소수에게는 신중하고도 신속하게 결정을 내릴 수 있는 뛰어난 자질이 요구된다. 이런 조건에 부합되는 인물을 보유했던 국가는 전쟁에서 승리했고 설령 패했어도 무기력하게 지지는 않았다. 그러다 보니 역설적이지만 전쟁이라는 극한 상태는 최고의 리더십을 살펴볼 수 있는 좋은 장*이 된다. 이러한 점 때문에 치열한 현대 비즈니스 사회에서 요구되는 생존 전략의 벤치마킹 대상으로 종종 전쟁 지도자들의 리더십이 언급된다.

이 책에서 소개하는 10명은 비록 대중에게 많이 알려지지는 않았지만 전문가나 마니아 사이에서는 최고의 리더십을 유감없이 보여준 예로 평가받는 인물들이다. 이들이 많이 알려지지 않은 데에는 여러 이유가 있겠지만 우선 전쟁이라는 사건이 보통사람들에게 그리 흥미를 유발할 만한 주제가 아니기 때문이다. 하지만 전쟁에 관련된 인물들이라고 무조건 인기가 없는 것도 아니다. 구국의 영웅인 이순신은 수많은 소설과 드라마의 주인공이 되었고 우리와 전혀 상관이 없는 외국 전쟁 지도자들이 위인전으로 소개되는 경우도 흔하다. 그렇다면 전쟁이라는 장르가 단지 대중적이지 않기 때문에 소개하려는 인물들이 많이 알려지지 않았다고 볼 수는 없다. 물론 모두 그렇다고 말할 수는 없지만 이처럼 알려지지 않은 대부분의 인물들은 자신들의 업적을 출세의 수단으로 사용하기 보다는 단지 자기 분야에서 최선을 다한 것으로 만족했기 때문이 아닌가 생각된다.

이 책에서 소개하는 인물들과 비슷한 업적을 이루며 유명세를 얻은 인물들을 직접 비교하면 그러한 차이를 분명히 알 수 있다. 우리는 독일의 장군 하면 막연히 롬멜Erwin Rommel을 떠올리지만 같은 시절 활약한 만슈타인Fritz Erich von Manstein에 대한 전문가들의 평가는 대중들이 가지고 있는 막연한 상식을 뒤집는다. 기갑부대 하면 패튼George Smith Patton을 떠올리지만 그를 구데리안Heinz Wilhelm Guderian과 비교한다는 자체가 어불성설이다. 칭기즈 칸成吉思汗과 비교해 그의 선조였던 선우묵특單于冒頓이 역사에 남긴 발자국이 뒤진다고는 결코 말할 수 없다. 제갈공명諸葛孔明은 소설 속에서나 활약했지만 역사에 기록된 야율초재耶律楚材는 세계사를 결정했다. 맥아더Douglas MacArthur가 명예회장과 같이 외부에서 한국전쟁을 지휘했다면 내부에서 피를 흘리며 전선을 책임진 것은 워커Walton Harris Walker

와 스미스^{Oliver Prince Smith}라는 총무들이었다. 손자^{孫子}는 병법을 써서 후세에 이름을 남겼고 슐리펜^{Alfred Graf von Schlieffen}이 남긴 유작은 20세기 절반의 역사에 영향을 끼쳤다. 히틀러^{Adolf Hitler}나 스탈린^{Iosif Vissarionovich Stalin}이라는 희대의 침략자들과 당당히 맞섰던 인물은 약소국의 지도자로 이름조차 생소한 만네르헤임^{Carl Gustaf Emil Mannerheim}이었다. 주코프^{Georgii Konstantinovich Zhukov}만이 500만 대군을 대표하는 소련의 장군이 아님을 굴곡 많은 로코소프스키^{Konstantin Konstantinovich Rokossovskii}를 보면 알 수 있다. 그리고 과거의 패장인 원균은 알아도 대한민국 현대사에 길이 남을 승리를 엮었던 김종오를 아는 이들은 그리 많지 않다.

이처럼 이 책에서 소개하는 인물들은 대중에게 찬사나 존경은커녕 관심의 대상이 되지도 못했을 만큼 많이 알려지지는 않았지만 뛰어난 리더십을 가지고 역사 속에 그들의 흔적을 남겼다. 하지만 그렇다고 이들이 모든 부분에서 완벽한 위인이라는 의미는 절대 아니다. 이들의 이야기를 보면 극히 인간적인 평범한 면모도 쉽게 엿볼 수 있는데 경우에 따라 비겁하거나 소심하게 행동해 실망스러운 부분도 없지 않다. 이런 이유는 어쩌면 그들의 활동배경이 전쟁이라는 극한 상황이어서 그런지도 모르겠다. 또한 전쟁은 명분이야 어떻든 일으키는 쪽에서는 침략이고 당하는 입장에서는 고통의 과정이므로 언급한 인물들이 반드시 찬사의 대상이 될 수는 없다. 예를 들어 만슈타인과 구데리안은 명장임에 틀림없지만 분명히 나치의 침략 전쟁에서 큰 역할을 했던 인물이고 로코소프스키 같은 경우는 말년에 노욕을 부리다 군인으로서 이루어놓은 명예에 커다란 흠집을 내기도 했다.

이처럼 한 사람에게도 여러 가지 측면이 있지만 이 책에서는 전후좌우 사정을 밝히기 위한 부분이 아니라면 그 인물의 다른 면은 되도록 언급을 자제하고 전쟁이라는 극한 상황에서 그들이 보여주었던 지도력에 집중해 살펴보려 노력했다. 그런데 역사 속의 인물들이다 보니 이들을 직접 만날 수도 없고 여기저기에 남겨진 제한된 자료를 통해서 간접적으로만 살펴볼 수밖에 없었다. 또한 내용을 집약하다 보니 생략한 부분도 있고 미처 알아내지 못한 점도 있을 수 있음을 미리 밝혀두고자 한다. 하지만 무엇보다도 그들을 살펴본 나 또한 기계가 아닌 사람이어서 모르는 사이에 주관적인 시각으로 인물을 판단하는 오류를 범할 수도 있다는 점 또한 부인하지 않겠다.

개인적으로 역사와 전쟁사에 대해 관심이 많아 온라인상에 'august의 軍史世界(http://blog.chosun.com/xqon)'라는 개인 블로그를 운영하면서 틈틈이 글을 올리고는 했는데 이 책에서 소개하는 인물에 관한 이야기도 그중 일부였다. 그런데 이 분야에 흥미를 가지고 계신 많은 분들이 블로그를 방문해 내가 미처 몰랐던 부분들에 대해 도움말을 주셨는데 이러한 관심 덕분에 글이 좀 더 객관적으로 다듬어졌다. 그러면서도 한편으로 이런 인물들이 있었는지 지금까지 몰랐다는 반응도 생각보다는 많았다. 그래서 기회가 되면 이처럼 뛰어나지만 잘 알려지지 않은 인물들의 이야기만 하나로 모아보는 것도 재미있으리라 막연히 생각하고 있었는데 책자로 펴내는 소중한 기회를 얻었다. 이러한 구상을 실현할 수 있도록 기회를 준 도서출판 플래닛미디어의 김세영 사장님과 관계자분들께 고마움을 돌리며 더불어 이 책이 나오는 데 도움을 준 내가 사랑하고 존경하는 모든 분들께 감사의 마음을 전한다.

차례

Part 1. 위대한 장군 한 사람이 사병 만 명의 피를 구한다

위대한 패장, 만슈타인

만
슈
타
인

Fritz Erich von Manstein

제2차 세계대전 당시 활약한 독일의 장군들을 다룰 때 항상 고민스러운 부분이 있다. 나치가 인류사에 얼마나 커다란 고통을 남겼는지는 굳이 당대를 직접 경험하지 않았어도 충분히 알 수 있는데 전사에 이름을 남긴 수많은 독일의 명장들은 누구보다도 제일선에서 나치의 침략전쟁을 수행했기 때문이다. 하지만 이러한 약점에도 불구하고 독일의 많은 명장들은 그들이 전쟁 중에 보여주었던 군인으로서의 능력만으로도 상당한 평가를 받는데 일부의 경우는 전쟁 당시 교전 상대국에서조차 경외의 대상이 되었을 정도다.

언젠가 우리 군의 고급 지휘관들에게 사상 최강의 전투능력을 보유했던 군대를 뽑으라고 하면 뛰어난 장군들이 많았던 2차대전 당시의 독일군을 꼽는 이들이 많다는 이야기를 들은 적이 있다. 그만큼 군사적인 부분만 놓고 보았을 때 당시 독일군 지휘관들의 능력은 시대와 국가를 초월해 손꼽힐 만큼 탁월했다.

물론 당시 독일에는 괴링, 카이텔 같은 정치군인들도 있었고 이런 정치지향적인 모습은 후일 영웅이 되다시피 한 롬멜도 마찬가지였다. 하지만 침략자의 하수인들이었다는 극단적인 혹평에도 불구하고 군사적으로 놀라운 성과를 거두어왔던 독일군에는 순전히 지휘 능력만으로 명성을 얻은 장군들이 훨씬 많았는데 그중에서도 만슈타인은 독보적인 존재였다. 어쩌면 업보를 지닌 패전국의 장군이어서 대중에게 잘 알려지지 않았는지는 모르겠으나 분명히 그는 전문가들이 첫손을 꼽는 2차대전 당시 최고의 지략가임에 틀림없다.

1. 만슈타인을 아십니까

역사를 돌이켜보면 흔하게 발견할 수 있는 것 중 하나가 위대한 장군들의 영웅담이다. 너무나 당연한 현상이겠지만 대부분의 경우 승자에 대한 기록만 전해 내려오는 것이 보통인데, 여기서 확실히 짚고 넘어가야할 것은 전투에서는 패했지만 전쟁에서 승리한 경우는 승장이 되지만그 반대인 경우는 패장敗將으로 기록된다는 사실이다. 이런 이유로 해서수많은 훌륭한 성과를 거두었음에도 불구하고 역사에는 패장으로 기록된 사람들이 있다. 만일 전투에서도 지고 전쟁에서도 패했다면 그나마기록이 남아 있지 않았을 터인데, 수많은 승리에도 불구하고 전쟁에서패한 지휘관으로 역사에 기록되었다면 사가들도 안타깝게 생각했기 때문일 것이다.

그러한 인물들 중 가장 대표적으로 손꼽히는 위대한 패장이라면 카르타고Cartago의 맹장이었던 한니발Hannibal이 아닐까 생각된다. 특히 영화나 역사책에 묘사된 것처럼 자마Zama 전투에서 패전 후 "신이 카르타고를 버렸다."라고 하늘을 향해 울부짖는 그의 마지막 모습은 심금을 울리기에 충분하다. 그런데 비록 한니발만큼은 아니라 할지라도 사상 최대의 전쟁이었던 제2차 세계대전에서 활약한 장군들 중에도 위대한 패장은 있었다.

기동전의 대가이자 뛰어난 전략가인 독일의 육군 원수 프리츠 에리히 폰 만슈타인.

밀리터리에 관심이 없는 사람들에게 2차대전에서 활약한 장군들 중 생각나는 사람을 묻는다면 대부분 맥아더, 아이젠하워Dwight David Eisenhower, 패튼, 몽고메리Bernard Law Montgomery 등의 승장들을 언급할 것이다. 그리고 독일 장군으로는 '사막의 여우' 롬멜이 많이 알려져 있다. 물론 이들 대부분이 전공戰功이 뛰어나기도 했지만 오늘날의 연예인처럼 전쟁 영웅을 미화한 당시의 선전매체를 통해 일반 대중에 많이 노출되었기 때문에 그처럼 알려진 것이 아닌가 하는 생각도 든다. 특히 이들 중 많은 수는 정치적인 성향이 강했다는 것이 중론이기도 하고 그중 아이젠하워는 실제로 미국의 대통령이 되기도 했다. 우리나라의 경우는 오랜 기간 냉전의 선두에 있었던 관계로 소련의 상승장군常勝將軍이었던 주코프 같은 공산권 장군에 대해서는 거의 알려지지 않았고 패전국 독일의 장군들에 대해서 아는 사람도 그리 많지는 않다.

그렇지만 군사전문가나 밀리터리 마니아 사이에서 2차대전 최고의 장군을 손꼽으라면 일반인들에게는 금시초문일 수도 있는 인물이 항상 선두에 들고는 한다. 그는 후대에는 물론이요 전쟁 기간 중에는 독일뿐 아니라 연합국 측에서도 당대 최고의 장군으로 인정하는 데 전혀 인색하지 않았던 인물로, 역사상 최고로 평가받는 기동전의 대가이자 뛰어난 전략가인 독일의 육군 원수 프리츠 에리히 폰 만슈타인(1887~1973)이다. 그는 일반 대중들에게는 그리 많이 알려지지 않았지만 전문가라면 누구나 최고의 지휘관으로 손꼽기를 주저하지 않을 만큼 뛰어난 인물이었다. 비록 우리나라에서는 인지도가 낮지만 밀리터리 관련 문화가 앞서 있는 이웃 일본만 해도 만슈타인의 피규어나 일대기를 묘사한 만화까지 나와 있을 정도다. 이제부터 뛰어난 장군이었음에도 우리에게 생소한 만슈타인에 대해 알아보겠다.

2. 신념 그리고 우연히 찾아온 기회

프로이센 귀족이었던 포병장교 에두아르트 폰 레빈스키Eduard von Lewinski 장군의 10번째 아들로 태어나 인척인 게오르크 폰 만슈타인Georg von Manstein 장군의 양아들로 입양되었을 만큼 만슈타인은 탄생부터 군인의 길과 떼려야 뗄 수 없는 환경에 둘러싸여 있었다. 만슈타인은 이런 가정환경 탓인지 자연스럽게 사관학교에 진학했고 졸업 후 초급장교로 임관해 제1차 세계대전에 참전했다. 그는 초급장교로는 특이하게도 당시 서부전선과 동부전선에 고루 참전한 경험을 가지게 되었는데 최전선에서 복무한 결과 여러 차례 부상을 당하기도 했지만 이는 그에게 커다란 자산이 되었다.

만슈타인은 전쟁 후에 체결된 베르사유 조약에 따른 독일군의 대대적인 감군*에도 불구하고 능력을 인정받아 현역에 남게 되었는데 주로 핵심 참모직에 복무하며 경력을 키워갔다. 1936년에 나치 정권이 들어서면서 그동안 독일군의 팽창을 인위적으로 막아오던 베르사유 조약을 일방적으로 파기하고 재군비^{再軍備}를 선언하자 그는 군부의 누구보다도 이를 적극 지지했다. 그렇지만 단지 이를 가지고 만슈타인이 나치라거나 나치에 가까웠던 인물이라고 말하기에는 곤란한 점이 많다. 베르사유 조약 자체가 독일에게는 워낙 굴욕적이었기 때문에 군이 괴링^{Hermann Wilhelm Göing}이나 카이텔^{Wilhelm Keitel} 같은 골수 나치가 아니더라도 당시 조약의 제한을 가장 많이 받고 있던 독일 군부가 이러한 나치의 정책에 찬성한 것은 어쩌면 자연스러운 현상이었다. 사실 어느 나라든 군부는 국가를 우선시하는 보수적인 성향을 지닌 집단인데 특히 국방과 관련된 부분이 외적인 요인에 의해 제한을 받는다면 이를 굴욕으로 여기는 것은 너무나 당연하다.

나치 정부가 재군비를 선언했을 당시 독일군 재건의 핵심으로 능력을 발휘했던 만슈타인은 1939년 9월 1일, 독일이 폴란드를 침공하면서 2차대전을 일으켰을 때 룬트슈테트^{Karl Rudolf Gerd von Rundstedt}가 지휘하는 독일 침공군의 핵심인 남부집단군**의 참모장으로 활약했다. 하지만 그

---

* 베르사유 조약은 1차대전의 종전으로 1919년 6월 28일 조인된 강화조약이나 실질적으로는 전쟁의 모든 책임과 배상 의무를 독일에게만 묻는 일방적인 항복조약과 다름없었다. 예를 들어 군사 분야만 봐도 차후 독일의 군사적 도발을 원천적으로 방지하기 위해 독일이 10만 이상의 상비군 병력을 보유하지 못하도록 했고, 각종 무기의 개발과 보유를 제한했다. 이처럼 독일을 옥죄는 여러 제한 때문에 체결 당시부터 독일의 반발은 극심했고 이러한 굴욕은 2차대전을 일으키는 원인 중 하나가 되었다.
** 2차대전 당시 독일의 집단군^{集團軍}은 독립적인 전략적 작전을 구사할 수 있는 2개 이상

가 본격적으로 세상에 명성을 떨치게 되었던 것은 역설적이게도 그 이후에 있었던 좌천 때문이었다.

한 달 만에 대(對)폴란드 전역을 성공적으로 마무리 지은 독일에게는 이미 자신들에게 선전포고를 한 프랑스와 영국이 장차전의 상대로 예정되어 있었다. 하지만 적극적인 교전의지가 없던 연합국 측과 양면전쟁을 회피하려던 독일의 충돌은 막상 일어나지 않았고 서로 먼저 움직이지 못한 채 으르렁대기만 할 뿐이었다. 이것이 바로 포니워The Phoney War라고 불린 이상한 전쟁의 모습이었는데 훈련 중 포탄이 상대편으로 날아가면 "미안하다. 방금 것은 연습 중 실수였다."라고 확성기로 방송할 정도였다. 사실 독일이나 프랑스 모두 20여 년 전 1차대전 당시 서부전선에 구현되었던 지옥을 똑똑히 기억하고 있었고 다시 맞붙는다면 끔찍했던 과거가 재현될 것이라는 두려움을 가지고 있었다. 이런 이유로 프랑스는 독불국경에 구축한 요새선인 마지노 선Maginot Line에 안주했고 독일도 섣불리 이를 돌파할 생각을 하지 못했다.

독일이 1차대전에서 실패한 가장 결정적인 이유는 초기 진격이 마른Marne에서 저지당했기 때문인데,* 전후에 기동력의 부족과 열악한 통신 인프라로 인한 전선의 단절이 그 이유로 분석되었다. 때문에 독일육

의 야전군(野戰軍)과 공군부대 그리고 각종 지원부대로 구성된 최상위급 편제로 대략 50만 이상의 병력으로 이루어진 거대 병단이다. 당시 소련이나 연합군도 비슷한 규모의 편제를 운용했는데, 오늘날은 찾아보기 힘든 군사조직이다. 집단군의 하부조직으로 군(軍)(야전군)이 있고 그 이하로는 군단(軍團), 사단(師團) 등의 하위 제대가 있다. 군은 2개 이상의 군단과 지원부대로, 군단은 2개 이상의 사단과 지원부대로 구성된 조직이다.

* 마른 전투는 1차대전 초기인 1914년 9월 파리 북동부 마른 강 일대에서 독일과 프랑스 사이에 벌어진 전투로 프랑스가 독일이 머뭇거린 틈을 타서 회심의 반격을 가해 승리를 거두었다. 이후 벌어진 베르됭, 솜, 이프르 전투 등에 비해 규모는 작았으나 독일의 거센 초기 진공을 막아 서부전선을 고착화시켰기 때문에 전략적 의의가 크다고 할 수 있다.

군최고사령부OKH, Oberkommando des Heeres는 이런 교훈을 거울삼아 1차대전 당시 독일의 전략이었던 슐리펜 계획Schlieffen Plan*을 보완한 프랑스 침공 계획(이른바 황색작전Fall Gelb**)을 수립해놓았고 충분히 승산이 있으리라 판단했다. 하지만 문제는 프랑스 또한 충분히 그런 전략을 예견하고 있었다는 사실이다. 강력한 마지노 선으로 인해 독일이 독불국경으로는 침공할 수 없기 때문에 프랑스와 영국원정대 역시 독일이 1차대전 때처럼 벨기에로 침공하리라 생각하고 있었고, 따라서 강력한 예비를 프랑스 · 벨기에 국경에 포진하고 있다가 독일의 주공主攻이 벨기에로 진입할 경우 즉각 대응한다는 전략을 가지고 있었다.

당시 만슈타인은 폴란드 전역에서 지휘관으로 보필했던 룬트슈테트가 A집단군 사령관으로 영전하면서 같이 참모장으로 부임하게 되었는데 이미 계획되어 있는 황색작전에서는 A집단군이 프랑스군을 견제하는 조공助攻의 역할을 담당하게 되어 있었다. 그런데 A집단군 참모장 만슈타인은 적도 충분히 예상하는 이런 뻔한 스토리의 황색작전을 강력히 비판하고 이를 대신할 새로운 작전 계획을 군부 최고위층에 제시했다. 만슈타인의 주장은 프랑스 영토 내에 포진하고 있던 프랑스군과 영국원정군을 분리시키기 위해 주공을 북부의 B집단군이 아닌 룬트슈테트의 A집단군으로 변경하고 기갑세력을 이곳에 집중하여 누구도 예상

---

* 1차대전 이전 독일의 참모총장이었던 슐리펜이 수립해놓았던 전쟁 계획으로 독일이 동서의 적과 동시에 전쟁을 벌여야 할 최악의 경우를 가정해 기안되었다. 저지대 국가(벨기에)를 통과하여 프랑스를 최단 기간(6주) 내 정복한 후 주력을 동부로 돌려 러시아를 격파하는 작전이다.
** 2차대전 당시 독일의 참모총장 할더의 주도로 기안된 대프랑스 침공 계획안이다. 주력을 저지대 국가(베네룩스3국)를 통과하여 프랑스를 공격하는 방법으로 기본적으로는 슐리펜 계획과 그다지 차이가 없었다.

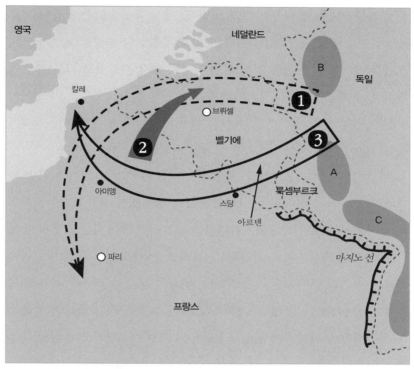

1-1 독일의 프랑스 침공계획과 프랑스의 방어계획
❶ 슐리펜 계획에 의거 1차대전 당시 독일이 사용한 프랑스 침공로인데 황색작전도 비슷한 방법으로 프랑스를 침공하려 했다.
❷ 프랑스의 다일-브레다Dyle-Breda Plan 방어계획은 독일이 프랑스 침공을 위해 벨기에로 진입할 경우 프랑스 주력도 벨기에로 진입하여 이곳에서 방어선을 구축하는 것이다.
❸ 만슈타인의 낫질작전은 프랑스가 전혀 예상하지 못한 아르덴의 구릉지대를 통과해 연합군의 배후를 절단하려 했다. (A, B, C는 낫질작전에서 각 집단군의 위치)

하지 못한 아르덴Ardennes 구릉지대를 급속 돌파해 적의 배후를 단절함으로써 주력을 대☆포위하여 섬멸하는 이른바 낫질작전Sichelschnitt이었다.

그러나 할더Franz Ritter Halder가 이끄는 독일육군최고사령부는 비록 폴란드에서의 경험이 있었음에도 기갑부대의 집중 운용과 쾌속성에 대해서는 여전한 의문을 가지고 있었다. 더구나 주력 기갑부대가 삼림이 무성한 벨기에 남부 아르덴 숲을 통과해 스당Sedan 인근을 돌파한다는 것은 불가능하다는 견해를 가지고 있었다. 당시 육군참모총장 할더는 수차례의 기각에도 불구하고 만슈타인이 황색작전의 수정을 요구하는 의견서를 계속해서 제출하자 이를 항명으로 여겨 격분했고 그를 후방에 위치한 제38군단으로 좌천시켜버렸다. 그런데 결과적으로는 이 인사이동이 오히려 전화위복이 되었는데, 때마침 군단을 방문한 히틀러에게 만슈타인이 직접 자신의 계획을 설명할 기회를 얻게 된 것이다.

만슈타인의 계획을 경청한 히틀러는 이것이 바로 자신이 원하던 작전이었다고 적극 찬동하며 낫질작전을 전격적으로 채택했고* 히틀러의 지시를 받은 독일육군최고사령부도 만슈타인의 계획을 보완하여 프랑스 침공을 개시하기로 결정했다. 그리고 1940년 5월 10일, 비밀리에 공병들이 미리 닦아놓은 아르덴 숲의 전차 이동로와 교량을 이용해 독일의 기갑부대가 진격했고, 계획대로 아니 그 이상을 초과하는 놀라운 속도로 적진을 돌파하여 독일 A집단군이 프랑스·영국군 주력의 배후를 차단하자 그것으로 사실상 프랑스 전역은 종말을 고하게 되었다. 만슈타인은 그가 지휘하는 38군단을 이끌고 독일 육군 중 최초로 센Seine 강을 도하해 파리로 돌진해 들어갔으며 뛰어난 전략 수립과 공로를 인정받아 중장으로 진급함으로써 유능한 참모일 뿐만 아니라 뛰어난 전략적 안목을 가진 야전지휘관으로서 두각을 나타내게 되었다.

---

* 1차대전 당시 하사관으로 참전하여 서부전선의 끔찍한 참호전을 직접 경험했던 히틀러는 슐리펜 계획과 별다른 차이가 없던 황색작전에 대해 불신감을 가지고 있었다.

3. 신화를 만든 장군

1941년 6월 22일 독일이 소련을 전격 침공하면서 독소전쟁이 개시되었다. 독소전쟁은 강철과 강철이 충돌한 인류사 최대의 재앙이었는데 우리나라 사람들은 이러한 사실을 의외로 제대로 모르고 있다. 우리는 보통 유럽에서 나치를 이긴 것을 노르망디 상륙작전을 이끈 연합군의 노력 덕분으로 알고 있지만 이것은 냉전시기에 공산주의 종주국이었던 소련의 전과를 보이지 않게 폄하하기 위해 왜곡한 것이라고 할 수 있다. 사실 2차대전 유럽전역에서 전체 추축국 전력의 80퍼센트가 넘는 대부분을 상대한 것은 소련이었다. 전후 소련의 순수 사망자가 최소 2,000만 명*으로 추산되고 있다는 사실은 독소전쟁이 얼마나 참혹한 전쟁이었는지 한마디로 대변해주는 증거다.

독소전쟁 개전 당시 대장으로 승진한 만슈타인은 폰 레프Wilhelm Ritter von Leeb 원수가 지휘하는 북부집단군의 주먹인 제4기갑군의 선봉부대 제56장갑군단 사령관으로 참전해 소련 북부의 요충지 레닌그라드Leningrad를 향해 부대를 진격시켰다. 그는 제8전차사단, 제3차량화보병사단, 제290보병사단을 거느리고 개전 후 4일 만에 무려 320킬로미터를 전진하는 놀라운 기동력을 과시했는데 이것은 무주공산의 대지를 그냥 달려간 것이 아니라 첩첩이 방어막을 치고 있던 소련군들을 괴멸시키면서 이룬 놀라운 진격이었다. 만슈타인의 초기 돌격은 프랑스전 당시 그의 육군대학 동기인 구데리안이 수행한 아르덴 돌파와 더불어 전사에 길이 남

---

* 2차대전으로 인한 사망자는 최소 5,000만으로 알려져 있는데 그중 40퍼센트가 소련인이었다.

는 독일 전격전電擊戰의 신화로 아직까지도 인구에 회자되고 있다.*

그런데 대對프랑스 전선에서 독일의 승리를 위해 훌륭한 결단을 내렸던 히틀러가 독소전쟁부터는 자만심에 가득 차 군부의 작전에 본격적으로 간섭하기 시작했는데, 특히 키에프Kiev 공략에서는 자신의 고집대로 주공의 방향을 틀어버리는 과욕까지 부리며 대포위 섬멸전을 펼친다. 바르바로사 작전에 따르면 독일군은 쓰나미처럼 곧바로 진격하여 모스크바라는 전략적 목표물을 점령해야 했음에도 불구하고 전의를 상실해 고립되어 있는 소련군을 소탕하기 위해 주공의 진격로를 키에프로 우회시킨 결과 모스크바로의 진격 시간이 늦어졌다. 결국 동계전투용 장비도 제대로 준비되지 않은 상태에서 겨울이 찾아들었고, 첫눈이 내리기 시작한 10월 말부터 독일의 전광석화와 같은 진격은 서서히 둔화되었다. 비록 키에프 공략은 전술적 대승을 거두기는 했지만 이는 여러 장군들의 진언을 묵살하고 애초의 목표인 모스크바Moskva로의 진격을 늦추어 이룬 승리일 뿐이었다.**

당시 히틀러의 명령으로 레닌그라드 외곽에서 전진을 멈추고 있던 만슈타인은 1941년 9월 룬트슈테트가 지휘하는 남부집단군 예하 제11군사령관에 전격 임명되었다. 독일은 키에프 공략 후 전선을 정비해 모스크바를 향한 재再진격을 준비하고 있었지만, 한편으로 히틀러는 소련

---

* 독일어 Panzer는 기갑, 장갑, 기계화, 전차 등으로 해석되는데 관련된 군, 군단, 사단을 일률적으로 하나의 단어로 표기하면 글을 이해하는 데 오히려 혼동을 줄 수 있어 이 책에서는 Panzer Armee는 기갑군, Panzer Korp는 장갑군단, Panzer Division은 전차사단으로 표기했다.
** 일각에서는 진격로 후방에 70만의 소련군을 남겨두고 앞으로 나가는 것도 상당히 위험하므로 히틀러의 선택이 반드시 틀린 것만은 아니라는 의견도 있다. 하지만 키에프 공략으로 인해 시간이 지체되고 이로 인해 겨울을 맞은 독일군이 힘을 잃은 것만은 사실이다.

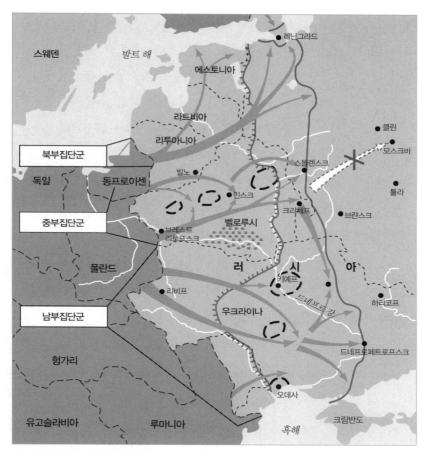

1-2 바르바로사 작전에 따른 독일의 소련 침공로이다. 이 작전에 따르면 북부, 중부, 남부집단군으로 이뤄진 3개 병단이 각각 맡은 목표로 진격하기로 예정되어 있었다. 그런데 키예프에 70만의 소련군이 고립되자 히틀러는 이를 소탕하려 중부집단군의 주력부대를 남진시켰는데 이 때문에 모스크바로 향한 진격이 지체되었다.

의 보물창고인 우크라이나와 남부 러시아에 계속 관심을 기울이고 있었다. 이 때문에 모스크바 공략을 목표로 수립된 태풍작전Operation Typhoon과는 별개로 독일 남부집단군의 역할에 큰 기대를 걸었고, 이러한 전략 목표를 달성하기 위해 그동안 특유의 기동력을 선보이며 전선 돌파에 일가견을 보여주었던 만슈타인을 상급대장으로 승진시켜 남부집단군 예하의 핵심 야전군 지휘관으로 임명했다.

히틀러는 만슈타인에게 전략요충지인 크림 반도를 제압할 임무를 부여하며 북부전선에서 보여주었던 놀라운 돌파력을 남부전선에서 재현해주기를 바랐다. 독소전쟁 초기인 1941년 6월부터 10월 사이에 보여준 전사에 길이 남을 만한 독일의 전과는 독일군이 소련군보다 월등히 많은 병력과 장비로 무장했기 때문이 아니다. 사실 개전 시점부터 전쟁 내내 독일은 소련에 비해서 병력 및 장비(성능상 일부 장비가 좋았다고 하더라도)가 열세였고 항상 3~5배 많은 소련 전력을 상대로 전쟁을 벌여왔다. 이런 전력 격차에도 불구하고 독일이 무려 2,000킬로미터를 진격(물론 나중에 2,500킬로미터를 후퇴하긴 했지만) 했다는 것은 개전 초기 소련군 지도부의 무능함도 하나의 중요한 이유겠지만 만슈타인과 같은 독일군 지휘부의 전술이 뛰어났기 때문이라는 것이 중론이다.

4. 크림 반도 평정

1941년 9월, 만슈타인은 우크라이나와 크림 반도를 연결하는 병목 지점이자 전략 요충지인 아르먄스크Armyansk를 점령하는 데 성공했다. 다음 목표는 크림 반도를 석권해 흑해와 아조프Azov 해 연안을 독일군의 수중에 넣은 뒤 동쪽의 케르치Kerch 해협을 통해 소련의 보물창고인 캅카스 Кавка́з(영어로는 코카서스Caucasus)로 진군하는 것이었는데, 지금까지 독일의 놀라운 진군 속도를 고려할 때 이것은 그리 어렵지 않은 목표로 보였고 실제 크림 반도 내 전투도 그렇게 진행되는 것 같았다.

그런데 정작 사령관인 만슈타인은 크림 반도의 점령이 그리 만만한 작전이 아니라고 생각했다. 크림 반도를 완전히 제압하기 위해서는 반도 남서쪽의 전략요충지인 세바스토폴Sevastopol을 완전히 공략하는 것이 전제되어야 하는데 이것이 상당히 힘들다고 예상했기 때문이다. 세바스토폴은 도시 자체의 험한 지형을 바탕으로 크림 전쟁, 1차대전, 러시아 내전 등을 거치면서 만들어진 난공불락의 요새로, 한마디로 빈틈없어 보이는 강철의 벽이었고 천하무적 독일군도 이 벽을 쉽게 돌파하기는 힘들어 보였다.

1941년 10월, 세바스토폴 요새 지역을 제외한 모든 크림 반도 지역을 평정한 독일군은 전열을 정비해 서서히 포위망을 압축해 들어갔지만 만슈타인의 예측대로 소련군의 격렬한 저항에 의해 진격이 저지되었다. 만슈타인은 루마니아군까지 총 35만의 병력을 이곳으로 집중시켰으나 요새선 돌파에는 실패했다. 반면 페트로프Ivan Yefimovich Petrov가 지휘하는 소련군은 불과 10만에 불과했는데, 독소전쟁 전체를 통틀어 이 정도로 적은 소련군이 몇 배나 많은 독일군을 방어한 것은 매우 희귀한 일이었다. 이는 그만큼 세바스토폴 요새가 견고하여 방어하는 데 유리했다는 의미이기도 했다.

결국 하염없이 시간이 지나고 독일의 피해만 커지자 만슈타인은 세바스토폴을 계속 희생을 감수하며 하나하나 점령할 것이 아니라 완전히 초토화시키는 것이 빠르다고 결론 내린다. 폭탄의 비로 전투지역을 제압하는 초토화 작전은 많은 민간인 피해를 양산하기 때문에 도덕적으로 비난받는 경우가 많다. 하지만 초토화 작전을 피하고 하나하나 점령하려다가 발목이 잡히고 결국 독일에게 독이 되어 돌아온 대표적인 사건이 1년 후에 벌어진 스탈린그라드Stalingrad 전투다. 목숨을 건 전쟁터에서 도덕을 따지는 것은 어쩌면 사치일지도 모른다.

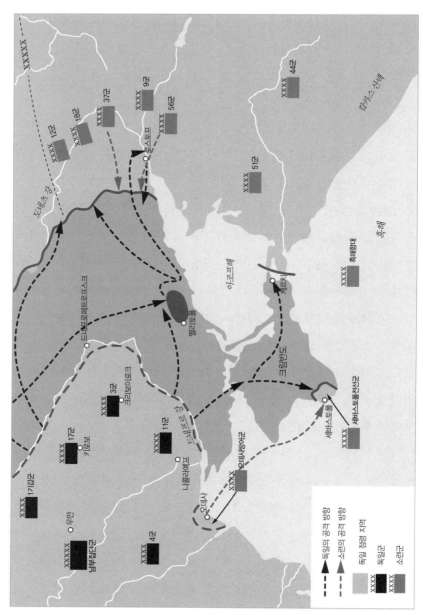

도네츠 강

XXXXX

XXXX 1군

XXXX 18군

XXXX 3군

XXXX 9군

XXXX 56군

돈스토프

XXXX 44군

캅카스 산맥

XXXX 51군

흑해

아조프 해

XXXX 흑해함대

드네프로페트로프스크

켈리토폴

케르치

드네프로페트로프스크

크림반도

XXXX 3군 크리보이로크

XXXX 17군 구로보

XXXX 11군

드네프르 강

XXXX 세바스토폴전선군

세바스토폴

XXXXX 17군집단 우만

니콜라예프

XXXX 온대대양군

XXXX 4군

남부전선군

오데사

독일의 공격 방향

소련의 공격 방향

독일 점령 지역

XXXX 독일군

XXXX 소련군

1-3 독일이 전선을 도네츠 강까지 밀어붙였지만 배후의 크림 반도가 완전히 장악된 상태는 아니었다. 크림반도는 흑해, 아조프 해, 캅카스를 장악하기 위해 반드시 확보해야 할 요충지였는데 그중에서도 핵심은 세바스토폴이었다. 하지만 세바스토폴은 천혜의 요새였고 명장 만슈타인이 이끄는 독일 11군도 이곳을 장악하는데 8개월이 걸렸다.

그는 독일육군최고사령부에 요청해 당시 독일이 동원할 수 있는 모든 포병 예비전력들을 세바스토폴 인근으로 집결시켰는데 이때 동원된 포병전력은 그야말로 무시무시한 수준으로, 600밀리 구경 칼^{Karl} 자주박격포와 방렬*하는 데만 1개월 이상이 소요되는 역사상 최대의 거포인 800밀리 구경의 구스타프$^{Schwerer Gustav}$(일명 도라^{Dora})를 포함한 총 1,300여 문으로 이루어져 있었다. 한마디로 당시 독일 포병이 동원할 수 있었던 모든 예비 자원으로 이루어졌는데 만슈타인은 독일군의 희생

방렬하는 데만 1개월 이상 걸리는 독일의 열차포 슈베러 구스타프는 중량이 약 1,344톤이며, 7톤이 넘는 포탄을 37킬로미터 이상 쏠 수 있다. 2차대전 준비 중 마지노 선을 돌파하기 위해 제작되었으나 프랑스에서는 사용되지 못하고 바르바로사 작전 때 세바스토폴 공략에 사용되는데, 연합군에게 포획되는 것을 막기 위해 독일의 몰락 직전에 파괴되었다. 사진은 구스타프의 포탄으로 뒤에 있는 소련 전차 T-34와 비교하면 그 거대함을 알 수 있다.(런던의 왕립전쟁박물관 소장)

을 막고자 이러한 거대 포병전력이 집결될 때까지 모든 공격을 중지시켰다. 그리고 준비가 완료된 1942년 6월 1일 독일은 세바스토폴에 대한 공격을 재개해 지난 7개월간의 치열했던 공방전과 지루했던 대치를 마감 지으려 했다.

천지를 찢는 무시무시한 독일군의 포격은 장장 열흘간 계속되었는데 특히 괴물 구스타프가 울부짖는 소리는 800킬로미터 떨어진 오데사

---

*포병 진지에서 화포를 사격 대형으로 정렬하는 일.

Odessa까지 들리고 공격을 가하는 독일군에게도 공포를 불러일으킬 정도였다. 무시무시한 포격에 지난 7개월간 독일의 어떠한 공격도 가볍게 튕겨버린 세바스토폴의 요새들이 드디어 하늘을 향해 차례차례 뚜껑을 열었고 만슈타인은 보병들에게 벌어진 틈을 향해 돌격하도록 명령했다. 그리고 치열한 마지막 백병전* 끝에 7월 3일 요새를 완전히 함락시킴으로써 8개월간 계속된 무시무시하고 길고 긴 공성전攻城戰**을 승리로 이끌었다.

전쟁 기간 내내 기동전의 대가인 만슈타인이 보여주었던 전술은 대부분 속도와 충격을 이용해 아군의 피해를 최소화하고 초전에 적의 항전의지를 철저히 꺾어버려 전투를 쉽게 종결짓는 것이었다. 그런데 우리가 관념적으로 알고 있는 것과 달리 세바스토폴에서 그가 사용한 전술은 마치 1차대전 당시 무지막지하게 포탄을 날려 보낸 후 보병을 돌격시켜 아비규환을 연출했던 것과 같이 일면 잔인하고 냉정한 측면이 엿보이는 작전이었다. 그리고 이는 만슈타인이 승리를 위해서라면 상당한 희생과 파괴를 무릅쓸 수 있는 냉정한 지휘관임을 보여주는 예이기도 하다. 하지만 시간이 촉박했음에도 불구하고 완벽한 준비가 완료될 때까지 무의미한 돌격은 거부했을 만큼 만슈타인은 합리적인 사고방식을 가지고 있었다. 어쨌든 이 전투를 마지막으로 크림 반도 내 전투를 마무리 지은 만슈타인은 30여 개 소련군 사단을 분쇄시켜 흑해 연안을 독일의 수중에 넣음과 동시에 소련군을 우크라이나 밖으로 밀어내고 원수로 진급한다.

---

* 무기를 가지고 적과 직접 몸으로 맞붙어 싸우는 전투.
** 성이나 요새를 빼앗기 위해 벌이는 싸움.

5. 스탈린그라드의 위기

1942년 여름이 되자 독일은 실패로 귀결된 모스크바라는 정치적 목표물보다는 캅카스의 자원을 염두에 두고 주공격 방향을 남부집단군 관할지역인 우크라이나와 남부러시아로 바꾼다. 독일은 히틀러가 주도해 청색작전Operation Blue으로 명명한 하계공세를 위해 기존의 남부집단군을 증강시켜 신편 A · B집단군으로 나누었는데, 만슈타인의 제11군은 A집단군에 소속돼 공세에 참여하게 되었고 이 원대한 작전의 서전은 앞서 설명한 만슈타인의 크림 반도 평정으로부터 시작되었다. 그리고 독소전쟁의 전환점이 되는 역사상 최대, 최악의 전투가 바로 이때 이곳에서 벌어지게 되는데, 바로 그 자체가 거대한 전쟁이기도 했던 스탈린그라드 전투다.

  1942년 8월 23일 개시된 청색작전에서 애초 독일의 계획은 캅카스의 유전과 곡창지대를 차지하기 위해 A집단군이 남하하는 동안 B집단군이 스탈린그라드를 중심으로 하는 볼가 강 교두보를 장악하는 것이었다. 그러나 언제부터인가 작전의 본질이 변질되었는데 그 이유는 이 도시의 이름이 스탈린그라드였기 때문이다. 만일 이 도시의 이름이 예전대로 차리친Tsaritsyn이었다면 히틀러도 굳이 피를 쏟아부으면서 여기를 점령하느라 청색작전 전체를 틀어버리지 않았을지도 모를 일이었고, 스탈린 또한 막대한 희생을 감수하면서까지 끝까지 이 도시를 사수하려고 그토록 목매지 않았을지도 모른다. 포악하고 잔인한 성격이 꼭 닮은 히틀러와 스탈린은 작전 전체를 전략적으로 바라보지 못하고 스탈린의 이름을 딴 이 도시에만 집착했던 것이다. 언제부터인가 스탈린그라드는 두 악마의 자존심 대결장이 되어가고 있었다.

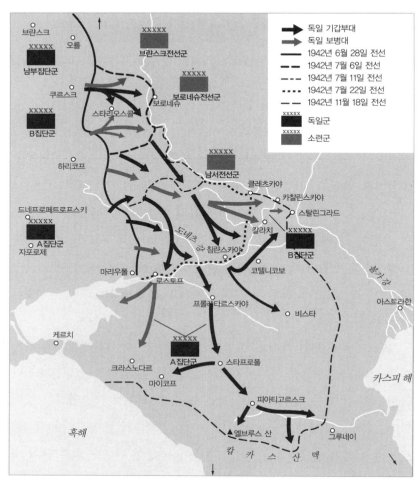

1-4 독일은 기존 남부집단군을 분리하여 캅카스를 장악하기 위한 A집단군과 전선을 돈 강까지 밀어붙일 B집단군으로 나누어 청색작전을 개시했다. 하지만 길목에 있던 스탈린그라드가 히틀러와 스탈린의 자존심 경쟁의 장이 되면서 작전의 본질이 변질되었다.

 1942년 11월 22일, 앞만 보고 전진하다가 도심의 블랙홀에서 이전투구泥田鬪狗를 벌이던 30만 명의 독일 제6군이 소련군의 기습 포위에 의해 스탈린그라드에 고립되었고 독일육군최고사령부는 스탈린그라드를 사수하느냐 아니면 후퇴하느냐를 두고 고심하게 되었다. 제6군 사령관 파울루스^{Friedrich Paulus}나 B집단군 사령관 바이크스^{Maximilian von Weichs}를 비롯한 대부분의 일선 지휘관들은 탈출을 요청했지만 그동안 스탈린과 자존심을 걸고 싸웠던 히틀러는 이곳을 차지하자마자 뒤로 돌아 나오는 것이 아쉬워 현지 고수를 엄명했다. 히틀러는 루프트바페^{Luftwaffe}*로 하여금 공중보급을 해 현지를 사수하면서 구원군을 보내 고립된 독일 제6군을 구출할 생각이었는데, 이때 구원투수로 낙점된 인물이 바로 만슈타인이었다.

제6군의 고립과 주변 전력의 붕괴로 전력이 순식간에 와해된 독일 B집단군을 대신해 스탈린그라드 작전 지구를 관할할 돈^{Don}집단군이 새롭게 창설되면서 만슈타인이 사령관에 임명되었다. 신임 사령관 만슈타인과 돈집단군에 하달된 임무는 단 하나, 스탈린그라드에 고립된 제6군을 구하는 것이었다. 만슈타인은 루프트바페의 총수인 괴링이 호언장담한 대로 공군이 제6군에게 공중보급을 실시해 시간을 벌어주면 그 사이에 돈집단군이 소련군 포위망을 격파해 제6군과 다시 연결할 수 있을 것이라고 상황을 낙관적으로 보았다. 하지만 급하게 창설된 신설부대의 사령관으로 부임한 만슈타인은 자신이 지휘할 배속부대를 검토하고는 아연실색하지 않을 수 없었다.

돈집단군은 집단군이라는 명칭에 걸맞지 않게 너무나 초라했다. 서류상에 편제된 예하부대에는 스탈린그라드에 고립되어 있던 제6군, 제4기갑군, 붕괴된 루마니아 제3·4군까지 포함되어 있었는데 구출작전에 투입 가능한 부대는 제4기갑군 중 탈출에 성공한 제48장갑군단의 부대 일부와 저 멀리 프랑스에서 긴급 이동한 제6전차사단, 중부집단군에

---

* 나치 시대 독일 공군의 명칭.

서 전개한 제17전차사단, 인근 A집단군에서 배속을 변경한 제23전차사단밖에 없었다. 하지만 만슈타인은 망설이지 않고 곧바로 부대 개편에 착수해 제48장갑군단 잔여 부대를 중심으로 홀리트^{Karl Adolf Hollidt}가 지휘하도록 편제한 홀리트 파견군^{Armeeabteilung Hollidt}을 구성했고 또 하나의 강력한 주먹으로 긴급 이동 전개한 3개의 전차사단을 근간으로 하여 선봉부대를 창설했는데 지휘관 호트^{Hermann Hoth}의 이름을 따서 호트 기갑집단^{Hoth's Panzer Group}이라고 불렀다.

6. 돈집단군 구출작전

결국 이들 군단급 부대 2개를 제외하면 돈집단군의 나머지 부대는 스탈린그라드에 고립되어 있는 부대들이었다. 즉 말만 집단군이지 실제로 구원투수로 참전할 부대는 급조된 군단급 부대들밖에 없었는데, 더 큰 문제는 스탈린그라드의 고립부대가 양동작전을 하지 못하고 히틀러의 명령을 받들어 현지를 고수해야만 한다는 점이었다. 만슈타인이 아무리 명장이라 해도 이렇듯 빈약한 전력으로 강력한 4개 기갑군으로 편제된 소련의 남서전선군*을 격파해 돌파구를 뚫고 200킬로미터를 전진하여 소련 돈전선군 예하의 7개 군에 첩첩이 포위된 스탈린그라드의 제6군을 구출하라는 것은 사실 말도 안 되는 임무였다. 그러나 그렇다고 망설일 여유는 없었다. 지체하면 할수록 스탈린그라드의 포위망은 더욱

---

* 소련의 전선군은 독일의 집단군과 군 사이의 편제이고, 소련의 군은 독일의 군단보다 조금 큰 규모다. 때문에 제대 호칭만 가지고 독일과 소련의 일대일 전력비교는 불가능하다.

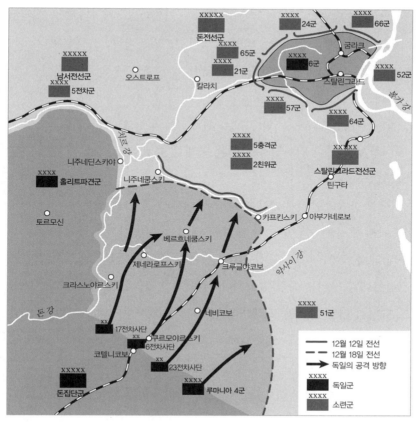

1-5 만슈타인은 긴급히 편성된 돈집단군을 지휘하여 스탈린그라드에 고립된 독일 6군을 구하기 위한 필사의 진격을 개시했다. 하지만 소련의 강력한 방어막에 막히고 더불어 히틀러가 내린 현지 사수 명령으로 6군이 탈출하여 돈집단군과의 연결을 시도하지 못하자 이 계획은 결국 실패로 막을 내렸다.

단단해질 것이고, 자칫하면 캅카스까지 남하한 독일 A집단군마저 위험에 빠질 가능성도 있었기 때문이다.

만슈타인은 그들을 애타게 기다리고 있는 제6군을 구출하기 위해 대강의 준비를 마치자마자, 12월 11일 전선을 박차고 앞으로 나가기 시작했다. 겨울폭풍 작전Operation Winter Storm으로 명명된 돈집단군 구출작전이 시작되었고, 돈집단군은 순식간에 소련군 최정예부대로 구성된 남서전선군을 양단해 동쪽으로 밀어붙이는 기적과도 같은 괴력을 발휘했다. 그리고 12월 22일, 만슈타인은 스탈린그라드 서쪽 35킬로미터까지 접근해 스탈린그라드에 고립된 제6군에게 서쪽으로 탈출해 전선을 연결하라고 지시했다. 그러나 히틀러의 현지 고수 명령을 금과옥조처럼 받들던 사령관 파울루스의 거부로 천재일우의 탈출 기회가 무산되었고 더 이상의 여력이 없던 만슈타인은 공세를 접고 뒤로 돌아 후퇴할 수밖에 없었다.

사실 만슈타인에게 가해진 제약은 너무나 컸는데, 우선 히틀러가 제6군에게 현지 사수를 엄명한 관계로 제6군을 전략적 후퇴작전에 동원할 수 없었다. 거기에다가 돈집단군은 서류상의 집단군일 뿐이어서 변변한 기갑부대나 장비는 상상 속에서나 기대할 수 있었던 만큼 만슈타인조차도 도저히 어떻게 해볼 도리가 없었다. 결국 일시적으로 밀렸던 소련 남서전선군은 병력을 대폭 증원해 지쳐 있던 돈집단군을 다시 서쪽으로 밀어붙였고 독일의 스탈린그라드에 대한 구원의 희망을 꺾어버렸다. 최근에는 제6군이 현지 사수로 소련군을 잡아두었기 때문에 캅카스로 진격했던 독일 A집단군이 안전하게 후퇴할 길을 확보할 수 있었고 이런 전략적 이유 때문에 만슈타인이 제6군의 구원에 적극성을 보이지 않았다는 주장이 나오기도 하지만, 당시 여건에서 만슈타인이 이용할 수 있는 자원이 없어 더 이상 공세를 지속할 수 없었다는 점만큼은 논란의 여지가 없다.

독소전쟁 개전 초기 1년간 무려 500만 명이 넘는 소련군이 죽거나 포로가 되었는데 이와 비교한다면 스탈린그라드에서 입은 30만 독일군의 피해는 상대적으로 극히 적은 것이라 할 수 있다. 사실 스탈린그라드 전투에서는 소련이 승리했지만 승리를 얻기 위해 바친 대가는 무려 독일의 3배 정도에 이르렀다. 하지만 이를 기점으로 독소전쟁의 균형추가 기울기 시작한 것은 잠재적인 독일의 전쟁 수행 능력이 그만큼 소련에 비해서 절대적으로 열세였다는 증거다. 소련은 무너진 부대라도 재편해 다음 날 곧장 전선에 재등장시켜 독일을 경악하게 하고는 했는데, 독일은 부대가 한번 소모되면 복구하거나 보충하는 데 다음을 기약할 수 없을 정도였다. 결국 스탈린그라드의 패배는 독일에 심각한 후유증을 남겼고 2차대전 전체의 균형추를 바꾸는 계기가 되었다.

7. 후퇴는 있어도 패배는 없다

1943년 2월, 남부집단군이 새로이 창설되었다. 이는 스탈린그라드 전투로 긴급 편성되었던 돈집단군과 청색작전에서 심대한 타격을 입은 후 거의 해체 수준에 있던 B집단군 그리고 캅카스에서 간신히 탈출에 성공한 A집단군의 예하부대들을 해체하여 새롭게 창설한 부대였다. 비록 스탈린그라드에 고립된 제6군을 구원하는 데에는 실패했지만 맡은 바 소임을 다했던 만슈타인은 신설 남부집단군의 지휘관이 되어 소련의 추격권 밖인 하리코프Khar'kov 서쪽으로 예하부대를 이동시키고 재정비에 몰두했다. 바로 이때 스탈린그라드에서 치욕을 입은 독일이 복수할 기회가 의외로 일찍 찾아왔는데, 복수의 주역은 바로 만슈타인이었다.

스탈린그라드에서 대승을 거둔 소련은 전선의 주도권이 완전히 자기들에게 넘어온 것으로 믿었다. 사실 이것은 일부 맞는 이야기이기도 했다. 그러나 소련의 기대와 달리 아직 완전히 넘어온 것은 아니었고 결론적으로 전쟁은 2년 동안 더 지속되었다. 스탈린그라드의 승리 이후 소련군은 독소전쟁 초기 독일군이 물불 안 가리고 러시아로 밀려들어온 것처럼 이제는 독일군을 그렇게 몰아붙이리라 착각하고 치열했던 공방전의 승리에 도취되어 역습에 대한 대비도 없이 하리코프로 몰려들어갔다. 소련군은 도시 외곽에서 방어를 하던 독일군을 간단히 돌파하며 기분 좋게 도시를 탈환했으나, 사실 소련군은 멋모르고 독일군이 쳐놓은 그물 안에 들어온 가여운 하룻강아지 꼴이었다. 만슈타인은 도심으로 밀려들어온 소련군의 배후를 순식간에 끊고 하우저^{Paul Hausser}가 지휘하는 강력한 제2친위장갑군단으로 하여금 도심을 청소하도록 명령했다.

독일이 집중적으로 어마어마한 타격을 가하자 퇴로가 막힌 채 도심으로 진입해 있던 소련군은 대책 없이 녹아내리기 시작했고, 1943년 3월 15일 전투가 종결되었을 때에는 포포프^{Markian Mikhailovich Popov}가 지휘하던 전차군을 포함해 무려 20여 개 사단으로 구성된 4개 군 규모의 거대한 소련군이 붕괴되었다. 독일은 순식간에 하리코프와 벨고로드^{Belgorod}를 재점령하면서 스탈린그라드에서 소멸된 독일 제6군에 대한 앙갚음을 했는데 이를 제3차 하리코프 전투라 한다. 이 때문에 소련군에 있어 만슈타인은 도저히 극복할 수 없는 저승사자로 자리매김하게 되었고 이 전투는 독일이 2차대전 기간 중 마지막으로 성공한 공세로 기록되었다.

그런데 하리코프의 대승은 쿠르스크^{Kursk}를 중심으로 하는 독소전쟁 전선의 중앙부를 독일 쪽으로 불룩하게 돌출시키는 기묘한 모양을 만들었는데 이것은 양측에 운명을 건 일전을 벌일 수밖에 없는 당위성을 안겨주었다. 독일은 이곳만 재점령한다면 전선을 축소시켜 전력을 회복할 시간을 벌 수 있을 것이었고, 소련의 입장에서는 이곳을 고수한다면 추후에 독일의 중부집단군을 밀어붙여 독일의 3개 병단을 분리시킬 발판이 될 것이었기 때문이다. 독일은 독소전쟁의 주도권을 회복하고자 결심했고 성채작전Operation Citadel이라고 불리는 공세를 준비했다. 그런데 하리코프에서 얻은 예상치 못한 만슈타인의 승리에 도취된 히틀러는 스탈린그라드의 교훈을 망각하고 성채작전 준비과정에 또다시 지나친 참견을 한다.

8. 사상 최대의 기갑전

역사상 최대의 기갑전으로 기록된 쿠르스크 전투를 준비하고 있던 만슈타인은 이왕 소련과 결전을 벌이려면 하리코프의 패배로 소련의 전열이 흩어져 있고 방어준비가 갖춰지기 전에 즉시 공격하자고 주장했다. 반면 모델Otto Moritz Walter Model을 중심으로 하는 일부 지휘관들은 독일도 준비가 되지 않았으니 5호 전차 같은 신무기의 배치가 완료된 이후에 공세로 나가자고 주장했다. 이때 히틀러는 후자의 손을 들어주었는데, 만슈타인은 반발했으나 프로이센 육군의 전통을 계승한 독일 육군의 전통과 상명하복의 명령체계를 존중하던 그는 총통의 고집을 꺾을수 없었다. 하지만 이러한 결정은 만슈타인의 우려대로 소련군이 전력을 증강시켜 방어막을 공고히 할 시간을 주는 결과를 낳았다.

　마지막 예비전력이라고 할 만한 90만의 병력과 2,500여 대의 기갑장비로 무장한 독일군과 150만의 병력과 3,500여 대의 기갑장비를 준비한 소련이 쿠르스크 돌출부에서 건곤일척의 대회전大會戰을 벌이게 되었는데, 간첩에 의해 독일의 계획을 간파하고 있었던 소련이 철통같은 방

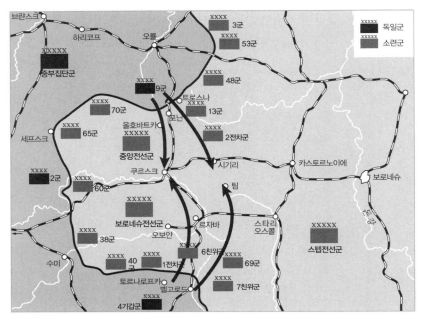

1-6 하리코프 전투 결과 쿠르스크를 중심으로 한 전선 중앙에 커다란 돌출부가 형성되었고 이를 차지하기 위해 독일과 소련이 모든 것을 걸고 격돌한다. 남부집단군 사령관 만슈타인은 즉시 개전할 것을 주장했으나 히틀러는 준비가 갖춰진 후 작전을 펼치도록 했는데 이러한 시간의 경과는 소련에게 유리하게 작용했다. 결국 독일이 쿠르스크 전투에서 수건을 먼저 던졌고 독일은 더 이상 동부전선에서 공세를 취할 수 없었다.

어막을 형성해놓은 후 먼저 공격을 개시하면서 장대한 전투가 시작되었다. 작전 초기 독일은 소련의 선제공격과 충분한 대응태세로 돌파구를 형성하는 데 난항을 겪었으나 전투가 계속되자 전투능력이 앞섰던 독일이 차츰 진격에 속도를 내기 시작했다. 그런데 바로 이때 이탈리아에 연합군이 상륙했다는 소식을 들은 히틀러가 다시 한 번 간섭을 하는데, 그는 이탈리아 방어를 위해 몇몇 주요부대를 철수시켜버리는 자충수를 두었다. 만슈타인은 "총통 각하! 지금 쿠르스크에는 소련의 모든 병력, 기갑전력, 포병화력이 집결되어 있습니다. 이때에 이것을 분쇄해야 합니다. 이런 기회는 절대로 다시 오지 않습니다."라며 철군을 극렬히 반대했지만 똥고집의 화신 히틀러가 만슈타인의 말을 듣지 않고 병력을 철수시키고 작전을 철회하면서 결국 장대한 쿠르스크 전투는 독일의 패전으로 막을 내리게 된다.

최근에는 쿠르스크 전투가 과연 소련군의 승리였는가에 대한 논쟁이 있는데 실질적으로 소련의 피해가 더 컸고, 알려진 것보다 독일군의 피해는 경미했다고 사료에 나와 있다. 만슈타인도 자신의 저서에서 쿠르스크 전투의 백미인 프로호로프카Prokhorovka 기갑전은 잃어버린 승리라고 했을 정도다. 다만 히틀러가 작전을 철회함으로써 독일이 소련의 방어망을 뚫지 못한 상태로 종료된 것만은 사실이다.

9. 마지막 분투 그리고 퇴장

쿠르스크 전투 이후 독일은 병력과 장비의 열세로 더 이상 공세적으로 나올 수 없었고 결과적으로 이 전투는 동부전선에서 독일의 마지막 공세로 기록되었다. 이제는 확실히 독일이 수세에 몰렸지만 하리코프의 뼈아픈 경험을 얻었던 소련은 무작정 앞으로 치고 나오지 않았고 전선을 최대한 밀착시켜 독일을 몰아붙이기 시작했다. 철수에 대해 히스테리를 부리는 히틀러의 발작은 계속되었지만 독일의 야전지휘관들이 선택할 수 있는 방법은 후퇴밖에 없었고 이것은 만슈타인이 지휘하던 남부집단군 또한 마찬가지였다. 이 밖에 독일이 선택할 방법은 붕괴밖에 없었는데 실제로 1944년 이후 독일의 많은 부대들이 히틀러의 고집 때문에 현지를 사수하다가 붕괴된 경우가 부지기수였다.

이러한 전선의 상태 악화로 말미암아 1943년 9월, 만슈타인은 남부집단군을 드네프르Dnepr 강 연안으로 철수시켰다. 그런데 비록 철수작전임에도 불구하고 만슈타인은 치밀하게 짜인 작전계획으로 추격해 오는 소련군을 다시 한 번 포위, 섬멸한 뒤 후퇴하는 괴력을 발휘한다. 이제 소련군들은 만슈타인의 이름만 들어도 치를 떨 뿐만 아니라 공포심을 갖게 되었는데 독일은 아니 히틀러는 이러한 무서운 저승사자를 스스로 내쳐버리게 된다. 1944년 2월 중순, 만슈타인은 남부집단군에 재차 철수를 지시했는데 패전과 전략적 후퇴를 구별하지 못한 히틀러는 이를 패전으로 인정해 1944년 3월 30일, 만슈타인을 전격적으로 해임해 버렸고 이후 종전 때까지 재기용하지 않았다. 아마 전쟁 중 전사했다면 롬멜을 몇 배 능가하는 전설이 되었을 위대한 장군 만슈타인은 이로써 전사에서 소리 없이 사라지게 되었고 야인의 신분으로 독일의 항복을 바라보았다.

만슈타인은 연합군과 독일군 모두가 2차대전 중 가장 유능한 장군으로 손꼽는 데 주저하지 않았던 군인이었으며, 가장 많은 피해를 입었던 소련에는 원한의 대상이었다. 영국의 세계적인 군사이론가 리들하트Basil Henry Liddell Hart(1895~1970)는 1948년에 출간된 그의 저서 『언덕 저편 The Other Side of the Hill』에서 만슈타인 원수에 대해 다음과 같이 기술했다.

"만슈타인은 연합군에게는 가장 두려운 천재였으며 2차대전의 모든 지휘관 중 가장 유능한 인물이었다. 그는 스탈린그라드 이후 공세를 취하는 소련군의 대병력을 유인해 포위 섬멸시키는 믿을 수 없는 기적을 만들었고, 그가 가는 곳에는 항상 승리가 따랐다. 만일 히틀러가 그의 작전에 관여하지 않았으면 역사는 달라졌을 것이다."

만슈타인은 1945년 전범으로 영국 측에 체포되었는데, 만슈타인을 넘겨달라고 난리를 쳤을 만큼 소련에게는 어떻게 해서든지 벌을 주고 싶은 대상이었다. 만슈타인은 영국군사법원에서 18년 형을 선고받았으나 1953년 건강상의 이유로 석방됐고 1955년 회고록을 출간하는데, 복역기간 동안 연합국 측의 많은 군사관계자들이 그에게 한마디라도 더 듣고 싶어서 줄을 섰다는 이야기도 전한다.

10. 제국군의 군인, 만슈타인

만슈타인의 회고록과 전사에 기록된 그의 업적을 살펴보면 많은 사람들이 그의 놀라운 전과와 지휘 능력에 감탄하고 찬사를 보내게 된다. 하지만 이러한 뚜렷한 기록에도 불구하고 만슈타인의 업적에 대해 의문을 제기하는 경우가 종종 있는데 가장 큰 이유는 그의 정치적인 처신 때문이다. 낮질작전으로 인해 좌천을 경험했던 것처럼 그는 부대를 지휘함에 있어 고집스러운 면모를 가졌지만 히틀러의 엉뚱한 지시에 적극적인 항변 한 번 제대로 못하고 주로 순종했던 권력에는 약한 사람이었다. 또한 본인이 나치였는지는 모르겠지만 그의 부인은 광적인 나치 신봉자였고, 점령지에서 소련군 포로 대학살에 관여하지는 않았지만 방임했다는 등의 여러 가지 비판이 제기되고 있다. 그리하여 결국 그가 쓴 회고록은 잘된 것은 자기 탓, 안 된 것은 남의 탓으로 돌리는 자화자찬 수준에 불과하다는 극단적인 이야기까지 나오기도 한다. 그렇지만 여기서 먼저 이해해야 할 부분이 있다.

  짧은 바이마르 공화국 시기가 있기는 했지만 2차대전 종전 때까지 사실상 독일은 국민이 주권을 행사해본 경험이 없는 전제주의 국가였다. 뿐만 아니라 특히 귀족 출신이 많은 독일 군부의 지휘관 중 권위적인 최고 지도자의 명령을 함부로 거역할 사람은 더더욱 많지 않았다. 그의 태생과 복무 환경 때문인지 만슈타인은 독일 역사상 최초의 민주공화국인 바이마르 공화국에 대해서 상당히 냉소적이었고 사고방식은 군국주의자에 가까웠다는 의견이 중론이다. 전범재판에서 그는 명령을 충실히 따르고 이행한 군인임을 내세웠으며 군인과 군대에 민주적인 절차가 필요한지에 대해 의문시했을 정도였다. 사실 만슈타인뿐만 아니라 당시 많은 독일 군부의 장성들이 이러한 성향을 보인 데는 앞서 언급한 것처럼 독일이 제대로 된 민주주의를 경험한 역사가 워낙 일천[*]했기 때문이다. 군국주의 성향이 강했던 프로이센의 주도로 독일 통일을 이루고 국력을 비약적으로 키워왔던 과거의 영화를 알고 있었기 때문에 19세기 말부터 독일의 발전기를 이끌어온 군부의 자긍심과 엘리트 의식은 당연히 클 수밖에 없었다.

난중일기가 자기중심으로만 전사를 기록했고 이순신 장군은 반드시 이길 수 있는 전투에만 골라서 참전했기 때문에 충무공의 100퍼센트 승리도 알고 보면 별것 아니며, 무능한 선조를 주군으로 모셨기 때문에 결국 정치적으로 눈치를 보았다고 함부로 말할 수 없는 것처럼 만슈타인에게 비록 일부분 흠결사항이 있다 해도 결코 그의 군사적 업적을 깎아내릴 수는 없다. 생과 사를 확신할 수 없는 전투에서 그것도 독소전쟁과 같은 파괴적인 거대한 전장에서 항상 소수로 다수를 압도하는 모습을 보여주었던 만슈타인의 업적을 능가하는 지휘관이 과연 있었는가?

그의 주장처럼 민주주의의 가치관을 제대로 알지도 못할 만큼 그는 한 번도 군인의 길을 벗어난 적이 없는 전제주의 국가의 무인이었다. 비록 히틀러에 의해 해직 당했지만 패망이 눈앞에 보이던 1945년 3월, 스스로 독일육군최고사령부를 찾아가 국가를 위해 마지막으로 봉사할 수 있게끔 전선으로 보내달라고 탄원했을 정도로 그는 군인이 국가를 위해 어떠한 역할을 해야 하는지 잘 알고 있었다. 또한 사랑하는 그의 장남 게로^{Gero von Manstein}가 최전선에서 전사했다는 사실을 보고받고도 묵묵히 작전에 임했을 만큼 공과 사를 구별할 줄 알았던 인물이었다.

물론 판단을 그르쳐 실기^{失期}한 작전도 있었다. 그리고 나치의 폭정이나 학살극에 소신을 갖고 적극적으로 반대하지도 못했다. 이런 이유로 후회와 회한의 기록을 남길 수 있고 변명도 할 수 있었을 것이다. 그러나 우리는 이런 이유만으로 그를 평가 절하할 수 없다. 분명한 것은 그가 군인으로서 이룬 업적을 놓고 볼 때 동시대에 이보다 위대한 성과를 얻은 인물을 찾기 힘들다는 것이다.

11. 위대한 패장

지금까지 만슈타인의 군사적인 능력을 기준으로 그를 조망했지만 사실 그것만이 만슈타인의 모든 것은 아니다. 만슈타인은 승리의 명장이었지만 상당히 겸손한 성격을 가지고 있었던 것으로 알려져 있는데, 예를 들어 점령지에서 거처를 꾸밀 때 부하들이 인근에서 노획(사실상 약탈)한 고급 가구와 집기를 가져올 경우 불호령을 내렸다고 한다. 그는 야전 침대와 작전을 연구할 책상 외에는 일체의 사치를 거부했다고 전해지며 또한 병사들과 같은 종류의 식사를 함으로써 부하들에게 모범을 보였다. 하지만 군인이 지켜야 할 군율에 대해서는 엄격했다고 알려져 있는데 전쟁 중 부하 장병 2명이 부녀자를 강간한 것으로 조사되자 피해자가 보는 앞에서 지체 없이 처형 명령을 내렸다고 전해진다. 당시 슬라브인들을 인간이 아닌 하류 인종으로 여겨 학살을 밥 먹듯 하던 분위기를 생각해보면 그의 이런 처사는 대단하다고 할 수 있다.

그는 또한 예하부대에서 사형선고를 받은 병사의 형 집행은 반드시 자신의 결재를 받도록 명령했다. 한번은 전투 중 소련 전차의 진격에 진지를 이탈하여 동료들의 희생을 가져왔다는 죄목으로 병사 네 명이 사형선고를 받았는데 만슈타인은 모든 집행을 유예시켰다. 해당 병사들이 전선에 처음 투입된 신병들이라 극도의 공포감에 짓눌려 있었고 그런 사태에 익숙하지 못해 우발적으로 발생한 사건이라고 판단했기 때문이다. 이와 같이 야전에서 믿고 따르면 항상 승리를 이끌어오고 야전의 병사들을 기준으로 모범을 보이며 생활하던 지휘관을 부하들이 어찌 본받지 않을 수 있겠는가? 어쩌면 이것은 만슈타인만이 아니라 대부분의 명장들에게서 발견할 수 있는 공통점일 것이다.

2차대전은 워낙 거대했기 때문에 이 시기에 활약한 장성급 이상의 지휘관은 셀 수 없이 많다. 특히 수백만의 군대를 전쟁 내내 유지했던 독일이나 소련의 경우는 오히려 장군의 숫자가 부족하여 전쟁 수행에 많은 곤란을 겪었을 정도다. 그 정도로 많은 인물들 중에서 거기에다가 패전국 출신임에도 불구하고 이 분야의 전문가들이나 마니아들이 첫손으로 꼽는 데 주저하지 않는 만슈타인은 최대의 전쟁에서 가장 뛰어난 활약을 보여주었던 인물이다.

'장군 한 사람의 명성은 사병 만 명의 피로 이룬 결과다.'라는 이야기가 있지만, 이순신과 원균의 예에서 알 수 있듯이 같은 병사와 장비를 가지고도 승리를 이끄는 사람이 따로 있는 것을 보면 오히려 '위대한 장군 한 사람이 사병 만 명의 피를 구한다.'가 맞는 말인 것 같다. 일방적인 후퇴 중에도 뒤돌아서서 소련군을 곤혹스럽게 했던 만슈타인은 비록 전쟁에서는 패했지만 전투에서는 항상 승리했던 위대한 패장이라 할 수 있다. 하지만 두말할 필요 없는 명장임에도 만슈타인은 마치 대중은 잘 모르고 관계자들에게만 유명한 인디밴드 같은 모습이다. 그래서 그가 보였던 업적은 파고들수록 더욱 뚜렷이 드러나는 것이 아닌가 한다.

Part 2. 우리는 다른 방향으로 공격하고 있는 중이다

신념의 지휘관, 스미스

스 미 스

Oliver Prince Smith

1950년 6월 25일 한국전쟁 개전 후부터 전쟁 초기라 할 수 있는 12월 말까지 참전했던 모든 미군부대 중에 가장 극적인 모습을 보여준 부대는 미 해병 1사단이었다. 제대로 편성이 갖춰지지 않은 상태로 허겁지겁 참전하여 낙동강 교두보에서 피 말리는 사투를 벌이고 20세기 마지막 대규모 상륙작전이라 일컬어지는 인천상륙작전에서는 선봉장을 맡았으며 그리고 이오지마 전투, 오키나와 전투와 더불어 미 해병의 3대 전투 중 하나로 기록되는 장진호 전투에서도 놀라운 투혼을 보여주었기 때문이다.

이러한 극적인 순간에 이 부대를 진두지휘했던 인물이 바로 스미스 장군이다. 그럼에도 불구하고 미국에서조차 이 인물에 대해 알려진 것은 그리 많지 않다. 사실 국내에서도 관련자나 마니아가 아닌 이상 한국전쟁 당시 국군이나 유엔군 지휘관 중 맥아더 외에 다른 장군을 떠올리는 사람은 그리 많지 않을 것이다. 당시 국군을 지휘한 장군들도 모르는 사람들이 대다수이니 미군 기록에서조차 그리 많이 언급되지 않은 스미스를 아는 사람이 많지 않은 것은 어쩌면 당연하다.

5년 전 끝난 2차대전과 비교하면 작을지 모르겠지만 한국전쟁은 세계사에 기록될 만한 커다란 규모의 전쟁이었다. 이 정도 전쟁에서 미 해병 1사단처럼 일개 사단이 종횡무진하며 거대 작전의 주역으로 뚜렷이 족적을 남긴 경우는 많지 않다. 때문에 이런 극적인 시기에 선두에서 부대를 지휘한 사단장 스미스를 최고의 리더십을 보여준 지휘관으로 꼽는 데 전혀 무리가 없겠다.

1. 분리된 전선

싱그러웠던 날씨가 순식간에 삭풍으로 바뀌기 시작한 1950년 10월 말, 맥아더 유엔군 총사령관의 절대적 신임을 받고 있던 미 10군단장 앨먼드Edward Mallory Almond는 전쟁의 조기 종결을 위해 예하부대에 쾌속 진격을 독려했다. 그것은 맥아더의 의중을 충실히 따르는 것이기도 했지만 서부전선에서 압록강을 향해 진군 중인 미 8군 사령관 워커와의 보이지 않는 경쟁 때문이기도 했다.

한반도 북부는 북위 39도선이라 할 수 있는 청천강~원산선 이북에서 북쪽으로 계속 올라가면 압록강~두만강의 한만국경까지 전선이 급격히 넓어지는(그림 2-1 참조) 지형적인 특징이 있다. 이곳은 한반도에서 가장 험준한 산악지대이기도 한데 한가운데를 낭림산맥이 지나면서 함경도와 평안도를 지리적으로 나누고 있다. 유엔군 지휘부는(엄밀히 말하자면 맥아더는) 이러한 지형적인 여건을 고려해 평안도 지역인 서부전선에서는 낙동강으로부터 북진해 온 미 8군이 지휘권을 행사해 미 1군단,

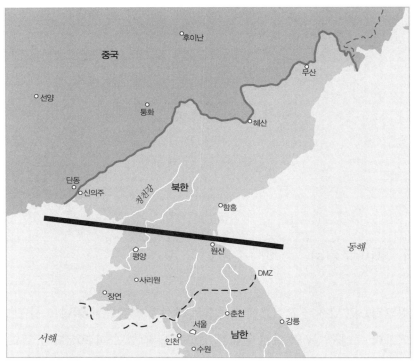

2-1 한반도 북부는 지형적으로 사선 지역인 청천강~원산선을 지나 위로 올라가면 전선이 4배 정도로 급격히 넓어져 전선이 촘촘히 연결되기 힘든 구조다.

미 9군단, 국군 2군단을 통제하도록 했고, 함경도의 동부전선에서는 미 10군단이 국군 1군단을 함께 지휘하며 미 8군과 분리된 별도의 작전권을 행사하도록 조치했다.*

　당시까지의 전세를 볼 때 낙동강 교두보를 지켰던 미 8군이 기존 전선의 연장선상이라 할 수 있는 서부전선을 담당하고, 별도로 넓어진 함

---

* 미 10군단이 동급 제대인 국군 1군단을 지휘하는 형태는 사실 보기 드문 지휘구조다. 이것은 미 10군단이 맥아더로부터 미 8군 정도의 권위를 부여받았음을 알려주는 증거다.

경도 지역은 인천상륙작전을 통해 한국전에 참전한 미 10군단이 담당하도록 한 조치는 일견 타당한 측면도 있다. 그런데 설령 지형적인 여건으로 부대와 지휘권을 나누었다 하더라도 유기적인 작전협조는 제대로 이뤄져야 하는데 문제는 이 두 지휘부가 경쟁을 벌였다는 것이다. 누가 먼저 한만국경에 도달하는가 하는 경쟁 상황은 각 부대가 협력하기보다는 공명심에 사로잡혀 독자적으로 진격하게 만들어버렸다.

이러한 부대 간, 지휘 라인 간의 경쟁은 맥아더가 의도한 것이기도 했다. 그는 상황을 너무 낙관적으로 예측하여 공격부대가 국경에 도달하기만 하면 그것으로 전쟁이 종결될 것으로 판단했고 때문에 각개 부대 간의 경쟁은 전쟁을 조기에 끝내고 하루빨리 집으로 돌아갈 수 있는 좋은 방법이라 생각했던 것이다. 그러나 유엔군이 북진하면 할수록 부대 간의 간격은 점점 멀어졌고, 결국 각 부대는 전선이 단절된 채 한만국경에 다가갈 수밖에 없었다. 험준한 지리적 여건 때문에 부대 간의 연결이 원활할 수는 없었겠지만 이 때문에 굳이 부대 간의 작전을 구분해 별도의 지휘 라인을 만들 필요는 없었는데, 이러한 실수는 한 달도 되지 않아 곧바로 독이 되어 돌아왔다.

인천상륙작전의 주역이기도 한 미 10군단장 앨먼드는 한국전 발발 당시 도쿄에 위치한 미 극동사령부의 사령관인 맥아더의 참모로 근무하고 있다가 한국전쟁이 발발하자 군단장에 임명되었고 이후 인천상륙작전을 제일선에서 지휘해 성공시킴으로써 맥아더의 절대적인 신임을 받고 있었다. 한편 워커가 지휘하는 미 8군은 형식상 유엔군 총사령부로부터 작전권을 위양 받아 한국군을 포함한 모든 지상군을 지휘하고 있었기 때문에 미 10군단도 전투서열상으로는 미 8군의 지휘 통제를 받는 것이 맞다. 그러니 전사에 기록된 바는 없지만 미 8군 사령관 워커는 맥아더의 이러한 지휘권 분리에 대해 기분 좋게 생각하지는 않았을 것이다. 그러나 서부전선을 담당할 미 8군 사령관 워커나 별도의 지휘권에 의해서 미 10군단의 작전권을 행사할 앨먼드 또한 미군부 내에서 절대적인 위상을 가진 맥아더의 카리스마에 감히 대꾸할 엄두도 내지 못했다.* 그리하여 38선 이북의 한반도는 워커와 앨먼드의 쌍두마차에 의해 별도의 진격이 이뤄질 수밖에 없었다.

2. 두 장군의 충돌

앨먼드가 지휘하는 미 10군단에는 인천상륙작전 때부터 함께 활약해온 미 해병 1사단과 미 7사단 외에도 새롭게 미 3사단이 배속되었는데 당시 미 3사단은 미 본토에서 편성을 마친 후 일본을 거쳐 한반도로 이동중인 부대였다. 원래 예비부대가 부족해 고민을 하던 미 8군 사령관 워커는 미 3사단을 자신이 지휘하는 미 8군 예하로 배속시켜달라고 강력히 요청했으나 맥아더는 미 10군단 예하로 보냈다. 더불어 동해축선을 따라 진군했던 수도사단과 3사단으로 구성된 국군 1군단도 미 10군단의 지휘를 받았다. 이같이 북진을 시작하며 강력하게 재구성된 총10만 규모의 미 10군단 관할 전력 중에서도 선봉은 단연코 미 해병 1사단이었다.

그런데 선봉부대인 미 해병 1사단의 지휘관 올리버 프린스 스미스

---

* 맥아더는 2차대전의 전공을 인정받아 원수의 계급과 현재의 보직을 본인이 원할 때까지 유지할 수 있었다. 따라서 지휘 계통상으로 그에게 명령을 내릴 상급 기관장들조차 까마득한 후배들이었을 만큼 미국 군부 내에서 그의 위상을 압도할 인물은 없었다.

(1893~1977)가 상관인 미 10군단장 엘먼드와 사사건건 대립한다는 것이 10군단 내부의 커다란 문제였다. 그들의 대립은 미 해병 1사단이 미 10군단에 편제된 직후부터 시작됐는데 작전의 수립부터 시행과정에 이르기까지 사사건건 끊임없이 충돌했다. 이러한 대립의 이유는 한마디로 육군과 해병대라는 이질적인 두 집단의 문화 차이로 요약할 수 있다.

인천상륙작전의 선봉부대인 미 해병 1사단의 지휘관 올리버 프린스 스미스.

앨먼드는 버지니아 군사학교를 졸업한 후 1, 2차대전을 모두 섭렵한 경험이 풍부한 지휘관이었다. 그는 비록 한국전에서는 맥아더의 지휘 아래 있었지만 2차대전 당시에는 유럽전선에서 산전수전을 다 겪은 베테랑이었고, 로마 전투에서 얻은 경험을 바탕으로 도시를 방어하는 군대는 상대가 포위를 하면 급속히 전의를 상실해 도시를 포기하고 후퇴하게 된다고 믿는 전통적인 육군 엘리트였다. 하지만 그가 주로 실전 감각을 익힌 이탈리아 전선은 방어에 나선 독일도 그랬지만 공격에 나선 미군도 주로 2선급 부대를 보내 전투를 치른 이류 전장이었다. 당시 앨먼드는 제92사단을 지휘했는데 그가 지휘한 부대의 전과는 엄밀히 말하면 민망한 수준을 조금 벗어난 정도일 만큼 형편없었다. 그는 관운은 좋았지만 특별히 뛰어난 지휘관은 아니었다고 평가되는데, 종종 부하들에게 무리한 요구를 해 당황하게 만들고는 했다고 전해진다. 다만 그에게 발견할 수 있는 특이한 점은 1946년 소련 대사관에 파견 나갈 무관으로 선정되었음에도 공산주의자를 경멸하기 때문에 보직을 거부했을 만큼 철저한 반공주의자였다는 사실이다.

이에 반해 서부의 명문 UC버클리 출신으로 해병대에서 군무를 시작한 스미스는 2차대전의 대부분을 태평양전선에서 복무했고 따라서 일본과의 교전 경험이 풍부했기 때문에 동양인들의 전투의지에 대해 상당히 이해하고 있었다. 그는 동양의 군대는 상부로부터 현지를 사수하라는 명령을 받으면 최후의 한 사람에 이르기까지 모든 수단을 강구해서라도 사수한다고 믿고 있었다. 그리고 또한 스미스는 적진에 상륙한 이후 부대원들의 단합과 결속을 통해 안전한 교두보를 확보한 후 전진하는 것만이 생존의 길이라는 투철한 해병대 정신으로 똘똘 뭉쳐 있었다. 때문에 한국전에서 해병대가 육군 부대의 예하부대로 편성되어 육군 교리에 의거해 작전을 수행해야 하는 것에 대해 불만이 많았다. 다음은 인천 상륙 후 서울 탈환에 나섰을 때 불거져 나왔던 두 지휘관의 충돌 사례다.

북한군이 도시 외곽에 참호를 파고 강하게 저항을 해 진격이 지지부진하고 예상 외의 출혈이 발생하자, 앨먼드는 "요새화된 적 진지에 대한 정면공격은 상당히 어려우니 해병대가 남측을 우회 포위해 적에게 퇴각을 강요하는 것이 최선이다."라고 주장하며 해병 1사단의 일부 연대에게 서울 남부로 우회 진격할 것을 명령했다. 그러나 스미스는 "북한군의 전투의지는 서울을 사수하는 것이다. 서구의 사고방식으로는 서울 사수가 무의미하지만 동양인에게는 동양인의 사고방식이 있다. 때문에 적을 포위하더라도 적에게 퇴각을 강요할 수는 없으며, 사수의

지를 가지고 있는 적은 아군의 전력을 한곳으로 집중해 맹공을 가하는 것이 더 좋다."라며 아군 전력을 분리하자는 앨먼드의 의견에 즉각 반박하고 나섰다. 결국 둘 사이에 서울 외곽의 돌파 방법을 놓고 상당한 논쟁이 오고갔고, 미 해병 1사단장 스미스의 결심이 워낙 확고부동하자 미 10군단장 앨먼드는 "해병 1사단은 전력을 다해서 서쪽에서 공격을 계속하되 전황 진전이 좋지 않을 경우 사단의 작전지역을 변경하도록 한다."는 절충안으로 겨우 타협을 한 뒤 작전을 펼칠 수 있었다.

우리가 여기서 주목할 것은 비록 군대 간의 이질적인 문화 차이 때문에 두 지휘관 사이에 반목이 있었지만 이들의 대립은 결코 감정적이거나 서로를 시기해 발생한 것은 아니고 아군의 승리라는 한 가지 목표를 달성하기 위한 최선의 방책을 논의하는 과정에서 발생했다는 것이다. 비록 앨먼드가 작전능력이 매우 뛰어나다거나 부하에 대한 이해심이 좋았던 인물로 평가되지는 않지만 단지 상관이라는 이유만으로 스미스를 누르려 하지는 않았고 스미스 또한 확고부동한 신념에 의해 부대를 지휘했지만 격론 이후 한번 결정된 사항에 대해서는 항명하지 않았다.

3. 온화한 덕장

사실 이 글의 주인공인 미 해병 1사단장 스미스 소장은 전사에 드러난 여러 유명 장군들과 달리 세인들에게 그리 많이 알려진 인물은 아니다. 특히 함께 한국전쟁을 전략적으로 지휘했던 맥아더, 워커, 리지웨이 Matthew Bunker Ridgway, 밴플리트 James Alward Van Fleet 등과 비교했을 때 상대적으로 유명하지 않다. 단지 인천상륙작전과 뒤에 언급할 장진호 전투* 당시의 미 해병 1사단 지휘관 정도로 알려져 있다. 그가 최고 지휘부의 수장이 아니라 전쟁에 참전했던 수많은 사단장들 중 하나이기 때문에 알려지지 않은 것이 당연할 수도 있지만 사실 스미스는 한국전쟁 초반에 어느 누구보다도 전사에 굵은 발자국을 남긴 인물이다. 특히 지휘관으로서의 능력이 분명히 드러나는 고난의 시기를 감탄스러울 만큼 훌륭하게 극복한 그의 능력은 길이 기억할 만하다.

1893년 텍사스의 메너드Menard에서 출생한 그는 1917년 해병대에서 근무를 시작했는데 동료들이 유럽의 1차대전에 참전해 경력을 쌓는 동안 상대적으로 한직이라 할 수 있는 태평양의 괌에서 근무했다. 1차대전 이후에는 주로 태평양과 멕시코 만 등에 있던 미군의 여러 파견기지를 돌며 경력을 쌓아 2차대전이 발발했을 때에는 대대장의 위치까지 진급해 있었고, 미국의 참전이 결정되자 미 해병 6연대 1대대를 이끌고 아이슬란드에서 근무했다. 아이슬란드는 북극해의 작은 섬나라지만 유럽과 미국을 연결하는 대서양 항로의 정중앙에 위치한 주요 거점으로 전쟁 중 지리적인 전략 가치가 높았던 지역이었다.

1944년 그는 전통의 미 해병 1사단 5연대장으로 취임해 태평양전선의 제일선에서 전투를 치러냈다. 이때부터 그는 미 해병 1사단과 불가분의 인연을 맺었고 팔라우Palau, 오키나와沖繩 등지에서 있었던 격렬한 전투에서 일본군을 상대하면서 서양인들과는 사뭇 다른 동양인들의 전투 행태에 대해 많은 경험을 했다. 그는 아무리 힘든 일이 닥쳐도 욕을

---

* 미국 전사에서는 Battle of Chosin으로 불린다. 초신은 長津의 일본어 발음인데 한국전 참전 당시 미군이 사용한 지도의 대부분이 일제강점기에 일본이 제작한 지도를 그대로 번역한 것이었기 때문에 미국에서는 초신 전투가 된 것이다.

내뱉거나 분노를 표현하는 일이 한 번도 없었을 정도로 성격이 온화하고 학구적인 것으로 유명해 동료들이 '교수'라는 별명으로 부를 정도였다. 특히 문제가 발생했을 때에는 절대 서두르지 않고 여러 가지 방법으로 해결책을 고민했고, 이러한 신중한 태도는 부대와 대원들이 쓸데없는 위험에 빠지지 않도록 했다.

한국전이 발발하고 미국이 참전을 결정한 후인 1950년 7월 26일, 스미스는 미 해병 1사단장이 되었다. 이때 그가 맡았던 최초의 임무는 하루빨리 부대를 재건하는 것이었다. 왜냐하면 2차대전 종전 후 미군은 대대적인 감축을 한 상태여서 미 해병 1사단은 서류상의 조직만 존재하고 있었기 때문이다. 해병사단의 경우 인가받은 완편 규모가 2만 명 수준이었는데 캘리포니아에 주둔하고 있던 미 해병 1사단이 한국전에 동원되기로 결정되었을 때의 병력은 불과 7,000명 수준이었다. 당연히 부대의 재건과 이동에 많은 시간이 소요되었는데, 미국 최고의 즉시 동원 자원인 미 해병대가 이 정도였다는 이야기는 한편으로는 미국도 내심 2차대전을 끝으로 당분간 큰 전쟁은 없을 것으로 판단하고 있었음을 알려준다.

원래 맥아더가 인천상륙작전을 결심한 것은 서울이 북한군에게 점령된 직후인 6월 29일 한강대교 남단을 직접 시찰할 당시였다는 유명한 이야기가 있다. 그때부터 맥아더는 미 해병 1사단을 상륙군으로 낙점하고 있었고 부대 재편을 적극 독려했다. 원래는 완편시켜 일본으로 이동 후 대기하고 있다가 기습적으로 인천에 상륙할 예정이었는데 여건이 그렇게 되지 못했다. 생각보다는 북한군의 전력이 월등해 서둘러 참전한 미 24사단은 초전에 박살이 날 만큼 엄청난 타격을 입었고 전선은 파죽지세로 남쪽으로 밀려 내려가고 있었다. 이와 같이 한반도의 상황이 날로 악화되어가고 자칫하면 부산마저 조기에 함락될 위험이 보이자 미 해병 1사단은 최초 계획과 달리 어느 정도만 재편이 이루어지면 연대별로 극동으로 이동해 축차적으로 전선에 투입될 상황이었다. 특히 미 해병 1사단 5연대의 경우는 전투단으로 긴급 편성되어 낙동강 방어전에 투입되었을 정도였다.

낙동강 교두보를 틀어막고 전선을 고착화시키는 데 성공했던 1950년 9월 15일 역사적인 인천상륙작전이 이루어졌는데, 이 작전의 주역은 단연코 스미스가 지휘하는 미 해병 1사단이었다. 당시 인천상륙작전에 투입된 부대는 미 해병 1사단(+국군 해병 1연대), 미 7사단(+국군 17연대)으로 구성된 미 10군단이었는데 작전 당일 제일 먼저 상륙해 월미도의 교두보를 확보한 부대가 미 해병 1사단 5연대 3대대였다. 뒤이어 제2파는 적색해안Beach Red을 점령한 미 해병 5연대 본진이었고, 또한 청색해안 Beach Blue을 확보한 미 해병 1연대도 제2파에 속해 있었다. 그리고 10군단의 여타 부대는 해병대가 확보한 인천 해안의 교두보를 발판 삼아 다음 날 안전하게 행정 상륙을 했다.

당시까지도 미 해병 1사단은 완편되지 않은 상태여서 예하 해병 7연대는 일본에서 이동해 오고 있던 중이었다. 9월 18일이 되어 해병 7연대가 인천으로 행정 상륙해 영등포에 위치한 본진에 합류하고 나서야 스미스는 미 해병 1사단장으로 취임한 지 거의 두 달 만에 완편된 부대를 지휘할 수 있었다. 즉 결론적으로 스미스가 지휘한 해병 1사단은 예하 2개 연대만으로 인천상륙작전의 가장 위험했던 순간을 이겨내고 한국전의 전세를 순식간에 반전시키는 계기를 가져왔다. 그리고 스미스의 부대는 9월 28일 서울 수복의 선두에 서게 되었다. 하지만 인천상륙작전과 서울 탈환이라는 업적에도 불구하고 미 해병 1사단과 사단장 스

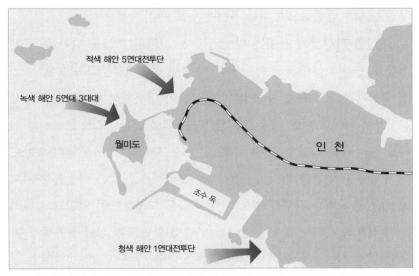

2-2 인천상륙작전에서 가장 중요한 임무를 부여받은 부대가 바로 미 해병 1사단이었다. 상륙 첫날 새벽 만조때 5연대 예하 3대대가 월미도에 상륙하여 교두보를 확보했고 오후 만조 때 적색해안과 청색해안에 본진이상륙함으로써 인천항을 장악했다. 이를 바탕으로 다음 날부터 미 10군단 여타 부대들이 안전하게 상륙할 수있었다.

미스의 진정한 신화는 사실 지금부터였다.

4. 북새통이 되어버린 인천항

인천상륙작전과 뒤이어 실시된 서울 탈환 이후 개시된 북진에서 미 10군단과 예속된 미 해병 1사단은 다시 한 번 상륙작전에 나서게 된다. 바로 전략적인 대실패로 남은 원산상륙작전이었다. 이 작전 당시 원산항입구에 부설된 기뢰들로 인해 10군단이 바다 한가운데서 오도 가도 못하고 있을 때, 동해축선을 따라 쾌속 전진한 국군 1군단이 원산을 선점했었다. 비록 결과적으로는 아군의 승리였지만 이것은 군사작전상 커다란 문제가 발생하고 있다는 무서운 징조였다.

이러한 작전상의 문제는 앞서 언급한 것처럼 38선을 넘어 북진 시 전선을 분리해 아군의 주력을 둘로 나누는 부분에서부터 발생했다. 인천에 상륙한 후 서울을 수복한 미 10군단이 남진하여 오산에서 낙동강 교두보를 박차고 나온 미 8군과 연결하는 데 성공함으로써 한국전의 전세를 순식간에 역전시킨 힘이 되었던 것은 사실이다. 유엔군이 한반도의 중앙부인 인천을 먼저 수복한 것은 전략적으로 많은 이점을 가지고 있었다. 당시에는 경부선 철도 외에 별다른 교통수단이 없었고 이마저도 폭격으로 많이 손상된 점을 감안한다면 한반도 중심에 물류항을 확보했다는 것은 장차 전쟁 수행에 많은 도움을 줄 수 있었다. 하지만 전세를 반전시킨 주역인 미 10군단을 그대로 회수해 동해안에 상륙시킨다는 것은 엄청나게 잘못된 전략이었다.

맥아더는 서해안의 인천에서 재미를 보자 동해안의 주요 항구인 원산으로 또 한 번 상륙전을 감행해 교두보를 삼으려는 계획을 세웠다. 아마 이러한 작전 수립은 청일전쟁에서 일본이 재미를 보았던 것처럼 평양을 동쪽에서 공략할 또 하나의 축선을 확보하기 위한 목적 때문이었는지도 모르겠다. 그런데 문제는 여기에 투입할 부대가 미 10군단이었다는 점이다. 군단이라는 편제는 전술 단위부대인 사단과 달리 전선의 상황에 따라 재편이 유동적인 조직임에도 맥아더는 미 10군단의 예하부대인 미 해병 1사단과 미 7사단을 그대로 편제시켜 원산으로 이동시키고자 했는데 이것이 커다란 문제를 야기했다.

미 10군단의 병력과 장비를 다시 실어 나르기 위해 어렵게 회복한 주요 물류 거점인 인천항은 상륙작전 당시 못지않게 북적될 수밖에 없었고 그만큼 서부전선으로 진격할 미 8군을 지원하기 위한 군수물자의 하역이 늦어질 수밖에 없었다. 좁은 항구에서 한쪽으로는 부대를 탑승시키고 또 다른 한편으로는 군수품을 하역하는 웃지 못할 상황이 벌어진 것이다. 낙동강부터 치고 올라온 미 8군은 길어진 경부가도 보급로 때문에 인천항의 역할에 많은 기대를 했지만 미 10군단의 해상 이동으로 인해 보급이 급격히 제한되었다. 결국 38선 이북으로 북진 시 보급의 제한을 받은 미 8군은 예하부대를 동시에 진격시키지 못하고 미 1군단부터 진격시켰고, 미 9군단은 보급이 완료된 후 순차적으로 북진할 수밖에 없었다.

뿐만 아니라 인천에서 다시 출발해 한반도 남부를 빙 돌아 원산으로 다가간 미 10군단은 동해축선을 따라 북진하던 국군 1군단이 원산을 선제 점령함으로써 시간과 비용만 낭비한 무의미한 작전을 수행한 셈이 되었다.

결론적으로 북진을 개시했을 때 유엔군은 굳이 10군단이 함경도 지역으로 진출하도록 고집하지 말고 일단 38선에 도열한 순서대로 부대들을 재편하여 경원가도 인근에 가장 가까이 있던 부대로 하여금 추가령구조곡을 통해 북진하도록 해야 했다. 그러면 자연스럽게 동해축선을 따라 38선을 지나 북으로 올라가던 국군 1군단과 원산에서 합류하게 되는데 이들을 거기서 다시 한 번 재편하여 함경도 지방으로 진출시키는 것이 훨씬 효과적인 전략이었다. 결국 인천항을 확보했으면서도 물류난을 겪은 미 8군은 미 8군대로 작전에 차질이 생겼고, 미 10군단도 무의미하게 시간만 낭비했는데 이것은 북진이 실패한 또 하나의 이유가 되었다.

이 당시 미 10군단의 원산 상륙과 관련된 잘 알려지지 않은 사실이 있는데 짧게 소개하고자 한다. 당시 북한군은 원산을 방어하기 위해 소

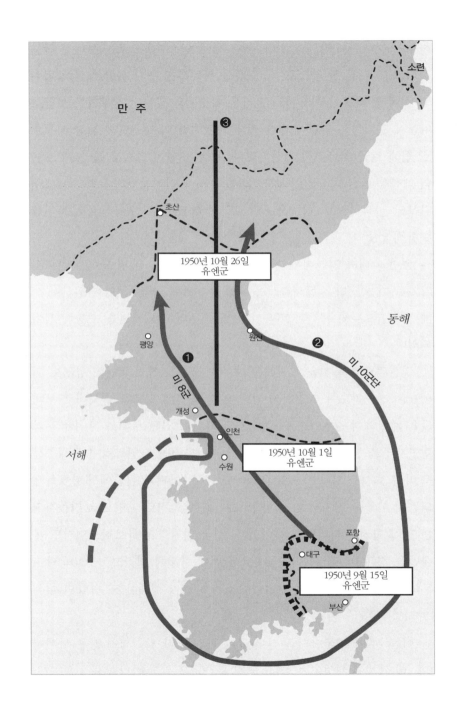

런군 30여 명의 지휘하에 32척의 기뢰부설함을 동원하여 1950년 10월 4일까지 3,000여 기의 기뢰를 원산만 일대에 부설했는데 이 때문에 미군 함정 2척과 국군 함정 1척이 침몰당하는 피해를 입기도 했다. 생각지도 못한 기뢰로 인하여 미 10군단의 상륙이 방해받자 유엔군은 일본 해상청에 비밀리에 출동을 명령했고 총 21척으로 구성된 일본의 소해함대가 한국전쟁에 전격 투입되었다.

이 당시 동원된 소해정들은 예전 일본해군이 운용하던 것들이었는데 한때 미국과 겨룰 만큼 세계적인 수준의 해군을 보유했던 일본은 비록 2차대전 종전 후 해체 당했지만 방어적인 무기인 소해정 세력은 상당수가 온전했으며 일본의 기뢰 제거 실력 또한 미군보다 좋다는 평판까지 받았다. 일본은 기뢰 제거 작전으로 인해 1명이 사망하고 18명이 부상당하는 피해를 입기도 했는데 그 결과 10월 25일 겨우 통로가 개척되었고 그동안 바다 위에 하염없이 떠 있던 미 10군단은 10월 26일부터 원산에 상륙할 수 있었다. 그러나 앞서 말했듯이 이미 원산은 10월 10일 동해축선을 따라 북진한 국군 1군단이 점령해놓은 상태여서 군사적으로 무의한 작전이 되어버렸다.

소해작전은 비록 일본의 자의에 의한 것은 아니고 유엔군의 지시에 의해 벌어진 일이기는 하지만 한국전에 일본이 개입한 희귀한 사례였는데 군대가 해체된 패전 전범국가가 전쟁에 참여한 사실이 외부에 알

왼쪽 지도 2-3 1950년 9월 16일~11월 2일
❶ 미 8군은 낙동강으로부터 경부-경의 가도를 따라 평안도 방향으로 북진했다.
❷ 미 10군단은 인천상륙작전으로 서울을 수복한 후 다시 인천으로 빠져나와 한반도를 한 바퀴 돌아 원산으로 상륙했다.
❸ 북한 지역을 수직으로 나눈 선은 미 8군과 미 10군단의 작전경계선으로 이들은 별도의 지휘권을 행사하며 북진을 했다.
이러한 복잡한 북진방법은 결국 실패한 전략이 되었다.

려지는 것이 두려워 오랫동안 비밀에 부쳐져왔다. 더불어 기뢰부설 작전에서처럼 상당수의 소련 공군과 해군이 한국전쟁에 직접 관여했는데 이 또한 오랫동안 비밀이었다. 소련은 전쟁 발발의 주요 당사자이면서도 미국과의 직접 충돌을 꺼려 전투기 조종사들이 중공군 군복을 입고 중공군 전투기를 조종하는 등, 표면적으로는 전쟁에 직접 참전하지 않고 있다는 사실을 부각하기 위해 노력했다. 한마디로 1950년 10월 원산은 보이지 않는 적들의 전쟁터이기도 했던 것이었다.

5. 어처구니없는 실책

어쨌든 실전이 아닌 김빠진 행정 상륙이 되었지만 이 장의 서두에서 언급했듯이 맥아더로부터 평안도로 진격하는 미 8군과 별도의 지휘계통과 작전권을 부여받은 미 10군단은 한반도 북동부의 함경도 지역을 조기 석권하고자 예하부대들을 각 전략 거점별로 산개시켜 한만국경을 향해 빠르게 내달릴 준비를 마쳤다. 그러던 중 1950년 10월 25일 낭림산맥 서쪽 서부전선의 미 8군 앞에 갑자기 출몰한 중공군의 등장은 전쟁이 새로운 국면으로 접어들었음을 알리는 신호탄이었다.

그런데 이러한 급박한 변화에도 불구하고 유엔군 지휘부는 모든 상황을 낙관하고 계속 북진을 독려했다. 중공군의 참전이 확인되었음에도 전선을 일단 조정해 숨을 고를 생각은 하지 않고 예하부대가 그냥 앞으로 나아가도록 방임했던 것이다. 10월 26일 국군 청성부대는 배후가 중공군에게 차단당하고 있는지도 모른 채 한만국경의 초산까지 진격했을 만큼 유엔군 지휘부는 제대로 된 전황을 파악하지 못했다. 이 시점에서 유엔군 최고 지휘부가 올바른 판단을 했다면 함경도 지역으로 진출하려고 부대를 막 배치하기 시작한 미 10군단에게 진격중지 명령을 내렸어야만 했다. 하지만 그런 명령도 없었고, 미 10군단은 서부전선의 급박한 상황과 동떨어진 계획을 실행에 옮기는 판단 착오를 범했다. 중공군 출현 직후 열린 군단 작전회의에서 다음과 같은 결정을 내렸던 것이다.

"군단은 계속해서 동북지역의 한만국경선으로 신속히 진격한다. 국군 1군단은 동해안 축선과 무산 가도를 따라 북으로 전진해 두만강 하류에 도달한다. 미 3사단이 원산에 도착하면 미 해병 1사단은 전선을 인계하고 장진호 방향으로 진격한다. 미 7사단은 이원에 상륙 후 혜산진 방향으로 진격한다."

서부전선의 미 8군이 중공군의 강한 저항과 마주쳤을 때 이런 작전 지시가 나온 것은 도저히 이해가 되지 않는 부분이다. 아무리 미 8군과 미 10군단의 작전권이 분리되었다 하더라도 전체 전선의 좌익이 생각하지 못한 위기에 빠졌는데 우익에서 별도의 진격을 개시한다는 것은 상식적으로 납득이 가지 않는다. 분리된 작전권의 모순이 빚어낸 참담한 비극이었다.

6. 북진 경쟁

아무리 미 10군단이 별도의 작전권을 가지고 있다 하더라도 서부전선의 상황이 나빠질 기미가 보였다면 진격을 멈추고 전황을 확인한 뒤 차후의 작전을 수립해야 했다. 만일 그 당시 상황을 제대로 파악했다면 북진을 즉시 중단하고 전선을 최대한 축소시키는 동시에 주력을 원산에서 서쪽으로 이동시켜 분리되어 있던 서부전선의 미 8군과 조속히 연결을 시도할 수도 있었을 것이다. 다시 말해 전선을 축소시켜 적의 우회 침투가 불가능하도록 긴급히 북위 39도선 인근에 전력을 조밀하게 재배치하는 것이 맞는데도 미 10군단은 부대 이동은 고사하고 경계를 갖추지도 않은 채 정반대 방향으로 무조건 치고 나가려 했다. 미 8군에 위기가 다가옴을 뻔히 보면서도 북진을 시도했던 미 10군단 또한 결국 그 대가를 혹독하게 치를 수밖에 없었다.

그리고 설령 분리된 지휘권에 따라 미 8군과 미 10군단이 별개의 작전을 펼친다 하더라도 유엔군 최고 지휘부가 이를 적절히 통합 관리해야 했는데 방심하기는 매한가지였다. 중공군의 제1차 공세(이른바 10월 공세)가 있었음에도 상황을 너무나 긍정적으로 봐온 최고 지휘부는 오히려 1950년 11월 말 크리스마스 공세*로 불리는 어처구니없는 작전을 실행했고 그 결과 서부전선의 붕괴와 엄청난 패배를 재촉했다. 어쨌든 이렇게 전황을 오판한 상태에서 1950년 11월 초 미 해병 1사단은 뒤이어 원산에 상륙한 미 3사단에 원산~함흥 지역의 경계임무를 인계하고 애초 수립된 미 10군단의 작전계획에 따라 장진호 방향으로 진격해 들어가기 시작했다. 이와 발맞추어 미 10군단 예하 각 부대들은 경쟁하듯이 북진에 가속도를 냈다.

이원에 상륙한 미 7사단은 부전호와 혜산진으로, 동해 축선을 따라

---

* 현실을 오판한 맥아더는 유엔군이 중공군의 1차 공세로 청천강 남쪽으로 밀려났는데도 불구하고 이곳에 방어선을 구축할 생각을 못하고 오히려 11월 24일 예하 부대에 크리스마스까지 전쟁을 종결하겠다며 총공세를 명령했는데 언론에서는 이를 '크리스마스 공세'라 칭했다.

북진한 국군 수도사단과 3사단은 회령, 성진 등의 함경북도 지역으로 산개해 들어가면서 한만국경을 향한 무제한의 레이스를 벌였다. 도대체 무슨 생각이었는지 모르겠지만 서부전선의 미 8군이 밀리기 시작했는데도 그들은 뒤도 돌아보지 않고 앞으로 나아갔다. 이러한 황당한 시도를 한 지 얼마 되지 않아 유엔군 지휘부는 중공군의 압박이 예사롭지 않음을 깨닫게 되었고 미 8군과 미 10군단의 연결 필요성을 절감하게 되었다. 만일 미 8군이 청천강에서 밀려 내려오게 되면 한반도 북부의 지리적 구조상 북한 지역을 포기하고 38선 부근까지 후퇴를 해야 하는데, 그렇게 되면 함경도 지역의 미 10군단이 순식간에 고립될 수밖에 없었기 때문이다.

결국 장진호로 북진 중인 미 해병 1사단에게 북진을 더욱 서둘러 애초의 목표인 장진호를 하루빨리 점령하고 낭림산맥을 넘어 서진해서 강계까지 진출하여 서부전선의 미 8군과 연결하라는 지시를 내린다. 이때 다시 한 번 앨먼드와 스미스의 의견 충돌이 발생하는데, 사실 미 해병 1사단장 스미스는 그의 사단을 넓은 지역으로 산개시켜야 하는 미 10군단의 최초 북진계획에 처음부터 강력하게 이의를 제기했었다. 그리고 이제 겨울이 다가오는데 동계전투용 장비도 제대로 갖추지 않은 채 자신의 부대가 고원지대에 위치한 장진호까지 진출해야 하자 위험성을 깨닫고 반발한 것이다.

7. 신중한 진격 그리고 위기

스미스 사단장이 앨먼드의 계획에 반기를 들었던 이유는 갈수록 험준해지는 한반도 북부의 지형과 기후상태를 고려했을 때 확실한 보급로를 확보하지 않고 부대를 이동 전개하는 것은 상당히 위험한 작전이라 판단했기 때문이다. 그렇지만 스미스 사단장은 상급지휘부의 지시를 거부하지는 못했고 결국 안전한 진격을 하기로 결심한다. 산악의 험로를 지나 고원지대로 진격하는 작전은 어쩔 수 없이 몇 군데 안 되는 길을 따라 종대로 길게 진격해야 하는데 주요 거점마다 확실하고 안전한 교두보를 확보하는 것이 길어진 진격로를 안전하게 보장하는 길이었다. 만일 길게 늘어진 상태로 좁은 통로를 따라 부대가 앞으로 나아갈 때 측면으로부터 공격을 받으면 부대가 분리되거나 후방이 차단될 위험이 커진다는 사실을 스미스는 잘 알고 있었다.

때문에 항구도시인 흥남으로부터의 병참선을 유지하면서 전진하는 것이 가장 중요하다고 생각한 스미스는 비록 1일 1마일 정도밖에 전진하지 못하더라도 주요 거점마다 통신소와 병참기지를 만들었고, 하갈우리에는 수송기들이 이용할 수 있는 임시 활주로까지 건설하도록 조치했다. 때문에 미 10군단의 여타 부대들과 비교해 미 해병 1사단의 진격은 상당히 느렸다. 이에 반해 미 7사단, 국군 수도사단은 압록강가의 혜산진을 향해 대나무를 가르듯 거침없이 내달리고 있었고, 국군 3사단 또한 함경북도 일대를 석권하고 두만강을 향해 전진하고 있었다. 따라서 앨먼드 미 10군단장은 예하부대 중 진격 속도가 가장 느린 미 해병 1사단에 불만을 가지고 신속한 진격을 명령했다.

하지만 스미스의 예상대로 10월 말이었음에도 북한 고산지대의 겨울은 이미 시작되어 순식간에 많은 눈이 내리고 기온은 영하로 곤두박질쳤다. 결국 스미스의 조심스런 전진은 차후 악조건에서 미 해병 1사단이 기적적으로 생존하게 해줄 뿐만 아니라 그들의 우측에서 함경도

오지 깊숙이 진격했던 미 10군단 전체를 구원하는 밑받침이 되었다. 스미스는 후속 보급을 확보한 상태를 유지하며 천천히 전진했다. 스미스는 진격할수록 넓어지는 미 해병 1사단과 미 8군의 간격 때문에 특별히 좌측 경계에 더욱 신경을 쓰며 전진했는데, 지도에는 길이 표시되어 있지만 막상 그들의 앞에는 지도에 표시된 길은 없고 험준한 산이 가로막고 있는 냉엄한 현실에 종종 직면해야 했다.

겨우겨우 좁은 진격로를 개척하며 장진호 인근에 다가갔을 무렵 서부전선을 담당하던 미 8군의 빠른 후퇴, 엄밀히 말하면 붕괴가 시작됐다. 그와 동시에 미 8군과 미 10군단 사이에 뚫려 있는 거대한 간극을 통해 침투한 대규모의 중공군이 그들 앞에 나타났고 유엔군은 순식간에 부대 간의 연결은 고사하고 스스로의 생존을 걱정해야 할 처지에 이르렀다. 1950년 11월 27일 전선 좌측의 미 8군을 청천강 인근까지 밀어 내린 중공군은 미 10군단 지역에 대대적으로 출몰해 압박을 가하기 시작했다. 중공군은 장진호 깊숙이 들어온 미 해병 1사단을 분쇄하면 함경도 각지로 깊숙하게 올라간 미 10군단의 잔여 부대를 쉽게 고립시킬 것으로 판단하고 2개 군(서방의 군단급 편제)의 대병력으로 미 해병 1사단을 첩첩이 엄중 포위했다.

8. 전설이 된 장진호의 용사들

경계와 교두보 확보를 게을리하지 않고 장진호 인근까지 전진해 왔으나 부지불식간에 자신들의 6배가 넘는 적들에게 포위당한 미 해병 1사단은 하루아침에 괴멸될 위기에 빠졌다. 비록 화력이나 장비 그리고 제

장진호 전투 중 중국군 저지선을 뚫고 이동하는 미 해병 1사단. 이때 지옥의 포위망과 혹한의 동토를 살아서 빠져 나온 미 해병 1사단 대원들을 흔히 초신 퓨Chosin Few 라고 부르는데 미국에서는 전설적인 전쟁영웅들로 대접 받는다.

공권은 중공군에 비해서 우세했지만 깊숙한 산악지대에서는 이런 약간의 우위가 압도적으로 영향을 끼치는 것도 아니었다. 기나긴 항일전쟁과 국공내전을 통해 비정규전 및 산악전에 풍부한 경험을 쌓은 중공군은 지형지물을 적절히 이용할 줄 알았지만 미군에게는 한반도의 겨울산악지대가 상당히 낯선 환경이었다. 미국은 2차대전 당시 유럽과 태평양에서도 이런 겹겹이 늘어선 산악지대에서 전투를 해본 경험이 거의 없었다.

그와 더불어 시나브로 다가온 추위는 이미 인간이 이겨낼 수 있는 한계를 벗어날 만큼 혹독했고 이러한 악천후는 비전투 손실로 인한 전력 약화를 가져왔으며 더불어 얼어붙은 화기들로 인해 제대로 된 전투력을 발휘하기 힘들 지경이었다. 물론 이러한 악천후는 미군뿐만 아니라 보급이 상대적으로 열악한 중공군에게도 재앙의 수준이었다. 비록 북한의 자연과 기후 환경이 미군에게 더욱 낯설기는 했지만 그렇다고 중공군도 사람인 이상 아무런 장애 없이 원활히 작전을 펼칠 만큼 중공군에게 무조건 유리한 조건도 아니었다. 따라서 대규모의 중공군에게 첩첩이 포위당했다고 그냥 좌절하거나 싸워보지도 않고 항복할 필요는 없었다.

또한 미 해병 1사단이 2개 군단 규모의 중공군을 최대한 잡아놓고 있다면 그들의 우측에서 함경도 북부 깊숙이 북진해 있던 미 7사단, 국군 수도사단, 국군 3사단 및 기타 미 10군단 예하부대들이 안전하게 철수할 수 있는 퇴로를 확보해줄 수 있기 때문에 최대한 버텨주어야 했다. 다행히도 그들은 스탈린그라드의 독일 6군과 달리 이동의 자유도 있었고 충분한 지원도 받았다. 불굴의 투지를 가진 신념의 지휘관 스미스 사단장은 적들에게 포위되고 혹독한 추위로 고통받아 사기가 떨어진 장병들에게 지금까지 전진해 왔던 길을 되돌아서 흥남으로 후퇴할 것을 명령하며 전사에 길이 빛날 유명한 훈시를 한다. "해병에게 후퇴는 없다. 우리는 다른 방향으로 공격하고 있는 중이다."

스미스는 자신이 지휘하는 자원병으로만 구성된 해병대원들을 믿었고 해병대의 자부심은 이런 난관을 반드시 돌파할 수 있으리라 생각했다. 절체절명의 위기에 빠진 미 해병 1사단의 소식은 미국 본토에도 대대적으로 보도되었고 그들의 안위는 모든 자유 세계인들의 주목을 받음과 동시에 안타까움을 불러일으켰다. 포위된 해병대를 격려하기 위해 맥아더 사령관이 왔을 뿐만 아니라 많은 종군기자들이 취재를 위해 한국으로 날아왔다. 기자들은 혹독한 환경에서 적들의 공격을 막아내며 처절하게 진군하는 해병대의 분투에 감동했으며 스미스 장군을 위시한 모든 장병들의 감투정신敢鬪精神에 찬사를 보냈다. 그들은 사단장의 말대로 다른 방향으로 진격을 하고 있었던 것이었다.

9. 불굴의 용기, 초신 퓨

미 해병 1사단이 상부의 닦달에도 불구하고 천천히 진격하면서 목진지마다 설치한 병참기지는 철수작전 시 그들을 구원하는 생명선이 되었다. 그리고 하갈우리의 임시 비행장은 보급품 지원과 부상병 수송에 적절히 이용되었다. 이에 반해 압도적인 병력을 발판 삼아 미 해병 1사단을 포위한 대규모의 중공군은 보급 제한에 걸려 제대로 공격도 못하고 오히려 해병대의 화력에 압도당하며 혹독한 추위에 스스로 무너져 내리기 시작했다. 하지만 이러한 해병대의 용전분투에도 불구하고 손실은 막대했고 결국 유엔군 지휘부는 항공편을 통해 탈출할 것을 제안했다. 항공 탈출을 한다면 지옥 같은 형극荊棘의 후퇴를 보다 신속하고 안전하게 마무리 지을 수 있었지만 그러나 스미스 사단장은 신념의 지휘관답게 이를 단호히 거부했다.

그 이유는 만일 항공편으로 철수한다면 결국 최후의 철수 비행기가 출발할 때까지 적어도 1개 중대의 병력이 경계를 서야 하는데 이들의 안전을 장담할 수 없고 이것은 생사고락을 같이하는 해병대의 전통과 신념에 위배된다는 것이었다. 이런 해병대의 정신을 수호하려는 스미스의 의지에 따른 결정은 또 다른 효과를 가져왔다. 그것은 막대한 전투장비를 비롯한 각종 보급품의 유기를 막은 것이다. 물론 물자보다 사람의 생명이 중요하기는 하지만 적들이 유기된 장비와 보급품을 이용한다면 적의 전력이 강화되고 결국 아군이 더 큰 피해를 볼 가능성이 있기 때문에 넓은 시각으로 보면 이 또한 중요한 일이었다. 하지만 이것도 해병대의 장진호 철수 작전이 가졌던 효과의 극히 미미한 일부분이라 할수 있다.

말 그대로 '뒤로 돌아 흥남으로' 향하는 '다른 방향으로의 공격'은 탈출로인 장진과 흥남을 연결하는 축선의 양측을 엄중하게 점령하고 있던 중공군 주력의 대부분을 이곳에 잡아놓았고, 미 해병 1사단의 이동에 대규모의 중공군이 몰입되어 얽혀 있다 보니 함경도 북부로 넓게 산개해 자칫하면 포위, 고립될 위기에 처했던 미 10군단과 국군 1군단도 안전하게 철수할 수 있게 되었다. 결국 흥남에서 있었던 기적 같은 대철수(1950년 12월 12일~12월 24일)로 인해 해병대의 치열했던 장진호 전투는 종막을 고하게 되었다. 또한 장진호 전투를 발판으로 성공할 수 있었던 흥남 철수는 동북 지역에 고립될 뻔한 10만 5,000명의 병력과 1만 7,000대의 차량, 35만 톤의 군수화물을 안전하게 해상으로 철수시켰고 이것은 1.4후퇴 이후 재반격의 밑거름이 되었다.

이러한 용기와 분투에도 불구하고 미 해병 1사단은 철수 완료 후 부대재편에 많은 시간을 필요로 할 만큼 피해가 상당히 컸다. 특히 많은 병사들이 극심한 혹한으로 인해 사망하거나 심각한 동상을 입어 장애인이 되는 등 비전투 손실이 엄청났다. 이를 계기로 미군 당국은 동절기 전투에 대한 본격적이고 체계적안 연구에 돌입하게 되었다. 이때 지옥

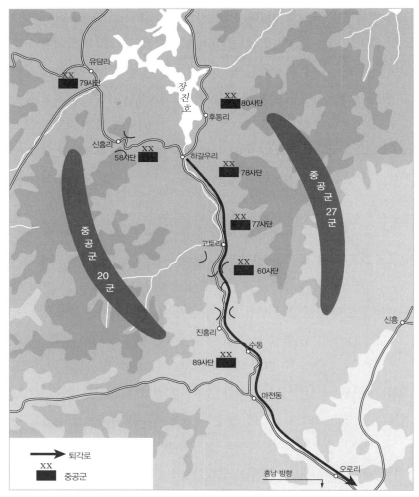

2-4 1950년 12월 6~11일 장진호부터의 퇴각로 미 해병 1사단은 장진호에서 함흥을 거쳐 흥남으로 이어지는 가도를 따라 후퇴했는데 가도 양쪽은 이미 대규모의 중공군이 점령한 상태여서 말 그대로 다른 방향으로 공격하는 모양새였다.

의 포위망과 혹한의 동토를 살아서 빠져나온 미 해병 1사단 대원들을 흔히 초신 퓨Chosin Few라고 부르는데 미국에서는 전설적인 전쟁영웅으로 대접받는다.

철수 후 폭파되는 흥남부두를 관측하는 항공모함 베고르begor 호. 흥남 철수는 군사적 차원뿐만 아니라 인도적 차원에서도 의의가 커 더더욱 가치 있는 작전이었다.

흔히 흥남 철수를 1940년 됭케르크Dunkerque에서 있었던 연합군의 성공적인 철수와 비교하는데 이 작전이 그보다 더욱 빛을 발하게 된 이유는 대규모의 민간인 탈출도 함께 이루어졌기 때문이다. 당시 철군하느라 눈코 뜰 새 없이 바쁜 와중에도 공산학정을 탈출하려는 무려 9만 1,000명의 피난민들도 함께 수송되었는데 이것은 세계 전사에 다시 보기 힘든 인도적인 작전으로 기록되었고 어쩌면 이것이 흥남 철수작전의 진정한 백미가 아닌가 한다.

당시 철수에 동원된 선박들은 병력과 장비를 간신히 실은 상태여서 민간인을 태울 경우 선박 운항의 안전을 장담할 수 없었던 상황이었다.

하지만 북진 당시 수복지역 곳곳에서 벌어진 엄청난 학살을 목도한 유엔군 지휘부는 지옥에 남겨지기를 원하지 않아 부두에 모여든 수많은 피난민들의 애끓는 눈길을 외면할 수 없었다. 결국 철수선의 빈 공간에 한 발로 서서라도 가겠다는 수많은 피난민들이 몸을 실을 수 있도록 조치되었고 이들은 갑판 위에서 동해의 북풍한설을 맞으면서도 자유를 찾아 남쪽을 향한 대이동을 했는데 이것은 최단 기간 내에 단 한 번에 이루어진 한민족 최대 이동 사례로 기록되었다.

비록 전체적인 전략 실패로 인해 통일을 목전에 두고 후퇴할 수밖에 없었지만 미 해병 1사단의 불굴의 분전과 이를 선두에서 지휘한 스미스 사단장의 노고는 아군은 물론 공산 치하에 남겨질 수많은 민간인을 구하는 성과를 이루었다. 북진 작전 시 앞만 보고 달려 나가라는 상급 지휘부의 무모한 작전에 반기를 들면서 적극 항변했고, 이후 계속되는 채근에도 불구하고 묵묵히 신중한 진군을 택해 결국 고립된 부대를 안전하게 탈출시켰던 지휘관 스미스 사단장이 만일 당시 유엔군 최고 지휘관이었다면 지금의 역사책은 달라지지 않았을까.

최근에는 공공연히 한국전쟁을 '제국주의 미국의 참전으로 안타깝게 실패한 통일전쟁'으로 규정하는 사람들이 있을 정도로 세상이 바뀌었고, 수십만이 참전했던 미국에서조차 잊힌 전쟁으로 생각될 정도로 발발한 지 불과 60년도 안 된 전쟁인데도 한국전쟁에 대해 알려진 내용은 그리 많지 않다. 이처럼 제대로 기록되지 않은 전사에는 스미스 또한 일개 사단장으로서 제일선에서 부대를 지휘했던 단편적인 역사만 기록되어 있을 뿐이다. 하지만 그럼에도 불구하고, 아니 오히려 그 사실만 가지고도 스미스를 역사상 최고의 지휘관의 반열에 올려놓는 데 전혀 부족함이 없다고 생각한다. 지금은 이미 고인이 되었지만 신념의 지휘관 스미스는 진심으로 존경과 찬사를 받을 만한 군인이었다.

10. 아쉬웠던 북진

흔히 북진통일의 가장 큰 실패 원인으로 중공군의 참전을 손꼽는다. 개인적으로도 이러한 의견을 반박할 또 다른 이유를 찾기 힘들다. 하지만 아쉬웠던 것은 중공군의 참전이 충분히 예견되었던 당시 상황을 유엔군 지휘부가 너무 안이하게 생각했던 것이 아닌가 하는 것이다. 아니 중공군의 참전이 설령 분명해 보였다 하더라도 그 효과가 미미할 것이라고 축소해 애써 무시하려 했던 것은 아니었는지 모르겠다.

흔히 중공군을 무지막지한 인해전술을 앞세운 후진국 군대로 생각하지만 그들은 단지 병력 수로만 우위를 점했던 군대가 아니라 고도의 심리전과 비정규전을 혼합한 전투경험이 풍부한 군대였다. 뿐만 아니라 북진을 지휘하던 유엔군 지휘부 스스로 중공군이 이러한 전술 구사를 쉽게 할 수 있도록 여건을 마련해주었다. 부대 간의 연결이 허술했다는 것은 한마디로 아군의 후방을 적에게 열어두었다는 것과 다름없었다. 마치 유엔군이 인천상륙작전으로 북한군의 배후를 절단한 것처럼 중공군은 이러한 간극을 최대한 이용해 유엔군의 배후를 차단해버렸던 것이다.

사실 유엔군은 청천강~원산 이북으로 진군할 때 다른 전략을 구사해야 했다. 앞서 이야기했듯이 이곳을 넘어 전진하면 전선이 급격히 넓어지는데 당시 유엔군 병력으로 전선을 3배 이상 확장하는 것은 문제가 많았고 때문에 청천강~원산에 강력한 교두보를 먼저 설치해야 할 필요가 있었다. 적의 대규모 반격이 있을 경우 청천강~원산선 만큼 적의 공세를 차단할 수 있을 전략적 자연방어선이 북한 지형에는 없기 때문이다. 이곳에서 물러나게 되면 다음에 방어선을 구축할 지점은 평택~삼척선인데 이것은 결국 북한 전체는 물론 서울까지 포기할 수밖에 없음을 뜻하는 것이다. 결국 청천강에 교두보를 구축하지 못한 채 앞으로만 나아갔던 실수로 인해 역사는 최악의 상태로 흘러갔다.

중공군 참전부터 종전까지 유엔군은 화력에서 중공군을 항상 압도했다. 특히 제공권과 제해권은 거의 무주공산과 같은 상태에서 운용했을 정도였는데 비록 병력에서 중공군에 밀렸다 하더라도 화력을 앞세워 청천강 교두보를 사수했다면 충분히 공세를 막아낼 수도 있었다. 하지만 유엔군 지휘부는 이런 기회를 스스로 포기하고 한만국경에 도달하는 것에만 신경을 썼다. 사실 청천강 교두보를 완벽하게 확보한 후 주력을 8군과 10군단으로 분리하지 말고 먼저 평안북도 지역으로 유엔군을 진격시켜야 했다. 비록 동절기에는 강이 얼어 도강이 가능하기는 하지만 압록강 하구지역은 강폭이 넓기 때문에 중공군의 대규모 도강이나 증원이 어려운 지역이므로 이 지역에 대한 중공군의 압박은 쉽게 제압할 수 있었을 것이다.

이후 압록강 연안을 계속적으로 견제해가면서 주력을 크게 우측으로 돌려 함경도 방향으로 진출시켜야 했는데 이렇게 되면 전선면을 최대한 축소시킬 수 있고 만주지역을 통한 중공군의 침투로를 차단할 가능성도 컸다. 물론 시간이 많이 걸리기는 했겠지만 통일은 가능했을지 모를 일이다. 하지만 천혜의 방어선인 청천강~원산선의 방어 대책을 수립하지 않았던 아군은 오히려 부대 간 간격을 넓혀가면서 북으로 달려갔고 결국 뒤로 돌아 나올 수밖에 없었다. 대책 없이 북진만 했던 당시 상황이 너무 원망스럽고, 통일을 눈앞에 두고도 눈물을 삼킬 수밖에 없었던 역사가 두고두고 아쉬울 뿐이다. 그래서 이런 실망스런 북진 과정 중 유일하게 빛을 발했던 미 해병 1사단장 스미스의 지휘력이 더욱 돋보이는 것이 아닌가 한다.

Part 3. 폐하! 백성이 피눈물을 흘릴 때 함께 눈물을 흘려주시겠습니까

황제의 남자, 야율초재

耶律楚材

가장 많이 읽히는 동양 고전 중 하나는 『삼국지연의』다. 『삼국지연의』는 읽으면 읽을수록 최신 대하소설도 감히 흉내 내기 힘들 만큼 웅대한 스케일과 영웅호걸들의 활약에 감탄하게 된다. 하지만 실제 역사를 대비해 살펴보면 실소를 금할 수 없는 부분이 많다. 단기 필마로 첩첩이 포위된 적을 물리치는 부분 등은 장풍이 난무하는 무협지 수준과 다름없기 때문이다. 그중에서도 역사서에도 기록된 인물인 촉한의 재상 제갈공명의 행적에 대한 묘사는 도가 지나치다고 생각된다.

물론 현실에서 왕조를 창업하는 과정은 소설보다 더 어려운 것이 당연하겠지만 그렇다 해도 소설에서는 거의 신의 경지에 이른 인물로 묘사된 것과 달리 역사에 기록된 제갈공명은 그리 뛰어난 인물이 아니다. 비록 그가 촉한의 창업공신이기는 하지만 그가 이끈 나라는 대륙의 역사 전체를 조망할 때 무시해도 될 만큼 비중 있는 나라도 아니었다. 소설에서도 전쟁터에서는 멋있는 전술을 구사하기는 하지만 그것이 전부였고 일국의 재상으로서 위민에 대해 고민하는 부분이 없다는 점은 그가 과연 왕조의 탄탄한 반석을 만들기 위해 노력한 재상이 맞는지조차 의구심을 갖게 한다.

그런 점에서 볼 때 역사상 가장 강력한 왕조의 창업 주체였던 야율초재는 진정으로 위대한 재상이라고 할 수 있다. 힘만 가지고 일어난 제국을 반석 위에 올려놓고자 때로는 피지배인들의 입장에서 자신의 주군을 설득하는 용기도 있었다. 그가 구상하고 실천한 모든 것은 왕조를 위해서이기도 했지만 결국 국가의 근간인 백성을 소중하게 생각했기 때문이었다. 소설 속의 인물보다 더 소설 같은 삶을 살았으며 역사에 굵은 발자국을 남겼지만 소설 속의 제갈량보다 유명하지 않았던 영웅이 바로 야율초재다.

1. 재상이라는 자리는

국민들이 직접민주주의를 실행하는 스위스 같은 나라도 국가를 대표하는 지존의 자리는 있다. 물론 지존이 똑똑하면 좋겠지만 그러나 공부 잘하고 똑똑한 사람이라고 해서 반드시 국가를 제대로 통치하는 것은 아니다. 오히려 인사人事 관리를 잘해 자신의 부족한 부분을 제대로 보완한다면 위인으로 추앙받을 만큼 역사에 길이 남을 업적을 쌓을 수도 있다. 무소불위의 권력을 가진 전제국가의 원수라 해도 국정 전반을 모두 다 관리할 수는 없는 노릇이고 결국 방대한 통치조직을 통해 국가를 경영해야 하는데 결국 이것은 인사로 귀결되는 문제다.

　사실 사람들이 이러한 만고불변의 진리를 몰랐던 적은 한 번도 없었고 우리나라도 매번 정권이 바뀔 때마다 예외 없이 이를 강조했지만 조각組閣 때마다 인사 문제로 늘 말이 많았다. 이런 상황을 보면 인사가 얼마나 힘든 통치 행위인지 짐작할 수 있다. 그러므로 현명한 인재를 발탁해 적재적소에 배치한 후 이들의 능력을 극대화시키기만 해도 국정운

영의 반은 성공했다고 볼 수 있을 것이다.

특히 국가수반을 최측근에서 보위하며 전략과 비전을 제대로 제시해야 하는 사람이 필요한데 아마도 이 직책을 내정하는 것이 정권을 잡은 자의 가장 중요한 첫 번째 인사라고 할 수 있다. 동양에서는 이런 사람들을 재상宰相이라고 한다. 이 중에는 오늘날 내각책임제의 수상처럼 실질적인 권력을 획득한 경우도 있지만 원론적으로는 이 경우도 국가의 원수는 아니다. 전통적인 관점에서 볼 때 흔히 위로는 오직 한 사람(군주)만 모시고 모든 사람(백성) 위에 군림하는 지위를 이르는 말인 '일인지하만인지상一人之下萬人之上'이라 불리는 이 자리는 행정과 관련해서는 막강한 힘을 가지고 있지만 정치적으로는 자신을 철저히 낮출 줄 알아야 하는 자리다.

역사를 살펴보면 태평성대라고 불리는 기간은 지존이 뛰어나기도 했지만 재상이 훌륭했던 경우가 많다. 하지만 평화 시에는 재상들의 공로가 잘 보이지 않기 마련이므로 보통 혼란기에 활동했던 재상들이 더욱 유명하다. 특히 개국과 같은 창업의 시점에는 대부분 무력을 가진 영웅들이 국가의 수반으로 등극하지만 국가의 틀을 실제로 만든 이는 지략을 가지고 영웅들을 보필한 뛰어난 재상들이다. 그러나 이러한 분석이 언제나 맞는 것은 아니다. 사실 역사책에 기록할 만큼 특별한 사건 없이 무사태평했던 때가 백성들에게는 오히려 좋았던 시기가 아니었을까? 하지만 역사서를 집필하거나 후일 이를 극화하는 사람들에게는 이러한 태평성대의 시기가 아무런 재미가 없다. 다시 말해 후일 인상적인 역사적 기록은 당시 사람들에게는 고통이었던 경우가 많았다.

현명한 재상을 등용해 창업한 국가는 건국의 혼란기를 최대한 단축시키고 국가를 반석 위에 올려놓아 역사에 찬란한 족적을 남기지만 그렇지 못한 국가는 창업을 이루어도 모래 위의 탑처럼 쉽게 허물어져 단지 역사에 이름 한 글자만 등장했다가 사라져버렸다. 특히 중원의 역사를 보면 수많은 왕조가 있었지만 후세에까지 그 명성을 길이 남긴 왕조는 손꼽을 수 있을 정도다. 이러한 장수 왕조는 대부분 전국을 통일해 혼란기를 마감하고 든든한 수성守城의 길로 들어섰기 때문에 가능한 것이었고 대부분 이러한 시기가 뛰어난 재상이 활약을 했던 시기이기도 하다.

당연히 사람마다 다르겠으나 인구에 많이 회자되는 최고의 재상으로는 주周의 강태공姜太公, 촉한蜀漢의 제갈량諸葛亮, 당唐의 위징魏徵, 중국의 저우언라이周恩來 등 중원의 여러 호걸들과 프랑스의 리슐리외Armand Jean du Plessis Richelieu, 독일의 비스마르크Otto Eduard Leopold Bismarck와 같이 역사의 한 페이지를 장식한 인물들을 들 수 있다. 특히 이들 중 제갈량은 거의 신격화된 정도인데 그 이유는 너무나 잘 아시다시피 나관중이 집필한 『삼국지연의三國志演義』 때문이다.

제갈공명은 죽어서도 사마중달司馬仲達을 도망가게 만들 정도로 뛰어난 인물이지만 그것은 소설 속에나 나오는 이야기일 뿐이고 실제로는 중국 삼국시대에 가장 국력이 약했던 촉의 재상이었을 뿐이다. 촉은 역사의 주체도 아니었으며 단지 2대에 가서 몰락한, 중원 역사에 등장한 수많은 나라 중 그저 그런 별 볼일 없는 나라였을 뿐이며 제갈공명은 그러한 나라의 건국에 참여한 인물이었을 뿐이다. 다시 말해 건국의 기초를 튼튼히 닦지 못해 단명한 수많은 왕조의 수많은 재상들 중 하나였던 것이다. 그렇다면 이렇게 이야기 속에서 미화된 것이 아니라 실제로 중원뿐만 아니라 세계에서 가장 강력한 제국을 만들고 기초를 다진 최고의 재상은 누구였을까?

2. 복수에 나선 몽골

초원세계를 제패한 칭기즈 칸은 1215년 드디어 만리장성을 넘어 몽골 蒙古의 불구대천의 원수였던 금金나라(1115~1234)를 침공한다. 여진족이 건국한 금은 한족漢族의 송宋(960~1279)과 연합하여, 거란契丹이 건국해 화북의 패자로 군림하고 있던 요遼(916~1125)를 멸망시킨 후 송 또한 양자강 이남으로 몰아내고 중원의 지배자로 군림하던 당대 강국이었다. 금이 몽골에게 철천지원수가 된 것은 금이 몽골의 조상이라 할 수 있는 거란의 요를 멸망시켜 막북漠北*으로 패주시킨 후 후환을 없애고자 탄압을 가했기 때문이었다. 특히 칭기즈 칸 이전 몽골의 칸으로 옹립된 안빠이 칸 등은 금에 잡혀가 사지가 찢겨 처참하게 최후를 맞이하기도 해 몽골에게 있어 여진이 건국한 금은 반드시 복수해야 할 대상이었다.

사실 이런 시각은 몽골-투르크계의 입장에서 생각한 것이고, 몽골-투르크계와 퉁구스계 간 길항의 역사는 오래된 내력이 있다. 오랜 기간 때로는 협조를 때로는 반목을 해왔던 두 세력의 관계를 살펴보자. 몽골-투르크계가 헤게모니를 장악한 당나라는 퉁구스 제국 고구려를 멸망시켜 그 위세를 떨쳤으나 곧이어 등장한 발해 제국과 팽팽한 대치관계를 유지하고 있었다. 이러한 균형추가 다시 무너진 것은 몽골-투르크계의 거란이 발해를 멸망시켜 요동과 화북의 패자로 군림하면서부터다. 그러나 요는 상당 기간 제국으로 존립했음에도 불구하고 남방 퉁구스계의 맹주 고려와 벌인 일련의 전쟁에서 굴복했고, 결국 북방 퉁구스계의 여진에게 결정타를 맞고 멸망당함으로써 역사의 뒤편으로 사라진

---

* 사막의 북쪽이라는 의미로 고비 사막 북쪽인 외몽골 지방을 이르는 말이다.

다. 때문에 칭기즈 칸의 금나라 원정은 오래된 역사 과정 중 하나였을 뿐이지 핍박을 받아 회심의 복수에 나선 것이라고만 해석할 수는 없다.

이후 이들은 각각 원元(1271~1378)과 청淸(1644~1912)을 건국해 돌아가면서 동아시아의 패자로 군림한다. 그러나 금뿐만 아니라 이전의 요 그리고 이후의 원과 청도 그랬지만 만리장성 이북에서 팽창해 대륙을 점령한 패자들은 중원을 장악해 등 따뜻하고 배부른 시간을 보내면 진취적인 기상이 둔화되었다. 결국 한물간(?) 금이 격렬한 저항을 펼쳤지만 장성을 넘어온 몽골은 연경燕京(현재의 베이징)을 정복해 금을 남쪽으로 내쫓고 순식간에 화북을 평정한다.

연경을 점령하고 정신없이 약탈과 살육을 자행하던 중 칭기즈 칸은 몽골에 항복한 금나라 신하 중 한 명의 젊은 인재에 대한 이야기를 전해 듣는다. 소문에 따르면 긴 수염을 가진 이 젊은이는 키가 훤칠하고 기골이 장대하며 인물도 출중한데 엄청난 수학修學을 해 학문의 수준이 깊고 병법과 전략은 물론 행정과 경제에도 능했다. 호기심을 느낀 칭기즈 칸은 이 젊은이를 불러들였다. 불려 온 젊은이를 처음 보는 순간 칭기즈 칸은 뭔지 모를 호감을 느꼈고 이 젊은이가 들리던 소문 그 이상으로 범상치 않은 인물임을 단번에 알아차린다. 바로 역사상 최고의 재상이라고 할 수 있는 야율초재(1190~1244)가 역사에 등장한 것이다.

3. 서로를 알아본 거인들

패전국의 신하였던 야율초재를 자신이 머물던 게르로 불러들인 칭기즈 칸은 첫 모습에 뭔지 모를 호감을 느끼고 면전에 엎드려 있는 그에게 질문을 던졌다.

칭기즈 칸　"그대의 이름은 무엇이고 나이는 어떻게 되는가?"

야율초재　"성은 야율이고 이름은 초재이며 자는 잔경^{湛然}이라 하옵니다. 올해 25세입니다."

칭기즈 칸　"성씨가 야율이라면 자네는 거란의 황족이 아닌가?"

야율초재　"그러하옵니다. 비록 지금은 망국이 되었으나 저는 요나라 황족의 후손입니다."

칭기즈 칸　"허허허, 우리와 가까운 사이군! 그렇다면 우리가 거란의 원수인 금을 내쫓았으니 자네 일가의 복수를 해준 것이 아닌가?"

야율초재　"요가 금에 의해 망국을 한 것은 맞습니다. 하지만 이미 오래전의 일이고 이후 복속된 많은 거란인들이 금을 섬겨왔으며 저의 조상들도 마찬가지였습니다. 금을 모시고 은혜를 받았으니 금에 충성을 다하는 것이 옳다고 생각합니다."

야율초재가 이렇게 소신껏 답변을 하자 당연히 "조상의 원수를 복수해주셔서 감사합니다."라는 대답이 나올 줄로 알고 있던 칭기즈 칸의 수하들은 "이놈이 미쳤나? 모가지가 10개인가 보군." 하고 생각했다.

그런데 칭기즈 칸은 호탕한 웃음으로 답하고 이 젊은이에게 빠져들어 밤을 새워 많은 이야기를 했다. 점령지 폐허의 연기 속에서 발견한 인재를 놓칠 수 없었던 칭기즈 칸은 야율초재에게 자신의 신하가 되어줄 것을 요청했고 이후 그는 칭기즈 칸의 핵심 참모가 되었다. 이때 야율초재는 당돌하게도 칭기즈 칸에게 두 가지 요구조건을 제시해 허락받는다.

칭기즈 칸　　"나의 부하가 되어줄 수 있겠는가?"

야율초재　　"폐하! 두 가지만 약속해주신다면 신은 폐하의 충복이 될 것을 하늘과 땅에 맹세합니다."

칭기즈 칸　　"두 가지? 그래 무엇인가?"

야율초재　　"폐하! 백성이 피눈물을 흘릴 때 함께 눈물을 흘려주실 수 있습니까?"

칭기즈 칸　　"천지신명께 약속한다! 그리고 다음 조건은?"

야율초재　　"폐하! 기근이 들어 백성들이 굶주리고 있을 때 같이 굶어주실 수 있겠습니까?"

칭기즈 칸　　"이 또한 짐의 목숨을 걸고 반드시 지키겠다."

야율초재　　"폐하! 황은이 망극하옵니다. 신의 목숨은 이제부터 폐하의 것이옵니다. 최선을 다해 폐하를 보필하겠사옵나이다."

　　두 가지 요구조건으로 함축되어 있지만 당돌한 젊은 인재의 간청은 군주가 반드시 갖추어야 할, 하지만 잊기 쉽고 막상 실천하기도 어려운 조건들이었다. 그 두꺼운 역사책을 구석구석 살펴보아도 백성들이 평안함을 느끼면서 살던 행복한 시기는 아쉽게도 상당히 적다. 그만큼 백성을 먼저 생각하는 제왕이 드물었다는 얘기다. 야율초재의 말은 바로 백성이 모든 통치의 목적이고 제왕은 이를 위해 존재해야 한다는 뜻이었는데 이러한 스스로를 낮추는 요구를 지존 칭기즈 칸은 흔쾌히 받아들이고 스스로도 그러리라 다짐했던 것이다. 물론 당시의 이러한 약속은 피정복민들에게는 해당되지 않는 몽골인들만을 위한 통치 철학일 수도 있겠지만, 근본적으로는 시대와 공간을 뛰어넘어 위정자가 항상 명심하고 명심할 덕목이 아닌가 생각된다. 이렇게 야율초재 통치 철학

역사상 가장 강력한 왕조인 몽골 제국의 창업 주체였던 야율초재.

의 기본은 위민爲民이었다.

칭기즈 칸의 신하가 되기로 결심하고 집으로 돌아온 야율초재는 자신의 형들에게 말했다.

"대칸은 정복자이고 영웅입니다. 그에게는 힘이 있어 나라를 만들 수는 있으나 제국의 경영을 위해 진언으로 보좌할 사람이 주위에 없습니다. 제가 비록 미약한 힘이나마 그 역할을 하고자 합니다."

역사를 살펴볼 때 수많은 영웅호걸들이 왕조를 세우는 데 성공했음에도 칭기즈 칸처럼 빛나는 별이 되지 못했던 가장 큰 이유는 국가 경영을 거시적으로 다룰 만큼 지략을 갖춘 참모가 없었거나 아니면 집권자가 자신의 힘만 믿고 뛰어난 인재의 등용을 게을리했기 때문이다. 즉 힘을 가지고 창업할 수는 있지만 힘만으로 경영까지는 곤란한 것이 역사의 진리다.

칭기즈 칸은 그 용맹함과 조직력을 바탕으로 단시간 내 엄청난 제국을 만들어나가고 있었다. 몽골 제국이 역사상 최강의 제국으로 발전할 수 있었던 것은 글도 모르는 창업주였던 칭기즈 칸이 단지 힘만 있었던 것이 아니라 훌륭한 지략가를 쓸 줄 아는 혜안을 가졌기 때문이었고, 야율초재 또한 이러한 호걸이 세계의 지배자가 되리라고 앞날을 볼 줄 알았던 것이다. 사실 일반적으로 초원민족은 단순 무식하고 싸움만 잘하는 비문명인들로 묘사되는 경우가 많다. 하지만 이것은 중원을 세상의 중심으로 전제하고 역사를 써온 한족들의 의도적인 왜곡 때문이다. 그러나 학문적으로도 뛰어난 재능을 보여주며 돌궐^{突厥} 제국의 부흥을 이끌었던 톤유쿡^{暾欲谷}이나 몽골의 야율초재처럼 초원 세계에도 훌륭한 재상들이 많았다.

4. 몽골의 조상, 거란

여기서 잠깐 야율초재와 관련이 많은 '거란'이라는 나라(부족)에 대해 살펴보자. 우리에게는 '거란' 하면 발해를 멸망시킨 철천지원수, 왕건의 훈요십조에 등장하는 상종 못할 집단, 서희의 담판과 강감찬의 통쾌한 승리 정도만이 각인되어 있다. 하지만 거란은 중원이 5대10국의 혼란기(907~960)에 빠져 있을 때 요나라를 건국해 화북과 요동을 지배한 당대의 최강대국이었다. 거란은 원래 이름인 키타이^{Khitai} 또는 키탄^{Qidan}을 한자로 표기한 것인데 지금도 러시아나 중앙아시아권에서는 중국을 키타이(영어로는 캐세이^{Cathay})라고 부를 정도다. 다시 말해 한족들에게는 몹시 자존심 상하는 일이겠지만 슬라브권이나 중앙아시아에서는 거란이 중국을 뜻하는 대명사인 셈이다.

사전에는 거란이 퉁구스와 몽골계의 혼혈로 나와 있지만 생활 양태와 최근에 밝혀진 DNA분석 결과 등을 보면 몽골-투르크계의 일원으로 보는 것이 맞다. 초원 세계는 대부분 씨족, 부족의 형태로 떨어져 생활하다가 특정 세력이 커지면 쉽게 그 세력으로 동화되는 경향이 크다. 이 때문에 초원 민족은 역사 속에서 제대로 보이지 않다가 흉노^{匈奴}, 돌궐, 거란, 몽골과 같이 태풍처럼 갑자기 흥해 세상을 지배하는 특성이 있다.

즉 거란은 야올리안 부족이 주도가 되어 등장한 몽골-투르크계 국가이고 몽골은 보르지긴 부족이 중심이 되어 통일한 몽골-투르크계 국가로서 단지 시대와 헤게모니 세력의 차이가 조금 있을 뿐이다.

이처럼 같은 지역에서 할거했고, 생활 풍습이나 국가를 세우고 지배한 통치구조 등을 고려할 때 몽골은 당연히 거란을 자신들의 일파로 생각하고 있었으므로 이들을 등용하는 데 특별한 차별을 두지 않았다. 따라서 이 글의 주인공 야율초재나 칭기즈 칸의 의제義弟가 되는 야율유가耶律留哥(1175~1220)처럼 많은 거란인들이 몽골의 신흥 중핵이자 무력집단으로 등장해 대大몽골의 당당한 일원이 되어 요나라 때 실패한 초원과 중원을 아우르는 대통일을 이루게 된다. 《중앙일보》 2004년 8월 5일자에 게재된 기사에서 우리는 몽골과 거란의 밀접한 관계에 대한 증거를 찾을 수 있다.

중국 학계는 최근 "거란의 핏줄은 중국 동북 지방의 소수 민족인 다얼達爾족에 의해 상당 부분 계승되고 있다."고 밝혔다. 동북지방의 싱안링興安嶺 산맥과 푸르고 맑은 넌嫩 강, 후룬베이얼呼倫貝爾의 드넓은 초원이 한데 모인 곳에 살고 있는 다얼족은 예전부터 "거란족의 후예일 가능성이 가장 큰 민족"으로 지목돼왔다. …… 중국 학계는 서남쪽 윈난雲南성 내 일부 지역에도 다얼족이 살고 있음을 확인했다. 윈난성의 한 산골 마을 사람들은 거란의 시조 "아쑤루"의 한자식 이름인 "야율耶律"이란 글자를 액자에 넣어 사당에 걸어놓고 있는 사실이 확인됐다. 중국학자들은 네이멍구內蒙古에서 나온 요나라 시대 무덤 피장자와 이들의 유전자를 비교한 결과 "윈난 다얼족 사람들 역시 거란족 부계父系 혈통을 그대로 전승했다."는 결론을 내렸다. 그렇다면 거란족의 후예들은 왜 이처럼 멀리 떨어져 살아남은 걸까. 이에 대해 중국 학계는 학술 성과와 고고

학적 발굴 결과를 토대로 "거란족이 몽골 군대의 전위부대였기 때문"이라고
설명했다.

5. 그릇의 차이

칭기즈 칸의 핵심 참모가 된 야율초재는 그동안 편안하게 살던 연경의
거처를 떠나 몽골군의 정복로를 따라 함께 이동했다. 야율초재는 꾀죄
죄하고 냄새나는 게르에 거처하면서도 학문을 닦는 데 소홀하거나 자
세를 흐트러뜨린 적이 한 번도 없었으며 풍부한 지식을 바탕으로 칭기
즈 칸이나 몽골의 지도부가 정책적인 고민을 할 때 가장 빨리 그리고 가
장 적절한 답안을 제시해주었다. 때문에 칭기즈 칸의 총애를 받아 승승
장구했음은 두말할 나위가 없다. 칭기즈 칸은 필요할 때마다 자기 자신
이나 다른 수하들은 생각하지 못한 현명한 정책을 즉시즉시 내놓는 야
율초재를 좋아했고, 그에게 몽고어로 '긴 수염을 가진 현명한 사람'이
라는 뜻인 '우르츠사하리'라는 명예로운 칭호를 하사한다.

그런데 몽골은 피정복민들이 스스로 귀부歸附해 대몽골의 일원으로
적극 자처하면 차별을 두지는 않았지만 그래도 보이지 않는 벽은 분명
히 존재했다. 진골, 성골도 아니고 굴러 들어온 돌인 야율초재가 박힌
돌을 뽑아낼 만큼 승승장구하자 당연히 그를 시기하는 목소리가 이곳
저곳에서 들려오기 시작했다. 『삼국지연의』를 읽다 보면 유비가 삼고
초려 하면서 등용한 제갈공명에 대해 초기에 가장 많은 불평을 늘어놓
은 것은 바로 장비였다. 그 이유는 지금까지 형님과 동고동락하면서 같
이 행동한 장비 자신보다 실력도 검증되지 않은 젊은이가 갑자기 유비

의 최측근이 되었기 때문이었다. 어느 날 야율초재가 게르에서 좌선하고 책을 읽고 있는데 밖에서 큰소리가 들려왔다. 야율초재를 시기한 자가 일부로 들으라고 말한 것이다.

"나는 최고의 궁수야! 내가 지휘하는 부대는 적을 쳐부수는 데 항상 앞장서서 용맹스럽게 싸우지! 책상머리에 처박혀 책만 읽는 자는 전쟁터에서 어디 쓸모나 있겠는가? 하하하!"

그러자 야율초재가 게르 밖으로 나가 빙긋이 웃으면서 이야기를 한다. "맞습니다. 장군! 적을 무찌르기 위해서는 뛰어난 궁수와 이를 훌륭하게 지휘하는 장군과 같은 전문가가 필요합니다. 그리고 국가의 경영을 위해서는 그에 맞는 인물 또한 필요한 것입니다."

장수는 이 한마디에 조용히 물러날 수밖에 없었다. 그리고 이후 시간이 갈수록 절묘하게 상황에 맞는 승전의 해법과 정확한 정책을 제시하는 그에게 감화되어 수많은 몽골의 권력자들이 그를 존경하고 따르지 않을 수 없게 되었다. 이제 그는 몽골 권력의 핵심 중의 핵심이 되어가고 있었다. 하지만 칭기즈 칸에게 계속 직언을 하던 야율초재도 막지 못한 것이 하나 있었다.

그것은 몽골 하면 떠오르는 잔인한 학살이다. 몽골은 상대가 스스로 굴복해 충성을 다하기로 맹세하면 최상의 대우를 해주며 대몽골의 일원으로 인정했다. 이것은 몽골이 소수의 부족에서 팽창해 세계제국으로 급속히 발전하는 지름길이 되었다. 하지만 끝까지 저항하면 엄청난 살육이 뒤따랐다. 특히 항복을 권유하는 몽골의 사신이 살해당하거나 전투 중 몽골의 핵심인물이 사상 당했을 때에는 정복이 완료된 후 남녀노소를 불문하고 살아 있는 생명체는 모두 참살했고 더불어 정복지를 초토화했는데 이러한 행위를 도성屠城이라 했다.

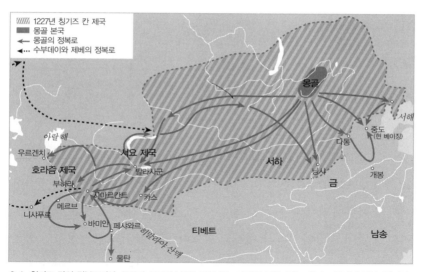

3-1 칭기즈 칸의 정복로이다. 몽골과 투르키스탄에 걸쳐 있는 거대한 초원지대는 칭기즈 칸에게 정복되었지만, 아직 중원에는 금나라와 남송이 건재하고 있음을 알 수 있다. 흔히 유라시아 전체를 지배하는 거대한 몽골 제국의 강역은 칭기즈 칸 사후에도 그의 후손들이 정복을 계속함으로써 이룬 결과다. 이렇게 칭기즈 칸이 당긴 불길이 세대를 이어서 대륙 전체로 계속 타오르도록 제 소임을 다한 인물이 야율초재다.

이러한 방식은 현대의 관점에서는 부인할 수 없는 끔찍한 전쟁범죄이지만 그렇다고 황하론^{黃禍論}*과 같이 동양인을 무조건 야만시하고 멸시하는 근거가 될 수는 없다. 서양사에서 로마의 카르타고 정복이나 현대사에 있었던 나치의 유대인 학살 그리고 스탈린이 자국민들에게 가했던 엄청난 테러 행위만 보아도 그 잔혹함은 오히려 더하면 더했지 몽골만 야만으로 몰아붙일 만큼 덜했던 것은 아니었다. 물론 그렇다고 이것이 대학살을 정당화시킬 수 있는 근거는 아니다. 무차별 학살이라는 무시무시한 행위는 당연히 시대와 민족을 초월해 비난받아야 할 범죄

---

* 19세기 말 독일 황제 빌헬름 2세^{Wilhelm II}가 주창한 인종차별이론으로 황인종이 유럽 문명을 위협하기 때문에 몰아내야 한다는 주장인데 유럽인들이 황인종에 대해 경계심을 가지게 된 기원을 몽골의 유럽 원정에서 찾고 있다.

임에는 틀림없다.

6. 학살과 파괴

도성으로 불린 몽골의 끔찍한 학살극이 역사에 처음으로 등장한 것은 1219~1225년 사이에 벌어진 호라즘Khwarezmian Empire 원정 때이다. 중앙아시아의 아무다리아Amu Dar'ya 강 하류 지역에 자리 잡은 고대 문명의 중심지이자 당대 중앙아시아의 패자였던 호라즘은 서역으로 팽창하던 몽골과 충돌할 수밖에 없었다. 하지만 칭기즈 칸도 상비군을 30만이나 거느리고 경제적으로도 융성했던 호라즘과 처음부터 전쟁을 벌일 생각은 하지 않았고, 일단 친교를 위한 30여 명의 사신을 보내 사태를 관망하기로 했다. 하지만 몽골의 위협을 과소평가하던 호라즘의 지배자 무하마드Ala ad-Din MuhammadII는 몽골 사신들을 간첩으로 의심해 처형했는데 이소식이 몽골에 전해지자 칭기즈 칸의 분노는 하늘을 찔렀다. 몽골은 복수를 다짐하고 호라즘 정벌에 나섰고 장기간의 항전 결과 호라즘은 철저하게 패배했다. 그리고 이후 호라즘은 인류사 최대의 학살지가 되었다. 『몽고비사蒙古秘史』에서는 다음과 같이 전한다.

호라즘의 수도 헤라트Herāt가 함락되자 150만 명이 성 밖으로 붙잡혀 나왔고 곧바로 학살이 시작됐다. 그 결과 일부 기술자를 제외한 120만 명의 헤라트인들이 학살됐다. 그러나 학살은 여기서 그치지 않았다. 계속 서진한 몽골군은 메르브Мерв를 점령한 후 100만 명의 메르브인들을 땅 위에 누인 뒤 창으로 찔러 400명만 남기고 모두 죽여버렸다. 이웃 니샤푸르Nishapur에서는 몽골의 장군 툴루이^{Tului}(1192~1232)의 매제가 전사한 것을 복수한다며 무려 170만이 학살됐다.

비록 거란의 피를 물려받았고 몽골의 핵심 참모가 되었지만 야율초재는 문신이었다. 그는 '제국은 말을 타고 건설할 수는 있지만, 말을 탄채 통치할 수는 없다'는 확고한 믿음을 가지고 있었고 이를 실천하려 했다. 정복과 제국의 성립을 위해서는 전쟁이 불가피하지만 통치에 있어서까지 필요 이상의 살육을 해서는 곤란하다고 생각한 것이다. 야율초재는 점령지의 경제적 기반과 생산을 담당하는 백성들이 있어야 제국의 기틀이 성립될 수 있다고 생각했고 그러기 위해서는 점령지에 관대한 정책을 펼쳐 이들을 포용해야 한다고 믿었다. 때문에 야율초재는 대학살을 막고자 칭기즈 칸을 비롯한 몽골의 최고 지도부에 수차례에 걸쳐 간언했으나 번번이 무시되고 말았다.

몽골의 지휘부는 그때까지도 초원을 따라 이동하는 생활방식과 곤궁기에는 약탈을 해서 생계를 유지하던 유목민의 전통을 가지고 있었다. 때문에 몽골은 물론 이전의 유목민들도 자기가 깔고 앉았던 것에 대한 애착이 그리 크지 않았고 상대로부터 철저한 항복을 받아내지 못하면 몰살과 초토화로 모든 것을 없애버려 후환을 남기지 않았다. 그때까지 몽골은 비옥한 곳에 정착해 농사를 짓고 문화를 일구려는 준비가 되어 있지 않았기 때문에 철저한 우리 편이 아닌 상대는, 더구나 한때나마 목숨을 걸고 힘을 겨루었던 적이라면 타도하고 멸족해야 할 대상으로 생각했던 것이다. 몽골의 이러한 생각은 세계를 공포에 몰아넣었고 대외원정을 가속화시켰다. 하지만 이것은 결코 야율초재가 바라던 것이 아니었다.

7. 학살이 예정된 전투

호라즘과 중동지역 평정을 끝내고 그동안 미뤄두었던 몽골 인근의 또 하나의 지역 강국인 서하^{西夏}로 원정 중이던 1227년, 칭기즈 칸이 사망했다. 칭기즈 칸은 황급히 달려온 많은 왕자들이 지켜보는 가운데 눈을 감았지만 가장 가까이에서 칭기즈 칸의 고명^{顧命}을 받든 사람은 어느덧 제국의 재상 위치까지 올라간 야율초재였다.

야율초재를 존경했던 칭기즈 칸의 후손들과 몽골의 권력 핵심부는 중서령^{中書令}*의 직책을 주어 야율초재를 계속 중용했고 2대^代 칸 우구데이^{窩濶台}의 치세 시기에도 정권의 핵심으로 제국의 정책을 계속 이어나갈 수 있었다. 호라즘 공략에도 많은 공을 세웠던 우구데이는 성격이 관대하고 인품이 뛰어나 셋째 아들임에도 다수의 추대를 받아 대권을 잡을 수 있었다. 초원세계를 평정한 몽골 제국의 승계자 우구데이는 칭기즈 칸이 생전에 완수하지 못했던 금 정벌을 완수하기 위해 원정에 오른다. 금은 1215년 연경을 몽골에게 잃고 중원의 남쪽인 개봉^{開封}으로 밀려나 명맥을 근근이 이어가고 있었으나 한때 화북과 요동을 지배했던 대국답게 쉽게 굴복시킬 수 있는 상대도 아니었다.

그러나 이곳만 정복하면 중원의 비옥한 옥토가 몽골 제국으로 병합되고 마지막으로 강남까지 밀려난 남송^{南宋}도 쉽게 요리할 수 있을 것으로 보였다. 1232년 3월 몽골군이 당시 세계에서 가장 큰 도시인 개봉을 포위하기 시작했다. 원래 송나라의 수도였던 고도 개봉은 여진족이 송

---

* 중서성의 장관으로 보통 원 황실의 2인자인 황태자가 겸임하는 최고의 관직이었는데, 그 아래에 우승상·좌승상·평장정사^{平章政事} 등의 재상과, 참지정사^{參知政事}·우승^{右丞}·좌승 등의 부재상을 두어 중요한 정무는 모두 재상·부재상들의 합의에 따라 결정했다.

을 양자강 이남으로 몰아내면서 금나라의 수도가 되어 있었다. 개봉은 한족, 여진족, 거란족 등을 포함한 약 200만 명이 살고 있던 당대 문명세계의 메트로폴리스였고 이곳의 점령은 세계 정복의 상징과도 같았다.

몽골의 개봉 포위가 완료되자 선봉인 맹장 수부데이速不台는 30명의 사신을 보내 항복을 권유했다. 그러나 결사 항전의 의지를 보인 금은 돌아가서 자신들의 의지를 전할 1명을 제외한 29명의 사신을 참살하는 것으로 답변을 대신했다. 그것은 호라즘의 무하마드가 오트랄Otral로 찾아온 몽골의 사신들을 죽였던 것과 같은 상황이었고, 이제 개봉이 함락되면 엄청난 피의 보복이 자행될 것은 명약관화한 사실이었다. 수부데이는 몽골 사절들이 무참히 살해됐다는 보고를 듣자 복수를 다짐했고 칸으로부터 도성을 허락받아놓았다. 목숨을 건 대회전이 시작되었고 이러한 무서운 전쟁은 장장 14개월이나 계속되었다. 한때 세계에서 가장 강했던 세력이었던 금은 새로운 초원의 패자로 떠오르고 있는 몽골군의 공격을 필사적으로 막아내며 항전했다.

그러나 무서운 전투로 인해 안위가 위협받자 겁 많은 금의 마지막 황제 애종哀宗 완안수서完顔守緖는 개봉을 탈출했고 혼란을 틈타 금나라의 서면원수인 최립崔立이 정권을 잡은 후 몽골에게 항복함으로써 치열했던 개봉성을 둘러싼 공방전은 막을 내렸다. 이제 대학살의 시간이 눈앞에 다가왔다. 바로 그때 야율초재가 우구데이를 찾아가서 진언한다.

"폐하! 1년이 넘게 전쟁을 벌인 이유는 단지 복수 때문만은 아닙니다. 이는 제국을 유지할 풍족한 땅과 노동력을 제공할 백성을 얻기 위한 것입니다. 땅을 얻어도 백성이 없다면 아무것도 아닙니다. 개봉의 백성들을 살려주시옵소서."

하지만 이를 갈며 복수의 대학살을 준비했던 수부데이를 비롯한 몽골의 무장들은 물론 황제 우구데이까지도 야율초재의 의견에 극렬한 반대를 표한다.

"우르츠사하리 무슨 말을 하는가? 내 이번만큼은 그대의 의견을 수용할 수 없다. 지금까지 우리가 보낸 사신을 참살하고 끝까지 저항했던 자들을 용서한 적은 없다."

우구데이의 답변은 간단명료했고 몽골에 저항해 비참한 최후를 맞이한 호라즘과 서하의 대학살이 당대의 모든 문명이 결집된 세계 최대의 도시 개봉에서 재현되려 했다.

8. 문명을 구한 존경심

하지만 한 번의 설득으로 실패했다고 물러설 야율초재가 아니었다. 그도 이번만큼은 서역 원정 이후 계속해서 반복된 피의 역사를 반드시 끝내야 한다고 생각했다.

"폐하! 나라를 창업하기는 쉬우나 수성하는 것은 힘든 일입니다. 수성하기 위해서는 나라를 유지시켜줄 물산과 이것을 생산할 기술자 그리고 재화를 가진 자들의 도움이 필요합니다. 개봉은 이런 것이 모두 모여 있는 곳입니다. 이들을 모조리 죽여버리고 없애버리면 과연 우리가 피를 흘리며 싸워 얻는 것은 무엇이겠습니까?"

야율초재는 정성을 다해 다시 한 번 간언했다. 칭기즈 칸을 보필해 함께 고생하며 몽골을 제국으로 일으킨 충신이자, 우구데이 또한 스승으로 여기며 진심으로 존경하는 야율초재의 간언이 계속되자 황제와 그 밑에 있던 강경파 무장들도 조금씩 흔들리기 시작했다.

"폐하! 서역과 서하의 원정에서 우리가 얻은 것이 무엇입니까? 비록 넓은 영토를 얻었지만 도시는 파괴되고 생산을 할 백성은 모두 없어져 버렸습니다. 우리가 차지한 넓은 영토는 결국 사막과 다름없는 황무지가 되었습니다. 우리가 이런 황무지를 얻기 위해 싸웠던 것은 아니지 않습니까? 폐하의 후손에게 황무지를 물려주시겠습니까?"

다음 날 우구데이는 개봉 백성의 운명에 대해 이렇게 발표한다.

"죄는 금나라 황족인 완안完顔 성씨를 가진 자들에게만 묻겠다."

인류사 최대의 학살지가 될 뻔했던 개봉의 200만 백성의 목숨이 극적으로 구해지는 기적이 일어났고 이것은 몽골 역사에서 지긋지긋하게 반복되던 무자비한 학살정책이 변하는 계기가 된다.

습관적으로 반복되어온 도성을 막기 위해 애쓴 야율초재와 이성적으로 판단해 충언을 받아들인 우구데이는 다섯 살 터울의 신하와 황제 사이였지만 서로를 진심으로 위할 줄 아는 영웅들이었다. 개봉 함락 당시 이들 사이에 있던 감동적인 이야기는 대만계 일본 소설가인 진순신陳舜臣의 소설 『야율초재耶律楚材』에도 묘사되어 있는데 대략 다음과 같다.

개봉성 함락 이후 황제는 점령지 관리 정책에 대해 조서詔書를 내려야 했는데 무차별 학살 금지의 경우처럼 대부분이 야율초재가 올린 탄원을 수용한 것이었다. 모든 문무백관들이 칸의 조서를 받들기 위해 엎드려 있었고 우구데이는 신하를 통해 그의 명을 하나하나 대독해나가기 시작했는데, 이 조서는 개봉의 백성을 살린다는 기적과 같은 내용을 필두로 해 "개봉 인근 변경에 공자의 51대손이 살고 있다. 찾아내어 작위를 주고 그 식솔들이 사는 데 불편함이 없도록 조치하라."는 령令으로 조서의 끝을 맺는다.

"황은이 망극합니다." 야율초재는 조서의 낭독이 끝나자 감격해 눈물을 흘리며 얼굴을 들었다. 우구데이의 결단으로 수많은 왕조를 거치면서 유구히 내려오던 중원의 문명을 지킬 수 있었고 몽골 제국은 이를 발판으로 진정한 세계의 지배자로 거듭날 수 있었다. 야율초재가 눈물을 흘릴 만큼 황제의 칙서에는 그가 처음에 탄원했던 모든 희망사항이 담겨져 있었던 것이다.

몽골 2대 황제 우구데이 칸.

이때 우구데이는 조서를 읽던 관리를 향해 천천히 별도의 명령을 내리는데 야율변재耶律弁材와 야율선재耶律善材의 가족을 찾아내 추호의 불편함이 없도록 최선을 다하라는 내용이었다. 야율초재와 달리 그의 형들인 야율변재와 야율선재는 투항을 거부하고 계속 금을 섬기면서 개봉에 남아 있었다. 비록 목숨을 건지더라도 삭탈관직 후 유배되고 가족들은 뿔뿔이 흩어질 수도 있는 처지였지만 공公과 사私를 엄중히 구분할 줄 아는 야율초재는 감히 형님과 그 가족들에 대해 어떠한 이야기도 못하고 가슴만 태우고 있던 중이었다. 우구데이는 그런 야율초재의 말 못할 안타까움을 알고 있었던 것이다.

우구데이는 수도인 카라코룸Karakorum에 만안궁萬安宮을 지어 제국의 위엄을 높였지만 막상 자신은 초원의 게르에 살면서 편안함을 거부했던 인물이었다. 비록 학문이 깊지는 않지만 동생뻘인 야율초재를 스승으로 삼아 충언에 귀를 기울일 줄 알고 자신을 따르는 수하들을 소리 소문 없이 돌볼 줄 알았던 호인이었다. 우구데이와 야율초재는 진심으로 서로를 존경하고 있었던 것이다.

9. 칼로 열었으나 붓으로 세운 제국

1234년 금나라의 멸망은 몽골 제국이 지금까지 계속되어왔던 팽창을 멈추고 내실을 기하는 전환점이 되었다. 이제부터는 말 위에서 점령지를 통치하는 방식을 버려야 했다. 야율초재는 우선 군정軍政과 민정民政을 분리하도록 한다. 비록 전쟁에서는 무관武官이 선봉이지만 통치에 있어서는 간섭하지 못하도록 했다. 그것은 힘에 의한 파괴적인 정책을 거두는 것이기도 했다. '제국은 말을 타고 건설할 수는 있지만, 말을 탄 채 통치할 수는 없다.'로 대변되는 그의 철학대로 국가를 다스림에 있어 야율초재의 문文에 의한 통치관은 확고했다.

시스템에 의한 국가 통치만이 칼로써 일어난 신흥왕조가 제국으로서의 기틀을 공고히 하는 지름길임을 누구보다도 잘 알고 있었던 그는 과거를 실시해 인재를 널리 등용하도록 했고 노예로 전락한 중원의 지식인 수천 명을 구제했으며 몽골에도 학교를 세워 통치 세력의 지식 함양에 힘을 기울였다. 또한 세제와 유통을 정비해 제국의 경제적 기틀을 확고히 다져나갔다. 이러한 그의 정책은 몽골이 정복을 끝내고 세계질서의 핵이 되는 팍스 몽골리아PAX MONGOLIA*의 시대를 열게 했다. 우리에겐 몽골의 잔혹사와 고려를 수탈한 역사적 사실 때문에 몽골에 대한 부

---

* 평화를 뜻하는 'PAX'와 몽골을 뜻하는 '몽골리아'가 합쳐진 조어로 '몽골의 태평성대'를 말한다.

정적인 인식이 많지만 마르코 폴로의 『동방견문록Le Livre des Merveilles』을 보면 몽골이 유라시아를 평정한 이후인 13~14세기는 세계사에서 교류가 활발했던 안정된 시기였다. 말 그대로 몽골의 힘은 세계의 경찰력이 되었고 몽골이 개척한 유라시아의 교통로는 역사상 가장 안전한 교역로가 되어 동서양의 물적, 인적 흐름을 왕성하게 이끌었다.

이렇듯 몽골에 의해 건설될 세계 체계의 기초를 만들었던 사람이 바로 야율초재였다. 이전 역사에서 흉노, 돌궐이 강성함에도 불구하고 제대로 된 기록도 남기지 못하고 사라져갔던 데 비해 몽골은 야율초재가 건국 초기부터 제대로 체계를 닦아놓아 초원뿐만 아니라 중원까지 모두 하나의 세계로 통합하고 호령하는 역사의 주연이 되었다.

우리나라는 정부가 바뀔 때마다 예외 없이 제일 먼저 개혁을 외치며 이런저런 정책을 새로 만들고자 부산을 떨지만 아쉽게도 그 결과는 늘 국민을 만족시키지 못했다. 이러한 현실에서 개혁은 시도하는 방법보다 목적이 중요한 것이라고 생각했던 노련한 재상 야율초재가 남긴 명언은 다시 한 번 되새길 만하다.

'하나의 이익을 얻는 것은 하나의 해를 제거함만 못하고, 새로운 일을 한 가지 하는 것은 하고 있는 한 가지 수고를 더는 것만 못하다(與一利不若除一害, 生一事不若滅一事).'

새로 일을 벌이는 것보다 현재의 잘못된 것만 바로잡아도 충분히 개혁을 완수할 수 있다는 이야기다. 위정자들이 무조건 빠른 성과를 보이기 위해 이것저것 일을 벌여놓기만 한다면 그 고통의 대부분은 일반 백성들이 겪는다는 사실을 야율초재는 잘 알고 있었다. 때문에 혁명적으로 모든 것을 한 번에 뒤집어엎는 것보다는 차근차근 순리에 맞게 기존에 잘못되거나 불편한 부분을 고쳐나가는 것이 바로 개혁의 시작이자 끝이라고 생각했던 것이다.

칭기즈 칸이 역사에 한 획을 그은 정복자인 것은 틀림없지만 역사를 돌이켜 보면 초원세계에 홀연히 등장해 그에 못지않게 불같이 타올랐던 인물들은 많았다. 특히 서구에서는 황화론을 주장하며 동양인을 멸시하면서도 두려워하고 있는데, 그 원인을 따진다면 칭기즈 칸 이전으로 훨씬 거슬러 올라갈 정도다. 예를 들어 아틸라^{Attila} 대왕 시절의 훈^{Hun} 제국은 로마를 압박하며 오늘날의 프랑스 인근까지 영향력을 행사했을 정도였다. 그러나 비슷한 곳에서 시대를 달리하여 여러 국가가 발흥했지만 몽골 제국만큼 역사에 커다란 획을 남긴 제국은 없는데 그 이유는 바로 야율초재에서 찾을 수 있다.

몽골이 힘만 가지고 불같이 일어나던 그 순간 야율초재는 그 불이 모든 들판을 태워버리지 않도록 방화선을 만드는 역할을 담당했다. 종종 그가 원했던 범위를 벗어나 불씨가 옮겨붙기도 했지만 방화선 안에서 타버린 재는 제국의 기틀을 잡는 거름이 되었다.

지금까지 알아본 것처럼 힘으로 창업한 제국이 야만으로만 끝나지 않고 인류 역사상 최대의 제국이 되고 또한 시간이 흘러 당대 세계 문명의 중심이 되도록 자리 잡는 과정에는 재상 야율초재가 있었다. 비록 우구데이의 사망 이후에 있었던 치열한 권력투쟁 결과 일선에서 물러나기는 했지만 칭기즈 칸의 조언자로 그리고 그 이후 권력 계승자의 스승이자 충언자로 그 역할을 다한 야율초재는 역사상 최고의 재상이라 할 수 있겠다.

Part 4. 총통! 제발 관여하지 마십시오

기갑부대의 아버지, 구데리안

Heinz Wilhelm Guderian

오래전 구데리안이라는 인물을 처음 알게 되었을 때 두 가지 점에서 크게 놀랐었다. 하나는 생전 듣도 보도 못한 인물이 전쟁사에 그토록 엄청난 영향을 미쳤다는 사실이 충격이었다. 장군으로서 전쟁을 지휘했던 부분뿐만 아니라 전차라는 무기를 개발하는 과정의 세세한 분야에도 지대한 영향을 미쳤기 때문이다. 왜 이런 인물이 기갑부대하면 흔히 떠오르는 롬멜이나 패튼보다 유명하지 않나 하는 점도 의문이었다. 개인적으로는 구데리안을 이들과 비교하는 것 자체가 무리라고 생각될 만큼 그가 보여주었던 능력은 독보적이었다.

두 번째 놀란 이유는 2차대전 하면 막연하게 떠오르는 무적 독일 전차부대에 대한 허상이었다. 잘 알려진 판터나 티거 같은 중전차가 무적의 신화를 만든 것이 아니라 일대일 대결에서는 상대를 압도하지 못하는 장난감 같은 경전차들이 독일의 전성기를 이끈 전격전의 주역들이었다는 사실이었다. 구데리안은 이러한 빈약한 자원을 가지고 백지 상태에서 기갑부대를 창설하고 전술을 개발해 승리를 이끈 주역 중의 주역이었다.

하지만 그 무엇보다도 구데리안이라는 인물에게 반할 수밖에 없는 이유는 그가 군인 이외의 길을 가본 적이 없다는 점이다. 어쩔 수 없이 독재자에게 순종할 수밖에 없던 당시 독일의 수많은 장성들과 달리 당당히 자기 의견을 피력한 몇 안 되는 인물이었고 군사적인 부분 외에는 관심조차 주지 않았는데, 히틀러도 이러한 그의 성격이 마음에 들지는 않았지만 뛰어난 능력 때문에 그를 함부로 대하지는 못했다. 독일이 벌인 전쟁에 처음부터 끝까지 깊숙이 참여했음에도 그에게는 흠결을 찾아보기 힘들 정도이고 이것이 더욱 그를 빛나게 하는 것이 아닌가 생각된다.

1. 가치가 입증 안 된 '한니발의 코끼리'

1차대전 당시 솜^{Somme} 전투에서 처음 실전 등장한 전차는 이후 전장에서 전선의 새로운 주역으로 자리매김을 한다. 현대에 와서는 각종 고성능 대전차무기의 발달로 인해 전차무용론 같은 극단적인 주장까지 나오기도 하지만 아직까지도 전차가 지상전의 왕자라는 데에는 대체적으로 이견이 없다. 그런데 현대적 의미의 전차가 등장하자마자 곧바로 강력한 무기로 자리매김했던 것은 아니다. 물론 처음부터 필요에 의해 개발되었지만 전차라는 무기가 오늘날처럼 전쟁에서 효과적으로 사용되기까지는 의외로 많은 시간이 필요했다.

1916년 9월 15일 솜 전투에 투입된 Mk 1형 전차만 해도 영국이 고착된 참호전을 타개하고 전세를 뒤집을 만한 회심의 히든카드로 제작해 전장에 데뷔시킨 비밀무기였다. 하지만 이를 전투에서 어떻게 써야할지 제대로 모를 만큼 운용 노하우가 전무했고 작전에 투입한 총 49량의 전차의 수량도 거대한 참호선을 돌파하기에는 절대적으로 부족한데다고장 차량까지 생겨 예상했던 것만큼의 성과를 보이지 못했다. 때문에 전차가 실전에 투입되자마자 사용하는 데 많은 애를 먹은 일선에서는 전차무용론까지 제기되었을 정도였다.

그러나 선동열이 프로야구 최초 등판에서 패전을 당했다고 최고의 투수가 아니라고 말할 수 없듯이 전차가 장차전의 주역임을 입증하는 데에는 그

1차대전 당시 솜 전투에 전차가 처음으로 등장했을 때 전차를 한니발의 코끼리에 빗대어 보도한 신문.

리 오랜 시간이 걸리지 않았다. 1917년 11월 20일의 캉브레Cambrai 전투에서 영국은 474량의 전차를 집중 투입함으로써 진지 돌파에 큰 성공을 거두었다. 이로써 전차는 그 효과를 인정받게 되었는데 당시 영국의 신문들은 '한니발의 코끼리'*가 다시 등장했다고 대서특필하고 전차의 전선 돌파와 작전 모습을 상세하게 보도했다.

하지만 이때까지도 전차가 지상전의 왕자로 인정받게 된 것은 아니었고, 보조적인 전력으로만 인식되었을 뿐이었다. 사상 초유의 엄청난 전쟁인 1차대전을 겪으며 군대는 많은 실전 경험을 했지만 승자인 연합

---

* 제2차 포에니 전쟁 당시 한니발이 지휘했던 카르타고군은 코끼리를 돌격 무기로 사용하여 로마군을 격파하는 데 효과적으로 이용했다. 제1차대전 당시 솜 전투에 전차가 처음으로 등장했는데 이때 영국의 언론들은 전차를 빗대어 한니발의 코끼리라고 선전했다.

국이나 패전국인 독일 할 것 없이 대부분의 보수적인 장군들은 전장의 주역은 여전히 보병이고 돌파의 핵은 기병이 담당해야 한다고 철칙처럼 믿고 있었다. 하지만 그런 고루한 분위기 속에서도 1차대전 말에 등장한 전차의 가치에 대해 좀 더 이론적으로 분석하는 소장파들이 서서히 두각을 나타내기 시작했다.

상호 연대한 것은 아니었지만 그러한 인물들은 비슷한 시기에 각국에서 등장하는데 영국의 리들하트나 풀러John Frederick Charles Fuller, 프랑스의 드골Charles de Gaulle, 소련의 투하체프스키Mikhail Nikolayevich Tukhachevsky 등이 그들이다. 이들 중 일부는 단순한 이론가로 일부는 현역 지휘관으로서 전차를 중심으로 하는 장차전에 대한 전술이론을 구상했는데, 결과적으로 이들은 나폴레옹Napoléon Bonaparte 이래 형성된 기존의 전투 방법을 추종하는 세력들의 벽에 부딪혀 정작 실전에 적용하지는 못했다. 하지만 이 같은 시기에 전차를 둔중한 하마에서 무시무시한 날랜 공룡으로 만드는 데 결정적인 역할을 한 선각자가 역사에 등장한다.

2. 기갑부대의 아버지

처음으로 전차를 실전에 투입하고 기갑부대의 집중 운용에 대한 이론을 제기했던 나라는 영국이었지만 막상 그곳에서 꽃을 피우지는 못했고, 이를 체계적으로 발전시켜 실전에서 빛을 발하게 한 나라는 독일이었다. 보통 2차대전 당시 독일군 하면 무적의 기갑부대를 연상할 정도로 독일의 전차부대는 세계인에게 뚜렷이 각인되었는데, 현재도 독일 축구 국가대표팀 독일 전차군단이라고 부를 만큼 독일의 기갑부대 운용은 세계 기갑의 역사를 선도했다 할 수 있다.

밀리터리에 대해 잘 알지 못하는 사람들은 독일의 전차부대 하면 십중팔구는 롬멜을 떠올릴 것이다. 물론 롬멜 또한 기갑부대를 효과적으로 운용해 명성을 드높인 장군이기는 하지만 2차대전 당시 롬멜 못지않게 기갑부대를 훌륭히 지휘했던 장군들은 사실 일일이 거론하기 힘들 만큼 많다. 이러한 수많은 인물들 중에 독일 기갑부대, 아니 세계 기갑의 역사를 개척한 인물이 있다. 바로 일반인들에게는 생소하지만 밀리터리 마니아들에게는 신격화되었을 만큼 유명한 하인츠 구데리안 (1888~1954)이다. 그는 기갑부대의 모든 것을 체계적으로 현실화시킨 최초의 사람으로 독일, 아니 세계 기갑부대의 아버지라고 불러도 이의가 있을 수 없는 지략가였다.

앞으로 서술하겠지만 구데리안이 기갑부대의 아버지 소리를 듣게 된 이유는 단지 뛰어난 지휘관이었기 때문만은 아니다. 그는 지휘관으로서의 자질도 훌륭했지만 실천하는 이론가였다. 앞서 언급한 여러 이론가들은 현실의 딱딱한 벽에 막혀 그 뜻을 펴지 못하고 단지 구상으로 끝난 데 반해 구데리안은 특유의 뚝심과 고집으로 목적한 바를 이루어 냈다. 그렇다고 구데리안이 활약하던 당시의 독일 군부가 다른 나라에 비해 혁신적인 의견을 쉽게 수용할 만큼 유연한 사고를 가지고 있던 것은 아니고 오히려 전차는 단지 보병의 보조 수단이라는 전통적인 생각을 고수하는 다수가 지배하고 있었다. 그런 고리타분한 곳에서 구데리안은 자신의 의지를 관철시키고 놀랄 만한 업적을 이룬 것이다.

엄밀히 말하자면 구데리안이 자신의 뜻을 실천에 옮기기 시작한 1930년대 중반 이전만 해도 전차를 중심으로 하는 전략은 둘째 치고 제대로 된 돌파 전술도 정립된 상태가 아니었다. 아니 전차라는 물건이 어떠해야 효과적으로 사용할 수 있는 무기인지에 대한 구체적인 모델도 없었다. 오늘날에는 전차라고 한다면 강력한 힘을 낼 수 있는 구동 본체에 두터운 장갑으로 보호된 회전식 대구경 포탑을 장착한 일반적인 모습을 떠올리지만 당시에는 이와 같은 전차의 구조를 상상하는 것조차 그리 쉬운 일은 아니었다. 뒤에 언급하겠지만 놀랍게도 구데리안은 이와 같은 분

기갑부대의 모든 것을 체계적으로 현실화한 세계 기갑부대의 아버지, 하인츠 빌헬름 구데리안.

야에서도 선도적인 역할을 담당했다.

구데리안은 거대한 전략, 전술뿐만 아니라 전차의 개발 및 생산 같은 기술적인 분야까지 영향을 끼쳐 전차의 역사에서 절대로 뺄 수 없는 인물로 자리매김하게 되었다. 마치 운영체제를 처음 만들어낸 인물은 아니지만 MS-DOS를 발판으로 세계 컴퓨터 업계의 태두가 된 빌 게이츠William Henry Gates처럼 나는 구데리안을 기갑에 관련한 모든 패러다임을 완성한 인물로 정의하고 싶다.

3. 전차를 조심하라!

1888년 6월 17일 현재의 폴란드 영토인 서프로이센의 쿨름Kulm에서

태어난 구데리안은 이름에서 알 수 있듯이 귀족 출신은 아니지만 독일 제국(제2제국) 성립의 핵심 세력인 독일 제국군 장교의 아들이었고 가정의 영향인지 개인적인 신념 때문인지는 모르나 13세의 어린 나이인 1901년 군사학교에 입교해 일찍부터 무인의 길을 선택했다. 1907년 입대해 처음 군무에 몸을 담은 곳은 제10하노버 저격병대대였는데 공교롭게도 대대장이 그의 아버지였다고 알려진다.

1차대전 때 그는 주로 참모부대와 통신부대 소속으로 참전했는데 그 당시 전장에서 통신의 중요성을 절감했고, 뒤에서 자세히 언급하겠지만 이러한 그의 경험은 이후 독일의 전차 개발에도 지대한 영향을 미치게 되었다. 유능한 직업 군인이었던 그는 종전 후 베르사유 조약에 의거 독일군이 10만 명으로 축소되는 과정에서도 남아 군생활을 계속할 수 있었는데 사실 1차대전의 참전 경험은 구데리안 뿐만 아니라 2차대전 당시 이름을 날린 수많은 독일 명장들에게 중요한 반면교사가 되었다. 특히 전투에서는 이기고도 전쟁에서는 진 희한한 패전의 아픔을 겪었기 때문에 많은 독일의 군부 엘리트들은 참전 경험을 와신상담의 재료로 삼았다. 반면 어려움을 겪고도 승리를 거머쥔 연합국 측은 타성에 젖어 1차대전에서 겪었던 뼈저린 교훈을 망각했다. 독일은 1차대전의 문제점이었던 정체된 전선을 돌파하는 혁신적인 방법을 찾아내는 데 골몰했던 반면 연합군은 방어만 하면 전쟁을 이길 수 있다고 보았다. 결국 독일의 의지는 전격전으로 빛을 발하고 연합군은 마지노 선이라는 괴물을 만들어 내기에 이르렀다.

구데리안은 전후 바이마르 공화국의 육군에 설치된 교통병감부에서 운송 및 통신을 관할하는 업무에 종사했는데 이때 차량을 비롯한 동력화된 장비들이 다음의 전쟁에서 중요한 역할을 담당하게 될 것을 직감

한다. 지옥의 참호전을 경험했던 그는 역설적으로 적대국의 이론가들로부터 참호전을 극복할 수 있는 대안을 찾아냈다. 구데리안은 영어와 프랑스어에도 능통해 주변 국가의 군사전문가들이 제시한 여러 선진 이론들을 습득하는 데 노력을 아끼지 않았다. 그는 영국의 풀러와 리들하트의 저서를 탐독했고 대규모 기갑부대의 창설을 역설했던 또 하나의 위인인 프랑스의 드골이 발표한 논문도 섭렵했다. 더불어 주창자인 투하체프스키가 숙청되었다는 이유로 본국에서는 언급조차 금기시되던 소련의 종심타격이론 또한 그의 중요한 연구대상이 되었다. 이후 구데리안은 기갑부대야 말로 장차전의 주역이 될 것이라는 확신을 가지고 전차의 개발과 기갑부대의 전략에 대한 연구에 매진했다.

하지만 그에게는 너무나 제약이 많았다. 내부적으로 그의 생각을 탐탁지 않게 생각하는 보수적인 군부 분위기도 문제였지만 베르사유 조약이라는 외부적인 요인으로 인해 독일은 필요한 무기를 제대로 갖출 수가 없었기 때문이다. 대외적으로는 농업용 트랙터라고 속이고 비밀리에 전차 개발을 추진해야 했을 정도였다. 그런데 독일 군부에서 비주류에 속했던 이러한 그의 사상을 열렬히 지원해준 인물이 등장했으니 바로 1933년 정권을 잡은 히틀러였다.

히틀러의 몇 안 되는 치적이라 할 수 있는 국민차 폴크스바겐 비틀Volkswagen Beetle 개발과 세계 최초의 자동차 전용도로인 아우토반Autobahn 건설을 통해 새로운 운송체계를 구축하려 했던 시도에서 알 수 있듯이 그는 새로운 운송수단의 장래성을 확실하게 이해했던 인물이었다. 그리고 그는 군 또한 기병을 대신해 돌파를 담당할 새로운 기동장비가 필요하다고 생각했다. 그러한 와중에 전차 부대의 집중 운용에 대한 구데리안의 이론이 나오자 히틀러는 이를 주목하고 후원을 아끼지 않았다.

그러나 당시만 해도 히틀러가 군부를 완전히 장악하지 못했던 시점이어서 구데리안을 지원하기 위해서는 히틀러도 역시 '전차는 보병의 보조 역할에만 사용해야 한다'고 고집하던 보수적인 육군 상층부의 반대를 무릅써야 했다.

비록 구데리안이 이때부터 히틀러와 인연을 맺어 2차대전 종전 때까지 히틀러의 침략전쟁에 중요한 관련자가 되었지만 구데리안의 이러한 경력을 쉽게 비난할 수는 없다. 왜냐하면 그는 군인으로서 통수권자를 상대한 것 외에는 히틀러나 나치에 충성하지 않았기 때문이다. 그는 이러한 평범하지 않은 열악한 환경 속에서 혁신적인 전술 개발을 위해 헝겊이나 합판 등을 씌운 모형 전차로 연구를 계속했고 독·소 비밀 군사협력 밀약에 따라 승전국인 영국과 프랑스의 감시를 피해 소련에서 실시한 각종 훈련에도 관여했다.

이러한 구데리안의 연구는 2차대전 당시 독일군의 전략을 대변하는 전격전의 이론적 기반이 되었는데 총론적으로는 현대전에서도 유효한 전술로 여겨지고 있다. 그는 앞서 언급한 이론가들이 구상으로만 그쳤던 것과는 달리, 1934년 차량화보병부대의 참모로 취임하는 동시에 이를 기갑부대로 개편하는 등 자신이 정립한 이론을 실제 부대에 적용하는 실험을 했는데 이후 자신이 직접 창설한 두 개의 전차사단을 지휘하기도 했다.

그는 1937년 그동안의 연구결과를 집대성한 『전차를 조심하라! Achtung Panzer!』라는 기념비적 저작을 남기는데 이는 가히 기갑부대의 바이블이라 할 수 있다. 이 책에서 구데리안은 강력한 선봉대를 창으로 삼아 일거에 충격을 가해 전선을 급속히 찢은 후 속도를 더해 돌파하여, 적의 배후에 위치한 전략거점을 신속히 그리고 완전히 제압해야 전쟁에서 승리할 수 있다고 설파했다. 이를 위해서는 보병을 지원하는 분산된 기갑부대가 아닌 충격군의 개념을 지닌 집단화된 대규모 기갑부대가 필요한데 이를 위해서는 다수의 강력한 전차와 더불어 화력을 근접 지원할 자주화된 포병 그리고 이와 함께 일선을 돌파할 차량화된 보병들이 필요하다고 생각했다. 그리고 여기에 공중포대 역할을 담당할 공군이 더해져야 한다고 역설했다. 이것이 바로 2차대전 당시 독일군의 핵심 전략인 전격전이다.

4. 이론을 현실화하다

구데리안이 『전차를 조심하라!』를 출간한 1937년은 독일이 재군비를 선언한 후 전력을 급속히 팽창하던 시기였다. 당시 신설 제2전차사단의 사단장에 임명된 구데리안은 뉘른베르크^{Nürnberg}에서 히틀러가 참관한 가운데 열린 나치 전당대회에서 그동안 열과 성을 다해 창조한 독일 기갑부대의 능력을 선보인다. 하지만 이때는 실전에 투입할 전차의 개발이 완료되지 않은 상태였기 때문에 일부는 차량에 캔버스를 얹어 전차의 시늉을 낸 어설픈 것이었지만 준비된 시나리오대로 연출된 쾌속의 돌파 시범은 히틀러와 많은 군관계자들에게 강력한 인상을 남겼다.

실전은 아니었지만 구데리안이 이끈 독일의 기갑부대가 그 기동력을 유감없이 발휘한 사건은 1938년 오스트리아 합병 당시였다. 독일 남부 뷔르츠부르크^{Würzburg}에 주둔한 제2전차사단은 48시간 만에 무려 670킬로미터를 이동해 빈^{Wien}에 진주하는 데 성공한다. 한마디로 이전에는 상상할 수도 없던 대규모 부대의 놀라운 기동력이 입증된 셈이었다. 하지만 이것도 같은 시간 베를린Berlin에서 1,000킬로미터를 달려온 차량화된 LSSAH 연대(아돌프 히틀러 총통경호 친위대)의 기동력에 비하면 대수롭지 않은 것이었는데 이 작전을 선두에서 지휘한 인물이 바로 구데리안이었다. 그리고 이듬해 새로운 형식으로 탄생한 군단급 기갑부대인 제16장갑군단의 사령관으로 부임한 그는 독일이 체코의 수데텐Sudeten을 강탈할 때 부대를 신속히 전개시켜 제일 먼저 접수했다.

1939년 9월 1일, 폴란드 전역이 개시되었다. 드디어 그동안 수없이 이론으로만 구상해왔던 기갑부대의 실전 투입이 개시된 것이다. 구데리안이 이끄는 제19장갑군단은 폰 보크Fedor von Bock가 지휘하는 독일 북부집단군의 선봉부대가 되어 독일 본토와 동*프로이센 지방을 갈라놓았던 단치히 회랑Danzig Corridor을 빠른 속도로 횡단해 놀라운 속도로 브레스트리토프스크Brest Litovsk까지 진격했다. 구데리안의 예상대로 기갑부대는 여타 보병부대가 쫓아오지 못할 만큼 놀라운 돌파력을 선보이며 종심 깊이 치고 나가는 놀라운 기동력을 유감없이 발휘했으나 약간의 문제점이 도출되었다.

예를 들어 여타 부대와 보조를 맞추지 못한 채 기갑부대가 단독으로 돌파만 하다가는 적진에서 고립될 가능성이 컸고 실제로 그런 일이 벌어지기도 했다. 또한 실험적으로 도입한 경*장갑사단의 효과가 그리 크지 않은 것으로 확인되어 부대 개편이 요구되었다. 하지만 무엇보다도 구데리안에게 아쉬움으로 남았던 부분은 비록 군단급 기갑부대가 작전을 펼치기는 했지만 아직까지도 그의 구상대로 더욱 규모가 큰 집단화된 기갑부대를 투입하지는 못했다는 것이다. 하지만 폴란드 전역의 놀라운 성과는 군부에 커다란 영향을 주어 평소 구데리안을 지지하던 소장파는 물론 폰 보크, 룬트슈테트, 클라이스트Paul Ludwig Ewald von Kliest 같은

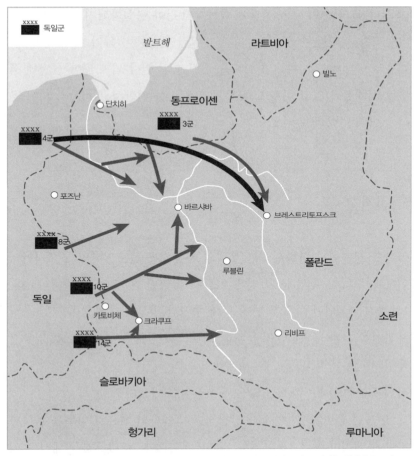

4-1 독일 4군의 선봉인 구데리안의 19장갑군단은 굵은 검은색 진격선 처럼 폴란드 회랑을 횡단하여 브레스트 리토프스크까지 치고 들어가는 경이로운 돌격을 선보였다. 이는 당시 독일군 전체를 통틀어 최고의 전과였는데 이로써 집단화된 기갑부대의 가능성이 입증되었다.

일부 원로들도 지원 세력으로 만들었다.

　하지만 무엇보다도 폴란드 전역에서 구데리안이 얻었던 귀중한 소득은 바로 머리로만 연구하던 이론을 실제로 적용해봤다는 것이고 이렇게 얻은 경험은 이후 독일 기갑부대의 성장에 결정적인 반석이 되었다. 사실 군사 이론은 전쟁이 발발하지 않으면 당연히 이론과 훈련으로

만 끝나게 되는데, 물론 실전이 벌어지지 않아 현실화되지 않는 것이 더 바람직하다고 할 수 있다. 하지만 호전적인 총통이 독일의 지도자였던 이유로 구데리안은 자신의 이론을 정립한 지 얼마 되지 않아 실전에 사용할 기회를 얻었고 이를 토대로 새로운 군사 전략의 개척자가 되어 군사 분야에 커다란 족적을 남기게 되었다.

5. 전격전

폴란드 전역이 집단화된 기갑부대의 가능성을 선보였다면 구데리안의 이론과 노력이 꽃피게 된 것은 이듬해 있었던 대﹡프랑스 전역이었다. 1차대전 때 4년간 참호를 넘지 못해 수백만 병사들의 무덤이 되었던 서부전선을 불과 한 달 만에 돌파해 프랑스의 항복을 받아냄으로써 무적 독일 기갑부대의 명성을 온 세계에 떨치기 시작한 것이다. 하지만 이런 전설을 만들어내기까지는 많은 우여곡절이 있었다.

1939년 폴란드에서는 2개 장갑군단이 돌파의 핵으로 임무를 완수했지만 구데리안은 좀 더 확실하고 빠르게 전투를 종결하기 위해서는 적어도 야전군급 규모의 거대한 기갑부대가 필요하다고 생각했다. 하지만 아직까지도 군부의 최고위층은 그의 주장과 이론을 받아들일 준비가 되어 있지 않았고 오히려 2개 장갑군단이나마 편제되어 폴란드 전역에 참전한 것도 감지덕지해야 할 형편이었다. 프랑스전을 앞두었을 때 참모총장 할더는 구데리안에게 '장차전의 주역은 역시 보병'임을 수차례에 걸쳐 강조하며 '기갑부대는 보병의 보조전력이어야 한다'고 주장했다. 사실 할더를 비롯한 독일 지휘부가 이렇게 주장하는 데는 나름대로의 이유가 있었다.

1937년의 뉘른베르크 전당대회에서 시범을 보일 때에는 차량에 캔버스를 덧씌워 훈련을 했을 정도로 1차대전 종전 후 독일을 옥죄던 베르사유 조약으로 인해 독일의 신무기 개발은 늦어졌고 이로 인해 1930년대만 해도 사실 제대로 된 전차가 없었다. 우리가 흔히 독일 기갑부대 하면 떠올리는 5호 전차 판터^{Panther}, 6호 전차 티거^{Tiger}, 쾨니히스티거 Königstiger는 전쟁 후반기에 출현한 전차들로 독일의 전성기를 이끌었던 전격전의 주역이 아니었다. 전쟁 초기 독일의 전차는 제대로 개발되지도 않은 상태였고 프랑스 같은 주변국의 전차와 비교한다면 일대일로 맞서기도 민망한 수준으로 오늘날의 보병수송차량 APC에도 미치지 못하는 물건이었다. 때문에 할더와 같은 지휘부는 이런 미약한 기갑부대를 한곳으로 몰아 운용한다면 적에게 아군의 모든 전력을 한꺼번에 노출시키게 되고 그나마 얼마 되지 않는 기갑부대를 순식간에 날려버릴 수 있다고 생각했던 것이다. 그만큼 아무도 가보지 못한 길을 간다는 것은 쉬운 일이 아니었다.

독일이 프랑스 침공을 준비하고 있었을 때 독일육군최고사령부는 주공의 선정과 공격로의 선택을 놓고 갑론을박하고 있었다. 그런데 구데리안과 육군대학 동기이자 또 하나의 소장파 지략가인 만슈타인이 제안한 낫질작전을 히틀러가 전격 수용함으로써 대규모 기갑부대가 돌파를 담당하게 되었고 이 작전을 위해 구데리안이 그렇게 소망하던 야전군급 기갑부대인 클라이스트 기갑집단이 새롭게 편제된다. 그리고 낫질작전에 따라 군부 내에서 누구보다 경험이 많았던 구데리안이 작전의 선봉장으로서 임무를 수행하게 된다.

구데리안이 지휘하는 선봉 제19장갑군단의 좌우에는 호트의 제15

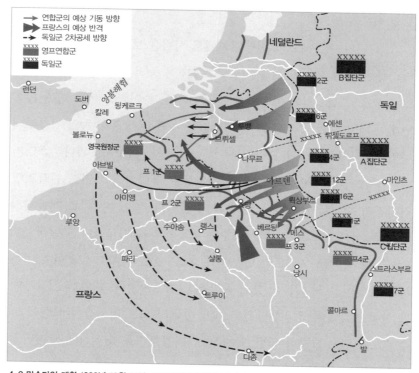

4-2 만슈타인 계획 1939년 10월 31일 만슈타인이 입안한 낫질작전에 의거 독일의 주공은 A집단군으로 바뀌었고 기갑부대들이 이곳으로 집중되었다. 전쟁 개시와 함께 아르덴을 돌파한 독일의 주력은 전무후무한 돌파를 선보이며 영불해협을 향해 달려갔고, 배후가 순식간에 차단당하면서 포위된 연합국 주력은 간신히 영국으로 탈출했다. 그리고 그것으로 전쟁은 막을 내린 것과 다름없었다.

군단과 라인하르트Hans-Georg Reinhardt의 제41군단이 병진을 하게 되었는데 이 두 군단의 지휘관과 이들을 통합 지휘한 기갑집단 사령관 클라이스트 또한 구데리안 못지않게 기동전에 대한 혜안을 가지고 있던 인물들이었고 이후 기갑부대의 대가들로 유명해졌다. 후일 전쟁 영웅으로 선전되면서 대중에게 많이 알려지게 된 롬멜도 당시에는 호트가 지휘한 15군단 예하의 제7전차사단장일 뿐이었다.

이 작전의 결과는 1차대전 당시 참호를 뛰어넘지 못해 수백만이 숨

져간 대프랑스 전선을 불과 한 달 만에 마무리 지은, 전사에 길이 빛날 위대한 승리로 남게 되었다. 이 전차를 이용한 작전 당시 돌격 속도가 어느 정도였는지 알려주는 유명한 일화가 있다. 선봉인 구데리안이 지휘하던 15군단의 진격이 얼마나 빨랐던지 상급자 클라이스트가 후속 부대와의 연결을 위해 진격속도를 조정하라고 한 적이 있었다. 그런데 자신의 이론을 확신한 구데리안은 명령을 무시하고 더욱 속도를 내 적의 종심을 향해 돌진해 들어갔고 이러한 항명에 분노한 클라이스트가 구데리안을 면직시켜버렸을 정도(후에 즉시 복직이 되기는 했지만)였다.

6. 너무 넓은 러시아 평원

독일 스스로도 놀랄 만한 프랑스에서의 위대한 승리는 이제 기갑부대의 집중 운용과 항공 지원에 기초한 전격전이 전쟁의 새로운 패러다임이 되었음을 입증했고 이에 대해 더 이상 반론을 제기하는 인물이 없도록 만들어버렸다. 그리고 독일은 전차를 앞세워 1941년 봄까지 발칸 반도와 북아프리카마저 휩쓸면서 전 유럽을 자신의 군홧발 밑에 놓았다. 하지만 이것은 끝이 아니었고 더 큰 전쟁이 기다리고 있었다.

1941년 6월 22일, 독일은 벼르고 벼르던 소련에 대한 기습침공을 단행했다. 이렇게 개시된 바르바로사 작전에서는 무려 4개의 기갑집단(후에 보급조직이 추가되어 기갑군으로 승격)이 조직되어 침공군의 핵심 역할을 맡았다. 구데리안은 독일 침공군의 핵심으로 모스크바 점령을 목표로 하고 있던 중부집단군 예하부대인 제2기갑집단을 지휘하여 동료인 호트 상급대장이 이끄는 제3기갑집단과 함께 러시아 평원을 가로질러 진격했다. 궁합이 잘 맞던 두 장군은 합작하여 민스크Minsk와 스몰렌스크Smolensk 포위전에서 놀랄 만한 전과를 올렸다. 1941년 여름, 전격전의 신화가 광대한 소련 영토에서 다시 한 번 재현되는 듯이 보였다. 기갑부대를 선봉에 내세운 독일군은 소련의 방위선을 돌파해 광활한 러시아 평원을 가로질러 모스크바로 질주해나갔고 작전 개시 두 달여 만에 300만의 소련군을 몰락시키는 눈부신 전과를 이룩했다.

　그러나 엄밀히 말하면 그해 여름을 마지막으로 독일군 기갑부대의 신화는 끝을 맺었다. 스몰렌스크를 점령하자마자 구데리안에게 내려진 명령은 부대를 오른쪽으로 90도 꺾어 500킬로미터를 남하해 독일 남부집단군과 함께 키예프를 공략하라는 히틀러의 지시였다. 구데리안은 원래대로 모스크바로 진격해야 한다고 항변했으나 히틀러는 키예프에 고립된 60여 만의 소련군을 처단하지 않고 앞으로만 나가기가 몹시 껄끄러웠다. 히틀러가 선택한 키예프의 야전군 격멸이 옳은 판단이었다는 의견도 많지만 어쨌든 그만큼 모스크바로 가는 시간은 지체되었고 그 시간 동안 독소전쟁의 향방은 이미 결정되어버렸다. 바르바로사 작전 당시 독일은 광활한 소련을 최단 시간 내 정복하기 위하여 북부·중부·남부집단군의 3대 병단을 조직하여 개별적인 전략 목표를 향해 진격하도록 계획했다. 비록 주공을 모스크바를 점령할 중부집단군에게 두고는 있었지만 당시 독일의 역량에서 세 곳으로 힘을 나누어 진격을 계속하기에는 많은 무리가 따랐고, 이런 이유 때문에 앞으로 계속 진격해야 할 중부집단군의 주력부대를 키예프로 우회전시키는 일까지 발생했던 것이었다.

　1940년 프랑스 전역에서 시작된 기갑부대의 신화는 1호, 2호 전차처럼 장난감 같은 전차라 하더라도 대규모로 집단화해 급속 돌파하는 것이 둔중한 중전차가 분산되어 전투에 임하는 것보다 더 효과적이라는 것을 입증했다. 그리고 이러한 전술은 독일의 트레이드마크처럼 세계에 각인되었다. 그런데 실험적인 1호, 2호 전차와 본격적인 전차로 등장한 3호, 4호 전차로 전격전의 신화를 이루었지만 여기에 안주하려던 독일이 그들의 한계를 깨닫는 데에는 오랜 시간이 걸리지 않았고 지옥의 러시아는 그 무대가 되었다. 모스크바로의 진격에서 지체된 시간은 전술에서는 앞섰지만 실질적으로 기갑부대가 보유한 장비의 질이 좋지만은 않았던 독일에게 독이 되어 돌아왔다.

7. 한계와 좌절

지금도 독일 기갑부대의 신화에 대해 많이 거론하지만 오늘날과 비교한다면 당시 독일 기갑부대의 편제나 장비는 구데리안이 꿈꾸던 전격적인 돌파를 감행하는 데 부족함이 많았다. 그 넓은 러시아 벌판에서 독일이 동시에 운용했던 전차는 3,000대를 넘지 못했고 가장 강력한 전차는 4호 전차였다. 참고로 독소전쟁선의 5퍼센트 정도 크기인 지금 한반도 DMZ 양쪽에는 합계 6,000대의 전차가 포진하고 있는데 이것은 독소전쟁 당시 독일이 가용한 전차가 생각보다 많지는 않았다는 것을 알려준다. 이에 더해 하노마그Hanomag로 대표되는 각종 수송차량 또한 턱없이 모자랐고 수송 및 병참지원은 선전 필름이나 사진과 달리 대부분 철도나 군마 그리고 두 다리에 의존했다. 종심이 짧은 프랑스에서는 이런 후속 지원의 문제점이 제대로 보이지 않았으나 러시아 평원은 독일이 진격하면 할수록 이런 문제점이 더욱 크게 드러났다.

인류 최대의 전쟁이었던 독소전쟁에 대해서는 분석한 자료가 많다. 그중 현재까지도 활발하게 진행되는 논쟁 중 하나는 독일이 전쟁 초기 2,000킬로미터를 쾌속 진군했고 소련에 비해서 더 많은 전술적 승리를 거두었음에도 불구하고 결국 패전하게 된 이유가 무엇인지에 관한 것이다. 그중에서도 모스크바라는 전략적 목표를 향해서 신속히 진격해야 하는 순간에 키예프 대회전처럼 굳이 병력을 돌려 공격속도를 늦출 필요가 있었는지의 문제는 여전히 많이 거론되고 있다. 하지만 독일이 키예프 공략을 위해서 모스크바로 향하던 대규모의 주력을 돌렸던 사실이 전체 독소전쟁 판도를 좌우했다고 생각하지는 않는다. 사실 독일이 서부전선에서 이룩한 전격전의 신화를 재현하기에 소련은 너무나 넓었고 소련의 전쟁 동원자원이 독일의 공격력을 능가할 만큼 막대했던 것이 주 이유라 할 수 있다.

독일은 키예프 점령 후 다시 전선을 재정비해 1941년 10월 모스크바로 향한 진격을 재개(태풍작전)했지만 지체된 두 달 동안 강화된 소련의 방어막은 쉽게 돌파하기 힘든 철옹성으로 변해 있었고 수은주는 독일에서는 상상하지 못한 수준으로 끝없이 떨어지고 있었다. 이웃한 북부집단군의 유일 기갑전력인 제4기갑군까지 차출해 모스크바를 집중 공략했지만 일선의 지휘관들은 이미 천재일우의 기회를 놓쳐버린 것을 깨달았다. 독일군은 초전의 승승장구에도 불구하고 겨울이 되자 기나긴 병참선과 추위 그리고 소련의 결사적인 반격을 극복하지 못할 지경에 이르렀고 구데리안을 비롯한 독일군 지휘부는 전략적 후퇴를 감행했다.

특히 툴라Tula에서 개시된 소련의 대대적인 반격으로 인해 독소전쟁 최초로 독일군이 후퇴하자 현지 사수를 엄명하던 히틀러는 격노했다. 그럼에도 불구하고 히틀러의 의지대로만 전선이 움직일 수는 없었다.

그만큼 독일의 상황은 나빴고 일선의 지휘관들은 그러한 상황을 고려해 작전에 임해야 했다. 1941년 12월 아무도 할 줄 모르고 단지 우직하고 직선적인 '군인' 그 자체였던 구데리안은 히틀러에게 직접 서신을 보내 작전을 중지하고 후방에서 월동준비를 할 것을 청했는데, 이를 패배적인 발상이라 여기고 분노한 히틀러로부터 돌아온 답변은 군복을 벗으라는 것이었다. 그리고 태풍작전이 실패한 1941년 겨울, 2차대전 초기 독일군의 신화를 만들어온 구데리안을 포함한 수많은 지휘관들이 함께 옷을 벗게 되었다.

8. 독일 기갑부대의 고민

앞서 언급했듯이 그동안 베르사유 체제에 얽매여 개발이 늦었던 독일의 전차들은 성능이 미흡했다. 더구나 미국이나 소련과 같은 대규모 생산 시스템 체제가 아니어서 연합국에 비해 상대적으로 생산량도 적었고, 때문에 값도 비쌌다. 독소전쟁 초기에는 3호, 4호 전차가 생산되어 많은 수가 배치되기는 했지만 이들의 성능도 결코 만족할 만한 수준은 아니어서 독일은 점령지에서 노획한 프랑스의 전차나 체코의 38t 같은 전차들을 대규모로 동원해야 했다.

독소전쟁 당시 전차의 수량은 항상 소련이 독일보다 많았다. 일방적으로 수세에 몰렸던 초기에도 소련은 독일보다 무려 5배나 많은 전차를 보유했지만 대부분이 초기 BT계열 전차나 T-26과 같이 어찌 보면 독일의 1호, 2호 전차처럼 실험적 성격이 강한 양철 드럼통 모양의 전차들이었고 전술 교리 등이 독일에 한참 뒤져 있어 일방적으로 학살을 당할

T-34의 개량형 T-34/85. T-34는 1940년부터 1958년까지 제작된 소련의 중전차로 2차대전 기간 중에 세계 최고의 전차로 널리 알려졌다. 이 전차는 화력, 기동력, 방어력 등에서 가장 균형잡힌 전차로 다른 전차 설계에 많은 영향을 끼쳤다. (ⓒ Antonov14)

수밖에 없었다. 독일은 프랑스전을 거치면서 그들이 보유했던 전차보다 상대적으로 강력하고 수적으로도 앞섰던 프랑스의 중(重)전차부대를 유린했던 경험이 있었으므로 허술한 소련의 전차부대 정도는 상대로도 생각하지 않았다. 그런데 소련 깊숙이 전선이 형성되었을 때, 저급한 하류인종으로 취급했던 소련이 만든 회심의 전차가 전선에 등장했다.

바로 희대의 걸작 T-34였다. 초기에 T-34와 교전했던 일선의 부대는 상부에 다음과 같이 보고했다. "소련 측에서 새로운 전차를 투입했는데, 그 성능이 아군 전차보다 좋은 것 같다. 화력, 기동력, 방어력 모든 면에서 아군의 전차보다 뛰어난 것으로 판단된다." 소련의 T-34는 독일에 충격으로 다가왔다. 비록 수량이 적어 그럭저럭 물리치기는 했지만 이들이 대규모로 전선에 투입될 경우 상황을 낙관할 수 없었다. 그러한 예상이 현실이 되는 데는 그리 오랜 시간이 걸리지 않았다. 1941년 10

소련의 T-34에 대항하기 위해 만든 독일의 중전차 판터는 T-34의 카피판이라고 할 만큼 유사점이 많았다.
(© Waidelich)

월 6일 독일 중부집단군 예하 제4기갑군의 선두부대가 T-34 전차로 중무장한 소련 제4전차여단의 공격을 받고 43대의 전차를 잃었는데, 적이 잃은 전차는 단지 6대뿐이었다.

3호, 4호 전차의 성능에 만족하지 못해 차세대 전차 개발을 서두르고 있었던 독일은 노획한 T-34를 살펴보고는 그 성능에 경악했다. 구데리안 또한 "우리 전차보다 기술적으로 앞서 있으며 제작하기도 쉬운 세계 최고의 성능이다."라고 감탄했다고 한다. 결국 독일은 5호 전차라 불리는 판터를 급하게 제작했는데 이것은 T-34의 카피판이라고 여겨질 만큼 개발에 T-34가 많은 영향을 끼친 것은 공공연한 비밀이었을 정도다. 특히 경사 장갑을 채택한 외형 등은 분명한 유사성을 보여주는데 그만큼 독일의 충격은 대단했다. 더불어 KV로 알려진 소련의 중전차들은 마치 계란으로 바위를 치는 듯한 느낌이 들게 만드는 공포의 대상이었다. 열등하다고 우습게 보았던 소련의 기술력은 결코 만만한 수준이 아

장거리 88밀리 주포로 엄청난 파괴력을 보여주는 나치 독일의 중전차인 티거는 1942년 말부터 독일이 항복한 1945년까지 사용되었다.

니었고 전선이 정체가 되고 이런 사실을 깨닫게 될수록 승리에 대한 회의가 몰려들어왔다. 비록 천하의 명품 티거가 부랴부랴 전장에 데뷔했지만 이미 전세를 뒤집기는 현실적으로 어려웠다.

9. 마지막 봉사

히틀러의 유명한 특기 중 하나가 자신의 말을 고분고분 듣지 않는 장군들을 수없이 내쳐버리는 것이다. 그러다 보니 전쟁 말기쯤에 그의 주변에 남아 있던 자들은 괴링, 카이텔, 요들Alfred Jodl과 같이 군인으로서의 능력보다 출세를 지향했던 정치적인 인물들이 대부분이었다. 결론적으로 맹장들은 내치고 모리배들만 끝까지 껴안은 히틀러의 이런 성품은 인류사적인 차원에서는 고마운 일이 되었지만 덕분에 만슈타인, 폰 보크, 폰 레프, 클라이스트, 롬멜처럼 전사에 길이 남는 독일 맹장들의 말로는 별로 빛을 보지 못하거나 심지어는 비참한 편이었다. 또한 고집 때문이었는지 몰라도 한 번 내친 장군들은 다시 찾지도 않았는데 만슈타인처럼 전쟁 말기에 일부러 자기 발로 찾아와 백의종군하겠다는 인물도 재등용하지 않을 정도였다.

이런 상황에서 룬트슈테트와 구데리안을 히틀러가 현역으로 복귀시킨 단 두 번의 예외로 들 수 있을 것 같다. 2차대전을 거의 처음부터 끝까지 원수 계급으로 치른 유일한 인물인 룬트슈테트는 상대적으로 고분고분하고 내성적인 성격이었고, 동요하는 군부를 달랠 상징적인 원로의 필요성 때문에 복귀시킨 경우였지만 구데리안은 조금 예외였다. 총통에게 필요한 이야기만 하고 때로는 "총통! 제발 관여하지 마십시오."라고 말하는 등 입바른 소리를 자주 했던 구데리안의 직선적인 성격이 히틀러도 마음에 들지는 않았지만 그의 능력은 독일에 절실히 필요했고 대신할 만한 인물도 없었기 때문에 그를 복귀시킬 수밖에 없었다.

1943년 3월 1일, 히틀러는 장갑군총감裝甲軍總監이라는 보직을 만들고 구데리안을 현역으로 복귀시켜 그 자리에 임명한다. 이 직책은 야전부대를 지휘할 능력이나 권한 등을 갖고 있지 않은 한직이었으나 급속히 무너지고 있던 기갑부대의 재건을 위해 그동안 흩어져 있던 전차의 개발, 생산, 배치, 기갑부대의 재편성 등을 총괄하는 자리였다. 즉 오로지 구데리안만을 위해 만들어진 자리였고 구데리안은 독일 기갑부대의 재건을 위해 열심히 일했다. 그렇지만 사실 그의 노력만으로 전세를 회복할 수 있는 시점은 이미 지난 때였다.

구데리안은 히틀러 암살 미수 사건으로 육군 참모총장 차이츨러Kurt Zeitzler가 심각한 부상을 입자 임시적으로 보직을 승계한 호이징거Adolf

Heusinger 후임으로 1944년 7월 21일 제3제국 5대 육군참모총장에 임명되었다. 그는 독일 방위의 중책을 맡고 전쟁 말기 히스테리가 극에 달한 히틀러의 작전 간섭을 최대한 저지했으나 1945년에 동부전선의 방어전략을 둘러싸고 히틀러와의 대립이 정점에 달해 3월 28일 재차 해임되면서 파란만장한 군인의 길을 마감한다.

독일 육군참모총장은 상징적인 직위인 독일 육군 총사령관보다 실질적으로 작전에 관한 권한을 많이 행사할 수 있는 직위로 수많은 예하부대를 통제하는 위치였지만 원수 계급을 가진 인물들이 그 보직을 맡지는 않았다. 그래서였는지는 모르지만 구데리안은 뛰어난 업적, 능력 그리고 직위에도 불구하고 원수의 자리까지 오르지는 못하고 상급대장으로 군복을 벗었다. 1945년 5월 10일 미군의 포로가 된 구데리안은 전후에 전범으로 구속됐지만 공식 기소를 당하지는 않았는데 그 이유는 히틀러의 두터웠던 신임에도 불구하고 나치의 정치적 성향과는 거리가 멀었고, 히틀러에게 맞서 말싸움을 벌였던 철저한 군인정신으로 무장한 몇 안 되는 직업 군인이었기 때문이다.

10. 엔지니어의 감각을 지닌 지휘관

집단적인 기갑부대의 운용 등과 같은 전술이론은 구데리안이 최초로 고안한 것은 아니었지만 사상적 동지들이라 할 수 있는 만슈타인, 클라이스트, 롬멜, 호트, 만토이펠Hasso Freiherr Von Manteuffel 같은 뛰어난 야전 지휘관들이 있었기에 2차대전 초기 독일군의 혁신적인 전술로 빠르게 자리 잡을 수 있었다.

구데리안을 기갑부대의 아버지로 보는 이유는 위에 언급한 지휘력 뿐만 아니라 전차의 개발 과정에 있어 발생하는 기계적인 문제에까지 지대한 영향을 끼쳤기 때문이다. 베르사유 조약의 굴레로 병기 개발에 대한 제한이 많았던 독일은 1930년대에 들어와 구데리안의 지휘하에 비밀리에 전차개발을 시작했다. 이때 탄생한 1호, 2호 전차는 폴란드 전역에서 활약하기는 했지만 실험적인 성격이 컸고 이 전차들의 운용 결과를 바탕으로 3호, 4호 전차와 같은 차세대 전차 개발에 대한 개념을 정립하는데, 이 중 대부분은 현대의 전차 개발에 많은 영향을 미쳤고 현재도 미치고 있다.

그중 첫째로 꼽을 것은 차후 확장성에 대한 고려다. 이는 주포의 개량 등으로 전차의 성능을 업그레이드 할 필요가 있을 경우 차후 개조가 용이하도록 처음부터 넉넉하게 공간을 확보해 전차를 개발하는 것이다. 이런 개념을 바탕으로 탄생한 독일의 3호 전차 이후의 전차들은 계속 개량을 하면서 오랜 기간 전선에서 활약했다. 사실 우리가 최초로 만들어 제식화한 국군의 주력 전차 K-1의 경우는 이 부분을 간과했던 측면이 크다.

둘째, 전차 무게의 절묘한 한계점을 제시했다. 전차의 3대 요소는 화력, 방어력, 기동력인데 이중 방어력과 기동력은 서로 반비례하는 요소다. 때문에 구데리안은 이런 모순관계를 극복하고자 전차의 무게에 관한 가이드라인을 제시하는데 그것은 당시에 각종 하천에 설치된 교량을 통과할 수 있는 무게까지 전차를 개발하는 것이다. 전쟁 후기에 개발된 티거는 이런 제한을 넘어서는 중전차였지만, 기동력을 바탕으로 하는 전격전을 염두에 두었던 1930년대 당시에 구데리안은 절묘한 한계점을 제시했던 것이다.

셋째, 전차 승무원의 최적 인원을 산출했다. 구데리안은 전차장, 장전수, 포수, 조종수, 통신수로 구성된 5명의 가장 이상적인 조합을 고안했다. 당시 전차들은 개발 국가나 전차 종류에 따라 승무원의 수가 일정하지 않았는데 구데리안의 주장대로 5명으로 구성된 승무원이 전투효율이 매우 높은 것으로 판명되었고 이런 조합은 현재에도 유효하다. 다만 통신장비와 사통장치* 등의 기술의 발전으로 해당 인원이 줄어들었을 뿐이다.

넷째, 모든 전차에 무전기와 내부 통신용 마이크를 장비했다. 현재에는 너무나 당연한 이야기일 수 있겠지만, 당시에는 지휘관 차량 외에는 무전기가 없었고 전차부대는 깃발을 이용한 수신호로 통제했었는데 무전기 사용은 불편을 덜어주었다. 또한 소음이 심한 전차 내부에서 승무원 간의 마이크 통신도 전차 운용에 효과적이었다. 독일의 이런 발상은 집단화된 전차부대 통제를 용이하게 했다. 통신장비를 갖춘 부대와 그렇지 않은 부대 간의 대결은 굳이 설명하지 않아도 상상이 갈 것이다.

다섯째, 전차의 포탑인 터렛Turret에 360도 시계 확보가 가능한 전차장 전용 큐폴라Cupola(전망대)를 설치해 전차장이 안전하고도 쉽게 전후방 상황을 파악하고 전차를 통제하여 일사불란한 작전이 가능하도록 했다. 이전 전차는 승무원들의 시계가 자기의 앞쪽으로만 제한적으로 확보되어 정보 수집이 중구난방으로 이루어졌는데 모든 방향을 한 위치에서 관측할 수 있다는 점은 상당히 효과적인 구조였다.

여섯째, 터렛 내부에 바스켓Basket을 매달아 조종수와 무전수를 제외한 포탑 내 전투병들이 포탑 회전과 함께 같은 곳으로 회전할 수 있는

---

* 전차의 화력, 즉 주포를 제어하는 장치를 말한다.

내부 구조를 만들었다. 이것은 현대 전차들도 마찬가지인데 이런 구조는 승무원들이 항상 전투 준비태세를 갖도록 할 수 있었으며 포탑의 회전 시 내부 구조물에 승무원들이 부딪혀 다치는 사고를 막을 수 있었다.

이렇듯 전차를 개발하는 데 결정적으로 영향을 끼친 구데리안의 아이디어들은 오늘날에는 너무나 당연하고 상식적이라고 생각할 수도 있다. 그러나 K-1 전차의 개량형인 K-1A1 전차를 만들 때 많은 애를 먹은 우리나라의 예만 보아도 차후에 전차의 성능을 확장할 때 문제가 없게끔 미리 여유를 두고 전차를 개발한 구데리안이 얼마나 뛰어난 혜안을 가지고 있었는지 알 수 있다.

콜럼버스의 달걀처럼 단순하지만 아무도 실행하지 못한 새로운 방법을 찾아내고 실현해낸 구데리안은 군인이기 전에 뛰어난 엔지니어의 감각을 지닌 노력가였다. 더불어 군인의 최고 덕목이라 할 수 있는 새로운 전술 개발을 위해 끊임없이 연구했던 선각자이기도 했는데 사실 그가 갔던 길은 아무도 가지 않았고 장애물도 한둘이 아닌 고난의 길이었다. 많은 이들이 보이지 않는 벽에 막혀 포기하고 단지 이론으로만 공상을 했지만 구데리안은 만난萬難을 무릅쓰고 이를 실현했고 이를 위해 적의 연구결과도 겸허히 받아들이는 열린 자세를 가지고 있었다.

이미 실현된 모델을 본 우리에겐 너무나 당연한 것이지만 이렇게 새로운 이론을 정립하고 직접 실행에 옮긴 사람은 그리 많지 않다. 구데리안은 전차와 기갑부대 그리고 관련된 전술을 적극적으로 연구하여 이론을 정립하고 실현한 해당 분야의 선구자였다. 그는 미래를 위해 어려움을 딛고 조직을 구성할 수 있는 진정한 리더십의 소유자라 할 수 있다.

Part 5. 백마고지를 지켜라

호국의 간성, 김종오

金鍾五

우리나라 장군 중에 떠오르는 인물을 말하라고 하면 대부분 을지문덕, 김유신, 계백, 강감찬, 최영, 권율, 이순신처럼 역사라기보다는 이제는 마치 전설처럼 전해지는 영웅들의 이름이 먼저 나올 것이다. 그런데 현대사에서 가장 거대하고 격렬했으며 또한 비극적이었던 한국전쟁이 최근의 일임에도 불구하고 당시에 조국을 수호하기 위해 앞장섰던 국군 장군들에 대해 알고 있는 사람들은 그리 많지 않다.

아마도 그 이유는 북한의 기습 침략에 밀려 3일 만에 서울을 내주고 낙동강까지 후퇴했던 굴욕을 겪고 이후의 전쟁이 미국의 주도로 진행되었다는 사실 때문에 한국전쟁 당시 멋있게 승리를 거둔 뛰어난 국군 지휘관이 없을 것이라 단정하고 있기 때문이 아닌가 생각된다.

그러나 우리가 굳이 알아보려 하지 않았을 뿐 불비한 여건에서 조국을 위해 고군분투하며 뛰어난 지휘 능력을 보인 인물들은 많다. 그중에서도 김종오는 비록 굴욕적인 패배도 겪었지만 춘천대첩과 백마고지 전투처럼 국군 전사에 길이 남을 결정적인 승리를 이끌었다. 나는 김종오를 한국전쟁 당시 국군 지휘관들 중 가장 뛰어난 리더십을 보여준 인물로 손꼽고 싶다.

1. 한국전쟁의 미스터리

살면서 상식적으로 이해되지 않는 현상이 벌어질 때 이것을 흔히 미스터리라고 한다. 전쟁 중에도 이런 경우가 종종 벌어지는데 뻔히 다음에 벌어질 일이 확실하게 예견되는 상황에서 예상과 달리 그 일이 일어나지 않을 경우, 특히 그 이유가 정확히 알려지지 않고 추측으로만 추론될 경우 이를 미스터리라고 한다. 가장 대표적인 예 중 하나가 1940년 2차 대전 중에 벌어진 됭케르크 철수작전이다. 독일이 마음만 먹으면 고립된 30여 만의 연합군을 쉽게 처단할 수 있는 상황에서 히틀러가 진격 중지 명령을 내려 위기에 처했던 연합군이 바다를 건너 안전하게 영국으로 탈출했던 사건은 지금까지 두고두고 연구대상이 되고 있다.

한국전쟁에도 이런 미스터리가 있었다. 그중 하나를 고르라면 북한군이 서울 점령 후 대책 없이 허물어져 가던 국군에 대한 추격을 멈추고 도심에서 3일간 지체했던 사건이다. 점령하자마자 새 세상을 열겠다며 인민재판을 열어 피의 학살을 자행했던 그들이 갑자기 자비심이 생겨서 그랬던 것은 분명히 아니었다. 이 사건이 미스터리로 남은 이유는 앞서 언급했듯이 추측만 있고 행위자의 구체적인 설명이 없기 때문이다. 한때는 아군이 많은 희생을 감수하며 한강 다리를 파괴해 북한군이 한강을 건너올 수 없었기 때문이라고 막연히 추측되기도 했다.

하지만 한강 다리 폭파가 더 이상 거론되지 않는 가장 큰 이유는 김포반도로 한강을 넘어와 영등포, 시흥 방면으로 진격한 북한군 제6사단의 예에서 알 수 있듯이 당시 북한군도 빈약하지만 나름대로의 도강장비가 있어서 한강을 건너는 데 그리 큰 문제가 없었다는 사실 때문이다. 더구나 당시 총 3개로 구성되었던 한강철교 중 단지 하나의 교량만 폭파에 성공했을 뿐이어서 북한군이 탱크를 몰고 한강을 도하할 통로는 충분했다. 따라서 한강 철교, 인도교의 폭파작전은 더 이상 미스터리한 북한군 지체 원인의 답변이 될 수는 없다.

오히려 다음과 같은 여러 가지 이유가 북한군이 서울 점령 후 진격을 멈춘 원인으로 거론되고 있다. 그동안 남한에 내재하고 있던 남로당 계열의 봉기를 기다렸다는 의견, 북한군의 역량 문제로 부대 재편과 보급을 하기 위해 그 정도의 시간이 필요했다는 의견, 한국 정부의 투항을 유도하기 위해 시간을 주었다는 의견 그리고 동부전선에서 맞붙은 청성부대의 분전으로 말미암아 북한군의 초기 진격 계획에 차질이 생겨 단절된 전선을 메우기 위해 기다렸다는 의견 등이 있다.

어쩌면 가장 확실한 답은 위에서 언급한 여러 요소들이 복합적으로 작용했다는 주장일 것이다. 그런데 위에서 언급한 의견 중 대부분은 북한 자체의 문제와 관련된 부분이고 마지막 이유만이 외생적인 요인이라 할 수 있다. 특히 그중에서도 직접적인 원인이라고 할 수 있는 청성부대가 이룬 성과는 가히 전쟁의 초기 향방을 결정한, 대단히 의의가 큰 승리였다고 말할 수 있다. 그리고 당시 지휘관 김종오(1921~1966)는 비록 치욕적인 패배도 겪었지만 전략적으로 가장 위대한 승리를 이끈 한국전쟁 최고의 용장이다.

2. 십자군이 아닌 실용주의자가 되라

김종오는 충북 청원 출생으로 일본 주오中央대학에 재학 중이던 1944년 학도병으로 입대했다. 일본으로 공부를 하러 갔지만 가정 형편이 그리 유복한 편은 아니었다고 전해지는데 그가 유학을 결심한 가장 큰 이유는 법률을 공부해 소외받는 동포들의 권익을 향상시키기 위해서라고 한다. 하지만 그 또한 태평양전쟁 말기의 광풍으로부터 자유로울 수는 없었고, 형식상으로는 자원입대였지만 실질적으로는 강제 징용이었다. 견습 사관생도로 훈련을 받은 후 소위로 임관하여 전선에 내몰릴 예정이었으나 다행히 일본의 패망으로 참전하지는 않고 귀국하게 되었다. 해방 다음 해인 1946년 미군정은 이후 국군의 모태가 되는 2만 5,000명 규모의 국방경비대 창설을 발표하면서 기간요원 60명을 뽑는데, 김종오는 여기에 지원해 국군의 창설요원이 되었다. 이

한국전쟁 초기에 춘천에서 북한군의 진격로를 막아 전재의 초기 향방을 결정한 청성부대를 이끈 김종오.

때 동기들과 함께 교육을 받은 곳이 군사영어학교였는데 이곳 출신들이 초창기 군부의 핵심 인맥이 되었다.

그런데 초창기 국군 장성들과 관련된 논의를 할 때 반드시 따라다니는 이슈가 있는데 바로 친일과 관련된 문제다. 2차대전 당시의 독일군 장성들을 논할 때 어쩔 수 없이 나치와의 관계를 한 번 정도 거론하고 넘어가는 것처럼, 당시 국군 창설 구성원 중 많은 수를 차지했던 일본군과 만군* 출신에 대해서 설왕설래가 많은데 종종 단순한 흑백 논리로 많은 인물들을 친일분자로 매도하는 경우가 있다.

하지만 분명히 알고 넘어가야 할 부분이 있다. 당시 미군정은 창군 요원을 광복군 출신, 중국군 출신, 만군 출신, 일본군 출신 등으로 나누어 골고루 뽑았다. 그런데 우려와 달리 해방 전에 분명히 이질적인 집단에 속해 있었고 또는 적대적 입장에 있었던 이들이 하나의 조직으로 뭉치는 데 그리 큰 문제가 없었다. 모두가 해방 조국의 신생 군대를 하루빨리 건설하는 단 하나의 목표를 가졌기 때문에 일제 강점기에 어디서 어떤 경력을 쌓았는지는 크게 문제 삼지 않았던 것이다. 따라서 광복군 출신 위에 일본군 출신이나 만군 출신 인물들이 상사로 있거나 혹은 그 반대여도 크게 문제가 되지는 않았다.

물론 엄격한 도덕적인 잣대를 들이대어 손톱만큼의 친일 행적이라도 있었던 사람들은 등용하지 않는 것이 일제의 잔재를 떨어버리고 잡음 없이 새로운 국가를 만드는 가장 좋은 방법이기는 하다. 그러나 당시의 군부만 보더라도 창군 초기 참모총장을 비롯한 대다수의 지휘관들이 불과 30대의 청년들이었을 만큼 해방 조국에는 인재들이 너무 없었

---

* 일제 강점기 일본의 괴뢰 국가인 만주국의 군대.

다. 해방된 조국에 절박했던 것은 독립할 능력과 힘이었는데 일제는 간악한 통치기간 동안 우리가 자력으로 힘을 축척할 틈도 주지 않아 국가를 새롭게 만들고 튼튼히 할 수 있는 인재와 노하우가 절대적으로 부족했다. 이러한 암울한 현실을 누구보다 잘 알고 있던 창군 주체들은 과거의 출신보다는 능력을 더욱 중요하게 생각했고 이를 굳이 문제시하지 않았다. 오히려 그 당시를 살아보지 못한 사람들이 오늘날의 잣대로만 선과 악을 나누려 하는 것이다.

김종오가 해방 전에 적극적인 친일을 했는지 아니면 소극적으로 시대의 흐름에 묻혀 다녔는지에 대해서 자세히 밝혀진 것은 없고 특별히 이를 파헤쳐 문제 삼은 자료도 없다. 하지만 적어도 한국전쟁 당시 군인으로서의 김종오만 놓고 볼 때 과연 출신을 따져 함부로 비난할 자격이 있는 사람이 대한민국에 있을지 의문이다. 왜냐하면 그 누구도 그가 조국을 위기에서 구하고 누구보다도 열심히 싸웠다는 것을 부인할 수는 없기 때문이다.

3. 폭풍전야

김종오는 1947년 제1연대장이 된 후 1950년 6월 10일 대령의 계급을 달고 중동부전선의 38선 일대를 담당하던 제6사단 사단장으로 부임하게 되는데, 그때 나이가 겨우 29살이었다. 현재는 아무리 관운이 좋다 해도 절대로 사단장이 될 수 없는 터무니없는 나이였지만 당시 채병덕 육군 참모총장이 34살이었으니 역으로 생각하면 신생 국군에 얼마나 인재가 없었는지 미루어 짐작할 수 있는 부분이다. 공식 자료에는 한 줄만 언급되어 있지만 한국전쟁 이전 흔히 벌어졌던 38선 인근의 남북 간 충돌에서 김종오는 혁혁한 전과를 보인 것으로 소개되고 있다. 특히 사단장으로 부임하기 전인 1949년 5월 포천군 사직리에서 있었던 대규모 전투에서는 북한군 1개 대대를 완전 섬멸하는 기습작전을 펼쳤던 것으로 알려져 있다. 일부 자료에 나와 있는 내용을 인용하면 당시 전투의 내용을 어느 정도 유추할 수 있다.

1949년 5월 5일, 춘천에 주둔하던 제6여단 8연대 소속의 강태무, 표무원 소령이 지휘하는 2개 대대 병력이 자진 월북하는 사건이 발생했다. 후에 주동자인 강태무와 표무원은 평양에서 직접 훈련받고 파견된 고위 간첩들이었다고 밝혀졌는데, 비밀이 해제된 구소련의 문서에도 "남한 군대의 붕괴를 위해서 북한 첩보원 2명이 대대장과 장교로 복무했다."라고 기록되어 있었다. 당시까지만 해도 급하게 창군되어 아직 질서가 완전히 확립되지 않았던 국군 내부에 수많은 간첩들이 암약하고 있음은 주지의 사실이었고 이들을 퇴치하기 위해 많은 노력을 기울일 수밖에 없었다.

이 사건에 분노한 국군 수뇌부는 5월 8일 대규모 보복공격을 실시했는데, 사직리에 대대적인 포격을 가한 후 김종오가 이끄는 부대*가 38선 이북 3킬로미터 지점까지 침투해 북한군 1개 중대를 섬멸하는 특공작전을 펼쳤고 기습에 놀란 북한군 1개 대대가 기습을 하고 철수하는 아군을 쫓아왔는데, 이마저 유인해 섬멸한 것이 바로 사직리 전투다. 이렇듯 전쟁 직전까지 38선에서는 남북한 간의 국지적인 충돌이 상당히

* 정확한 단대호는 나와 있지 않으나 아마도 위치상 제7사단 예하부대가 동원되었을 가능성이 크다.

많았는데 이러한 전과 때문인지 북한군의 능력을 과소평가하는 기류가 국군 일부에 형성되었고 이러한 자만심은 국군이 한국전쟁 개전 초기에 커다란 낭패를 보게 했다.

전쟁 발발 직전 김종오가 사단장으로 부임한 청성부대는 춘천 북방의 38선을 담당하고 있던 몇 안 되는 국군의 완편 사단이었다. 당시 국군은 제1·2·3·5·6·7·8사단과 수도경비사령부(전쟁 중 수도사단으로 바뀜)의 사단급 부대가 있었지만 3개 연대와 1개 포병대대로 구성된 완편 부대는 38선을 담당하던 제1·6·7사단뿐이었다. 하지만 당시의 완편 사단은 흔히 3개 연대와 1개 포병연대 및 수많은 직할부대로 이루어진 오늘날의 사단은 물론 당시 북한군 사단과 비교했을 때에도 한없이 민망한 수준이었다. 당시 춘천과 홍천을 담당하고 있던 제6사단의 북한군 상대는 3개 사단으로 이루어진 북한 2군단이었는데 표면상으로만 비교해도 그 차이가 현저했다.

4. 준비된 남침

한국전쟁 발발 직전 38선을 경계로 해서 춘천 북방에는 북한군 제2·7·15사단 및 독립전차연대로 구성된 총 3만 5,000의 제2군단이 포진하고 있었고, 반면 이를 상대할 청성부대는 제2·7·19연대 및 제16포병대대로 구성된 약 1만 명 수준이었는데 병력은 물론 장비까지도 절대 열세여서 화력까지 전력지수로 계량화한다면 북한군이 5~7배 정도의 우세를 점하고 있었다. 굳이 아군에게 유리한 점이라면 38선 바로 아래에 소양강을 비롯한 많은 하천들이 자연적인 천혜의 방어선을 제공하고 있다는 것이었으나, 북한군은 기습 남침을 위한 만반의 준비를 완료한 데 반해 아군은 방어 준비도 제대로 되어 있지 않은 상태였다.

6월 10일 당시 새로 부임한 신임 사단장 김종오 대령은 부대의 인수인계를 겨우 마친 시점이었다. 더불어 방어선의 좌익인 춘천 북방을 담당하던 임부택 중령의 제7연대를 제외하고는 예하부대들도 아직 자리를 잡지 못한 시점이었다. 개전 당시 전선 우익의 인제 지역을 담당하던 함병선 대령의 제2연대는 1950년 6월 20일, 제6사단 배속과 함께 서울에서 인제로 막 주둔지를 옮긴 직후여서 전투가 예상되는 정면의 지형을 숙지하는 것은 고사하고 짐도 풀지 못한 상태로 적의 남침을 맞이하게 되었고 사단 예비였던 민병권 중령의 제19연대도 1950년 5월 1일, 남원에서 공비토벌 후 원주로 이동을 마친 상태였다.

하지만 청성부대는 이러한 시간이 부족하고 시급한 여건에서도 김종오 사단장 이하 전 장병들이 훈련과 준비를 철저히 하고 있었다. 전쟁 직전 대부분의 국군이 경계 상태를 해제하고 휴가를 가거나 모내기 지원을 나간 것과는 대조적으로 청성부대는 전쟁 직전 귀순한 북한군 병사의 증언을 바탕으로 그 경계를 늦추지 않고 진지를 강화했다. 특히 김성 소령이 지휘하는 사단의 주먹인 제16포병대대는 적의 전투력이 모일 주요 접근로상의 예상 거점에 화력을 집중하는 연습을 반복했는데 훈련강도가 군의관까지도 포사격을 할 수 있고 대대 장병들이 훈련이 너무 힘들다는 푸념을 항상 입에 달고 다닐 정도였다고 한다.

나중에 밝혀진 사실에 따르면 개전 초기 북한 2군단은 전선 배후인 화천에 군단 예비인 제15사단을 주둔시키고 자주포부대의 지원을 받는 예하 제2사단이 춘천을, 독립전차연대의 지원을 받는 제7사단이 인제를 돌파해 남침 당일 접수하려 했다. 기갑세력을 인제 방향으로 집중시킨 이유는 돌파할 강폭이 춘천 쪽보다 좁아서 도강에 유리했기 때문이고, 이곳을 거쳐 급속 남하해 홍천을 점령하면 춘천을 뒤에서 포위하는 형국이어서 자연스럽게 춘천도 함락시킬 수 있을 것으로 판단했기 때문이다. 이렇듯 제2군단뿐만 아니라 모든 북한군들이 남침을 위한 만반의 준비와 계획을 완료한 상태였고 1950년 6월 25일 04 : 00시, 전 전선에 '폭풍'이라는 암호명이 하달되자 북한군은 대대적인 포격과 함께 동족의 가슴에 비수를 꽂는 기습 남침을 시작한다.

5. 춘천대첩의 신화

포연이 걷히고 춘천 북방에 북한군 2사단이 출몰하자 상황을 보고받은 김종오는 제7연대장 임부택에게 당황하지 말고 평소 준비한 대로 방어전에 임할 것을 명했다. 제7연대는 즉각 진지에 투입되어 적을 효과적으로 방어해나가기 시작했고 개전 첫날 강력한 아군의 저항에 직면한 북한군은 소양강을 건너지 못하고 38선 부근에서 우왕좌왕했다. 예상외의 저항으로 전선 돌파에 실패한 북한 2사단은 다음날 대대적인 포격 후 예하 제6연대를 북한강 하천부지로 투입시켜 다시 돌파를 시도했다. 그러나 사전에 이곳을 적의 주 침공 통로로 예상하고 그동안 사격훈련을 반복해왔던 청성 제16포병대대의 불벼락이 머리 위로 떨어지기 시작했고, 강 양안이 가파른 절벽으로 되어 있어 도망칠 수도 없었던 북한군들은 차례차례 쓰러져 70퍼센트에 달하는 피해를 입었다. 이는 연대가 해체될 수준의 피해였다.

우익인 인제를 담당하던 청성부대 제2연대의 정면으로 남침한 부대는 전차부대가 증강된 북한 7사단이었다. 제2연대는 배치된 지 일주일도 되지 않아 아직 현지의 지형에 익숙하지 못한 상태였고 제16포병대대가 춘천 방어전에 투입되어 포병의 지원도 받지 못했다. 때문에 춘천의 제7연대에 비해서 고전할 수밖에 없었으나 이러한 불리한 여건에도 불구하고 놀라운 선전을 벌였다. 개전 초기 인제 관대리 일대를 경계하던 제1대대의 경우 3분의 2의 손실을 입었으나 소양강 마노진 나루터에서 적의 남진을 저지해냈고 현리를 방어하던 제3대대도 30퍼센트 정도의 손실을 입었으나 진지 사수에는 성공했다. 특히 전차로 증강된 적의 주공이 양구~신남~홍천 축선을 따라 내려오자 20여 명으로 구성된 제2연대 대전차 특공조는 어론리 아랫다무리 고개에서 적 전차 2대를 파괴했다. 이러한 노력으로 제2연대는 적들의 간담을 서늘하게 만들었으나 약 50퍼센트의 손실을 입었다.

　이러한 청성부대의 강력한 저항에 북한 2군단은 당황했는데 특히 북한 2사단의 춘천 공략 실패는 북한군 계획에 거대한 차질을 불러왔다. 진격로가 막혀버린 북한 2군단은 다음 날 인제 방면으로 진격하던 제7사단과 독립전차연대의 주력을 회군시켜 춘천에 투입하게 되는데 이것은 북한군 전체의 몰락을 불러오는 기폭제가 되었다. 인제 방면으로의 압박이 감소되자 청성 제2연대는 한숨을 돌렸고 마침 원주에서 올라온 사단 예비인 제19연대와 춘천에서 긴급 이동전개한 제16포병대대의 지원을 받게 되었다. 특히 제19연대는 차출된 육탄 11용사가 말고개를 넘어서 전진하는 북한 독립전차연대 소속 전차 및 자주포 10대를 노획 및 파괴하는 전과를 올림과 동시에 후방에 있던 제16포병대대의 M-3곡사포가 일제히 불을 뿜어 말고개에 고립된 북한 7사단과 독립전차연대의 잔류 부대를 괴멸시키는 대승을 거두었다.

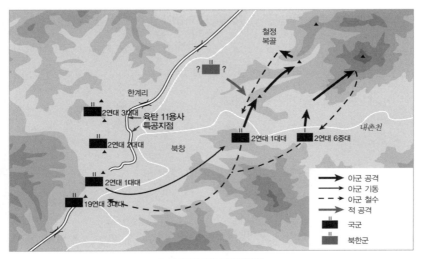

5-1 말고개 전투 피아 배치도

이로써 청성부대는 서부전선의 아군이 서울을 내주고 한강 이남으로 후퇴한 와중에도 동부전선에서 남침한 북한군 전력의 반을 일거에 소멸시켜버리는 대승을 거두었고 6월 29일, 충주로 전략적 후퇴를 단행했다. 이것이 한국전쟁 초기 국군이 거둔 유일한 승리로 춘천대첩이라고 하는데 청성부대가 중과부적 상태에서 이룬 대승으로 그 찬란함이 더하다. 그러나 춘천대첩의 승리는 그 이상의 의미를 담고 있는데 바로 북한의 개전 초기 전략을 완전히 틀어버렸다는 것이다. 원래 북한은 서부전선의 북한군 1군단이 서울을 공략할 동안 2군단이 재빨리 우회 남진해 홍천을 거쳐 수원을 점령함으로써 국군의 주력을 수원과 서울 사이에 가두어 완전히 포위 섬멸할 작전을 구상하고 있었다. 만일 이 작전이 실현되었다면 오늘날의 대한민국은 없었을 것이라고 할 수 있는데 청성부대의 철벽에 가로막혀 북한의 기도가 무산된 것이다. 사단장 김종오의 지휘로 이룬 춘천대첩의 승리는 전쟁 초반 엄청난 승리를 구가

하던 북한군의 전략에 찬물을 끼얹었고 김일성의 분노는 대단했다. 5 : 1 정도의 압도적인 전력으로도 작전에 실패한 책임을 물어 제2군단장과 제2·7사단장을 즉시 경질했고 특히 제7사단은 부대를 해체해 병력 증원 후 제12사단으로 개편해버렸다.

6. 낙동강의 혈전 그리고 북진

낙동강까지 밀려 내려갔을 때 편제를 유지하면서 전투력을 보존했던 국군 부대는 제1·3·6·8사단이었는데 청성부대의 신화로 제1사단이 경부축선을 따라 포위 당하지 않고 후퇴할 수 있었고, 동해 축선이 막힌 제8사단이 청성의 엄호하에 태백산맥을 넘어와 동부전선을 담당할 수 있었다. 결국 청성의 분전은 국군이 초반의 패전에도 불구하고 그나마 보존된 전력을 구원하는 원동력이 되었고 위기에 빠진 대한민국을 수호하는 결정적인 역할을 해 한국전쟁 중에 있었던 그 어느 전투보다도 의의가 크다고 볼 수 있겠다.

김종오가 지휘한 제6사단은 후퇴전에서도 특유의 뚝심을 발휘했다. 충주축선을 따라 일사불란하게 후퇴하던 청성부대는 충주, 수안보, 음성 등에서 수시로 반격을 가해 이를 갈며 뒤쫓아 오던 북한군을 당황하게 했다. 특히 음성의 무극리, 동락리에서 북한군 제15사단을 불시에 기습해 적 2,186명을 사살하는 대승을 거둠으로써 전선 중앙부의 북한군 전력을 일시적으로 공백 상태로 만들었다. 한마디로 당시 청성부대는 후퇴는 있어도 패배를 모르는 부대였고 국군의 자부심이었다. 당시 춘천의 패전으로 개전 초기에 숙청된 김광협의 후임으로 북한군 제2군단장이 된 김무정이 했던 말을 보면 그 이유를 알 수 있다. "6사단을 박살내야 한다. 남조선 사단 중에 사단은 그것 하나다. 그것만 잡아 족치면 우린 중부 이남을 확 쓸어버릴 수 있다. 밀어 족쳐서 6사단을 격멸하고 사단장을 포로로 잡아 오라."

낙동강에 최후의 방어선이 구축되었을 무렵 청성부대는 신령을 중심으로 하는 돌출부를 담당했고 지금까지 그래왔듯이 북한은 청성부대를 넘을 수 없었다. 음성에서 굴욕을 겪으며 이를 갈던 북한군 15사단은 물론 함께 협공에 나섰던 북한군 8사단도 청성부대의 강력한 방어망에 걸려 신령에서 더 나아가지 못했고 그렇게 1950년의 뜨거웠던 여름은 지나가고 있었다. 그리고 김종오는 이러한 공적을 인정받아 1950년 7월 15일 준장으로 진급한다.

1950년 9월 15일, 한국전쟁의 향방을 바꾼 결정적인 사건이 인천에서 벌어졌다. 피로써 낙동강을 막아내던 위기의 순간에 적의 뒤통수를 강타해 순식간에 전세를 역전시켜버린 작전이 성공한 것이었다. 바로 인천상륙작전으로, 이 작전과 동시에 국군은 낙동강가의 진지를 박차고 나와 반격을 개시했다. 김종오가 지휘하는 청성부대 또한 이런 감격스런 행군에 앞장서서 나아가기 시작했다. 청성부대는 피눈물을 흘리며 후퇴했던 그 길을 그대로 거슬러 올라 북진을 했고 충주, 원주를 거쳐 10월 3일에는 대첩의 현장이었던 춘천에 다시 발을 들여놓았다. 그렇지만 이것으로 청성부대의 복수극이 끝난 것은 아니었고 이제부터는 통일을 위한 거대한 진군을 개시해야 했다. 10월 6일, 청성부대는 개전 당시 불발탄으로 인해 파괴하는 데 실패했던 38선상의 모진교를 넘어 북으로 내달렸다.

북진에 나선 청성부대는 유재홍이 지휘하던 국군 2군단에 속해 전

인천상륙작전으로 인천에 상륙한 다음날 수륙양육함에서 내리는 미군.

선의 우익을 담당했다. 당시 북진에 나선 유엔군은 평안도 지역을 담당할 미 8군과 별도의 지휘권을 부여받아 독자적으로 작전을 펼쳐 함경도 지역을 점령할 미 10군단으로 분리되어 있었다. 미 8군은 미 1군단, 미 9군단, 국군 2군단으로 구성되어 있었는데 미 9군단은 아직 38선을 넘지 못한 채 후방을 담당하던 상태여서 미 1군단과 국군 2군단이 전선 대부분을 담당하고 있었다. 이때 청성부대는 화천에서 김화를 거쳐 신고산, 덕원을 통과해 성천으로 진격했는데 지리적으로 한반도의 정중앙을 따라 북진했다. 그리고 10월 20일 순천으로 진격해 적의 예상 퇴각로에 낙하하여 후퇴 길목을 차단한 미 187공수연대와 연결에 성공함으로써 돌파구를 확대했다. 그러나 여기까지였다.

7. 무엇이 실패로 이끌었는가

북한은 순식간에 낙동강까지 밀고 내려와 3개월간 공세를 지속하면서 위협을 가했지만 우리는 38선 이북을 한 달 정도 휘젓고 올라갔다가 제대로 된 전선도 구축하지 못한 채 왕복달리기의 반환점을 돌듯이 뒤로 돌아 도망쳐 나오기 바빴다. 우리는 일반적으로 중공군의 대규모 개입 때문에 통일을 목전에 두고 후퇴할 수밖에 없었다고 알고 있는데, 물론 이러한 중공군의 개입은 한국전쟁이 새로운 국면으로 전환하는 시발점이 된 것은 사실이지만 북진 실패의 모든 원인이 될 수는 없고 엄밀히 말하면 사실 그건 핑계에 지나지 않는다.

막연히 100만 중공군 운운하지만 최근 밝혀진 사료에 따르면 유엔군이 후퇴에 들어가기 직전인 1950년 11월 당시 공산군은 총 42만이었는데 중공군이 30만, 북한군이 12만 정도였다. 반면 아군은 국군이 22만, 미군이 18만, 기타 유엔군이 2만 정도인 총 42만으로 공산군과 같은 수준이었다. 게다가 오히려 제공, 제해권은 유엔군이 가지고 있었고 화력과 보급 또한 유엔군이 우세를 보였다. 다시 말해 중공군의 참전으로 공산군의 전력이 강화되었지만 그렇다고 인해전술로 운운하는 것처럼 압도적인 병력의 우위를 보일 만큼의 수준은 아니었다. 비슷한 병력을 가지고도 전선을 구축해 제대로 대항해보지도 못하고 속절없이 무너졌다면 결론적으로 실패의 가장 큰 원인은 당시 유엔군이 채택한 잘못된 북진방법에서 찾는 것이 맞다.

당시 북진 상황은 한마디로 내가 1등만 하면 되는 선착순 달리기였다고 말할 수 있다. 물론 당시 유엔군 수뇌부도 나름대로의 복안이 있었겠지만 지금까지 공개된 자료와 당시의 상황을 살펴보면 한마디로 조급증에 휘말린 어처구니없는 작전이었다는 결론에 쉽게 도달할 수 있다. 각각 분리된 지휘권을 가진 미 8군과 미 10군단의 경쟁도 그랬지만 노*대통령의 '평양은 국군이 먼저 점령해야 하는데'라는 당부에 부화뇌동하여 국군 7사단이 갑자기 방향을 바꿔 전선의 중앙을 텅텅 비워버린 채로 평양으로 진격했던 것처럼 북진 당시의 모습은 지휘체계 자체가 제대로 되어 있지 않았고 부대 간의 협조도 미흡했다. 오로지 한만국경을 향한 무제한 레이스였고 이러한 비정상적인 질주는 전선을 갈가리 분리시켜 거대한 틈을 만들어버렸다.*

스스로 만든 전선의 틈으로 생각지도 못한 중공군이 출몰하자 순식간에 배후가 차단되었고 아군은 각개격파 당했다. 전선을 붙여 아군끼리 제대로 협조만 했다면 충분히 중공군을 물리칠 수 있었겠지만 이리저리 분리되어 떨어져 있던 아군은 그들을 당해낼 수 없었다. 따라서 각개 부대별로 서로 떨어져 앞으로 나간 아군에게는 뒤에 갑자기 등장한 중공군이 많아 보일 수밖에 없었고 순식간에 전투의지가 소멸되었다. 한마디로 아군의 방심이 만든 어처구니없는 결과였지만 안타깝게도 지금까지는 중공군에게서 핑계를 찾아왔고 여기에 대해 특별히 문제 삼지도 않았다. 하지만 우리의 북진이 제대로 된 방법으로 이루어졌다면 설령 중공군 때문에 북진이 실패했더라도 최소한 1.4후퇴 같은 어처구니없는 몰락은 막을 수 있었을 것이다.

---

* 당시 평양을 향하여 진군하던 부대는 미 1군단이었는데 예하의 미 기병 1사단과 국군 1사단이 두 개의 축선을 나누어 나란히 병진하고 있었다. 그런데 국군 2군단을 지휘하던 유재흥이 이승만 대통령의 의중을 알고 예하 7사단으로 하여금 진격방향을 틀어 평양으로 가도록 명령했는데 이는 있어서는 안 되는 일이었다. 7사단의 갑작스런 등장에 미 8군 사령관 워커는 물론 평양을 선점하고 있던 국군 1사단장 백선엽도 전선 전체를 무너뜨리는 이기적인 돌출 행동이라고 질타하며 군법에 회부하겠다고 분노했다.

8. 압록강의 감격과 허무한 결말

청천강을 넘은 유엔군은 앞만 보고 한만 국경으로 달려가고 있었다. 신중했던 미 해병 1사단장이던 스미스 정도를 제외하고 대부분은 하루빨리 압록강에만 도달하면 그것으로 전쟁은 끝날 것으로 생각하고 있었다. 이런 무제한의 레이스에 참가해 선두를 달린 부대가 바로 청성부대였다. 춘천대첩의 주역인 청성 제7연대는 희천을 점령한 후 1950년 10월 26일 북한군 잔당의 간헐적인 저항을 물리치고 한반도의 최북단 초산에 발을 들여놓았다. 그리고 2시간을 더 북진한 14시 15분, 선발 1대대가 드디어 꿈에 그리던 압록강에 도달해 감격스럽게 수통에 물을 담았다. 이 내용이 대대적으로 보도되자 후방의 모든 국민은 통일이 된 것으로 여기고 감격했다.

그런데 바로 이 시점, 북진을 독려하던 사단장 김종오는 불의의 차량 사고로 후송되는 불운을 겪었다. 그것은 암울한 징조였다. 이미 1950년 10월 19일부터 은밀히 압록강을 넘은 중공군은 한반도 북부 깊숙이 소리 죽여 남하하고 있던 중이었다. 제38·39·40군(서방 측 개념으로 군단)으로 이뤄진 선발 참전부대는 10월 24일 이미 투입을 완료한 시점이었고 그중 제38군은 청성 제7연대가 강가로 달려가고 있을 때 이미 초산의 깊은 산속에 매복하고 있던 중이었다. 중공군은 제7연대가 예상보다 빨리 초산으로 다가오자 교전을 벌일 경우 배치 중에 있는 주력이 발각될 위험이 있다고 판단해 제7연대가 계속 전진하도록 방치했고 제7연대는 아무것도 모르고 점점 늑대들이 숨어 있는 동굴 안으로 들어갔다.

드디어 10월 25일 아침, 준비가 완료된 중공군은 승리에 도취되어 북진 중이던 유엔군을 향해 전 전선에서 일제히 공격을 개시했고 이러

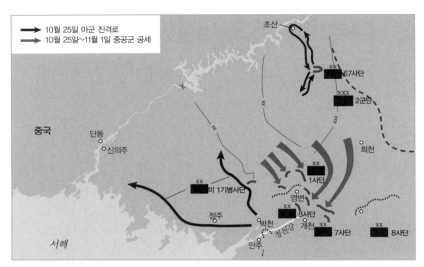

5-2 1950년 10월 25일~11월 1일 중공군 1차 공세 부대 간 연결이 단절된 채 무조건 앞으로 내달린 북진의 결과는 참혹했다. 벌어진 틈으로 남하한 중공군이 반격에 나서자 아군은 속수무책으로 무너져 내릴 수밖에 없었고 국경까지 진출했던 청성부대의 피해는 특히 심했다.

한 급속한 전황의 반전으로 국경에 도착한 지 만 하루도 안 된 10월 27일 정오, 긴급 철수하라는 명령이 내려졌다. 하지만 퇴로마저 중공군에게 점령당한 상태였고 무제한 북진 레이스 때문에 우측에 분리되어 있던 제2연대도 중공군에게 포위당해 서서히 무너지고 있었다. 병상 중에 있던 김종오는 "휴대할 수 있는 전투 장비를 제외한 모든 장비를 파괴 또는 소각하고 최선의 수단을 다해 탈출하라."는 명령을 내렸는데, 이는 결국 도와줄 방법이 없으니 각 연대는 알아서 탈출하라는 의미였다.

11월 6일, 초산의 포위망을 뚫고 사선을 넘어 개천읍으로 퇴각에 성공한 6사단 병력은 절반 정도였고 장비는 거의 잃어버린 상태였다. 한국전쟁 내내 최고의 전투력을 보여주어 북한군을 공포에 떨게 만든 청성부대는 유엔군 최초로 수통에 물을 담는 대가치고는 너무 참담한 반대급부를 얻었다. 온 국민에게 통일의 꿈을 꾸게 했던 6사단의 북진은 일장춘몽이 되어 악몽으로 바뀌게 되었고 눈물의 후퇴가 시작되었다. 그러나 비록 청성부대가 끔찍한 피해를 입고 김종오 사단장도 굴욕을 맛보았지만 당시의 상황을 고려한다면 이 일을 단지 6사단만의 잘못으로 단정 지을 수는 없다. 미 2사단 같은 경우도 부대 해체를 심각하게 고려할 만큼 심각한 타격을 입었는데 한마디로 누가 누구를 도와줄 형편이 되지 못할 만큼 전 전선이 돌파당하고 있었다. 이것은 한마디로 북진 방법을 잘못 택한 유엔군 최고 지휘부의 책임이었다.

9. 전장의 변화와 이동

병상에서 이를 악물고 진두지휘했지만 김종오의 노력만으로 사단의 붕괴를 막을 방법은 없었다. 아니 1950년 겨울의 악몽은 각개 부대의 노력만으로 사태를 해결할 수 있는 범위를 벗어났다. 이듬해 1월 4일, 다시 한 번 서울을 적에게 내주고 후퇴에 후퇴를 거듭한 유엔군은 평택~강릉선에 강력한 방어막을 형성해 공산군의 진격을 멈추게 했다. 사실 중공군은 보급에 문제가 많아 더 이상 남진하기 힘든 상태였는데 이를 재빨리 간파한 신임 미 8군 사령관 리지웨이는 곧바로 강력한 화력을 발판 삼아 전선을 다시 38선 인근까지 밀어붙였다. 한반도가 그리 크지는 않지만, 그렇다고 해도 9개월 동안 상대방의 수도를 한 번 이상씩 점령한 전쟁은 전사에서 찾기 힘들 만큼 한국전쟁 초기의 전황은 상당히 극적이었다.

숨 돌릴 틈도 없었던 후퇴 상황이 종료되고 어느 정도 전선이 안정을 되찾아가던 1951년 3월 국군은 대대적인 인사 개편을 단행하는데 이

때 부상에서 회복한 김종오는 청성부대를 떠나 제3사단장으로 부임한다. 김종오가 신임 사단장으로 부임한 백골부대는 1950년 10월 1일 38선을 최초로 돌파해 그날이 '국군의 날'이 되도록 만든 전통을 세운 부대이기도 했다. 당시 백골부대는 제3군단에 속해 있었고 군단장은 군사영어학교 동기로 비슷한 시기에 새로 부임한 유재흥이었는데 그는 공과에 비해 관운이 대단히 좋았다. 유재흥은 낙동강 방어전에서 공을 세우기는 했지만 개전 초기에 7사단, 북진 시 2군단을 패전으로 이끌어 연속으로 해체당하도록 만든 인물이었음에도 특별한 문책도 없이 3군단장으로 영전했다.

당시 3군단은 국군 3·9사단으로 구성되어 강원도 인제를 중심으로 한 지역을 담당하고 있었고 좌익은 미 10군단, 태백산맥 너머 우익은 국군 1군단이 연결하고 있었다. 그런데 그때까지 국군은 중공군에 대한 노이로제가 극심했다. 심야에 사방으로 침투하여 꽹과리와 피리를 불어대는 중공군의 심리전에 말려들어 상황파악도 제대로 못하고 쉽게 전의를 상실한 채 무너지기 일쑤였다. 더구나 참전 초기부터 국군이 부지불식간에 보여준 이런 행태를 간파한 중공군은 이후 미군보다는 국군이 담당한 섹터*로 돌파구를 만드는 전술을 자주 구사했다. 사실 당시의 중공군은 보급에 상당한 문제가 있어 보통 5일 이상 공세를 지속하기가 힘들었다. 따라서 중공군에게 포위를 당해도 결사적으로 항전하기만 한다면 화력이 앞선 아군이 이를 격퇴할 가능성이 컸다.

실제로 가평 전투 등에서 보여준 영연방군의 놀라운 저항은 압도적으로 우세했던 중공군을 붕괴시켰다. 하지만 국군은 심야에 산속에서

---

* 단위 부대가 책임지고 방어하도록 할당된 작전 지역.

들려오는 중공군의 꽹과리와 피리 소리만 들리면 급격히 전의를 상실하고 도망가기에 바빴다. 엄밀히 말해 국군이 중공군에 대한 노이로제를 극복한 것은 1951년 5월 말에 있었던 용문산 전투의 승리부터라고 보는 것이 맞다. 이와 같이 중공군에 대한 거부감이 극심했던 국군이 농락당한 시기는 적의 전술을 제대로 파악하지 못한 중공군 참전 직후인 1950년 10월부터 1951년 5월 이전까지인데 그중 최악으로 굴욕을 겪었던 사건이 바로 현리 전투였다. 대상은 국군 3군단이었고 김종오는 이 전투에서 결코 지우기 힘든 일생일대의 치욕을 당한다.

10. 현리에서의 굴욕

중공군 21개 사단을 주력으로 하는 공산군은 5월 15일 인제 지역으로 주공을 16일에는 가평 지역으로 조공을 투입시켜 대공세를 감행하는데, 이른바 5월 대공세가 시작된 것이다. 인제 지역으로 돌입한 주공은 미 10군단과 국군 3군단의 전투 지경선을 따라 급속 돌파해 그 간극을 점점 넓혀나갔다. 이때 중공군 60사단 178연대 소속의 1개 중대가 하룻밤 사이에 30킬로미터나 되는 산길을 뚫고 들어와 후방의 전략적 거점인 오마치 고개를 점령해버렸는데 이것은 국군 3군단의 붕괴를 가져오는 전주곡이 되었다. 그러나 문제는 오마치 고개가 3군단의 배후를 연결하는 유일한 통로이기는 하지만 설령 이곳이 차단되어도 고립을 뜻하지는 않았다는 사실이다.

보급과 화력 지원은 공중을 통해 충분한 상황이었고 마음만 먹으면 오마치 고개를 되찾는 것도 문제가 되지 않을 상황이었다. 문제는 전투의 패배 자체보다도 병사들이 후방 퇴로가 차단되었다는 사실 하나 때문에 순식간에 공황상태에 빠져들었다는 것인데, 전투에 임하는 부대가 퇴로를 먼저 생각하고 있었다는 것 자체가 그만큼 전투의지가 없었다는 의미이기도 하다. 3군단은 총 한 번 제대로 쏴보지도 못하고 귀중한 장비를 내팽개치고 후퇴했다. 일부 장교들도 이 대열에 동참해 계급장을 떼고 도망가기 바빴는데 이는 "군기 빠진 오합지졸들의 나 살기 경쟁이었다."라고 미 전사에 기록돼 있을 만큼 한국전쟁 초기에 전력의 열세로 낙동강까지 밀려 내려갈 때에도 보지 못한 한심한 패전이었다.

전세가 급속히 악화되고 3군단의 붕괴가 전체 전선에 압박을 가져오게 되자 미 8군 사령관 밴플리트는 전략 예비인 미 3사단과 미 187공수연대를 붕괴 지역의 배후 전략 거점인 운두령으로 긴급 전개시킴과 동시에 동해안의 국군 1군단에게 대관령을 선점하도록 지시해 중공군의 대공세를 가까스로 틀어막았다. 국군 3군단이 무기력하게 저항력을 상실하자 중공군들은 집요한 추격을 계속했는데, 국군 3군단은 3일 동안 70킬로미터를 대책 없이 밀려나서야 겨우 부대를 수습할 수 있었다. 5월 19일~20일까지 수습된 병력은 3사단이 34퍼센트, 9사단이 40퍼센트 정도였으며, 미군의 긴급투입으로 겨우 전선을 안정화시킨 5월 27일이 되어서야 70퍼센트 정도의 병력과 30퍼센트 정도의 장비를 수습할 수 있었다.

당시 제대로 된 방어 한 번 펼치지 못하고 무질서한 붕괴로 전체 전선을 위기로 몰고 갔던 3군단의 한심한 패전에 대해 미 8군 사령관 밴플리트의 분노는 대단했다. 브라임Paul F. Braim이 쓴 밴플리트의 전기 『승리를 위한 의지―장군 밴플리트의 생애WILL TO WIN : The Life of General James A. Van Fleet』에는 다음과 같은 내용이 나와 있다.

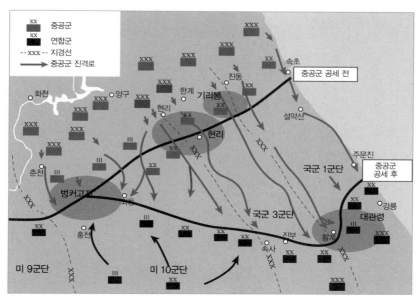

5-3 현리 전투 현리 전투는 국군 역사상 가장 치욕적인 패배로 전선 전체에 후퇴를 유도할 만큼 치명적인 돌파구를 적에게 허용했다. 그런데 더 큰 문제는 제대로 싸워보지도 못하고 최고 지휘부부터 말단 병사까지 우왕좌왕하며 도망만 다니다가 끝난 전투라는 점이다. 결국 이러한 한심한 패배로 인하여 3군단은 부대가 해체되는 치욕을 당했다.

"유 장군, 당신의 군단은 지금 어디 있소?"라고 밴플리트가 질문하자, 이에 유재흥은 "잘 모르겠습니다."라고 대답했다. 그러자 밴플리트는 "당신의 예하 2개 사단은 어디 있소? 모든 포와 수송 장비를 잃었단 말이오?"라고 다그쳤다. 이에 유재흥이 그렇다고 대답하자 밴플리트는 3군단을 즉시 해체해버렸다.

결국 유재흥은 1년 동안 부대를 세 번이나 해체당하는 인물이 되었다. 또 이 전투를 계기로 극도로 한국군을 불신하게 된 미군은 비록 작전권을 인수받았지만 국군의 자존심을 고려하여 육군본부를 통해 간접적으로 지휘하던 그동안의 방침을 폐지하고 단위 부대를 직접 지휘하게 되었다.

11. 치욕과 반성

현리 전투 패배는 그냥 패배가 아니라 비참한 패배였고, 작전상 후퇴가 아닌 도망이었으며, 모두를 위험에 빠뜨릴 수 있었던 한심한 붕괴의 극치였다. 그것은 국군 전체에도 씻을 수 없는 참담한 오명을 남겼지만 전투의 당사자였던 김종오에게도 참을 수 없는 치욕이었다. 더구나 초산에서의 악몽을 겨우 털고 새롭게 시작하려는 그에게 닥친 이런 무지막지한 상황은 차마 믿을 수 없는 현실이었다. 한국전쟁이 발발한 직후 김종오와 그가 지휘했던 부대는 그야말로 북한군에게 타도 대상 1순위에 해당되는 저승사자와 같은 무서운 존재였다. 그런 그가 중공군이라는 새로운 적을 맞아 두 번의 참패를 기록한 것이다.

오히려 초산에서의 굴욕은 어쩔 수 없었던 시대의 상황으로 치부해 버릴 수 있고 일방적으로 비난하기 힘든 불가항력적인 측면도 있었지만 현리의 패배는 두말할 것 없이 본인의 책임이 컸다. 우선 제대로 된 명령이 서지를 않았다. 아무리 사단장이 선두에 서서 사수를 외쳐도 한번 겁먹은 장병들은 무기를 내팽개치고 도망가기에 바빴으며, 그것은 중간 간부들도 마찬가지였다. 사실 1951년 봄에 편제된 한국군의 질은 형편 없었다. 한국전쟁 초기의 병력은 낙동강 방어선까지 밀리면서 싸웠기 때문에 전투 경험은 풍부했으나 많이 소진된 상태였고, 북진과 더불어 새로 징집된 병사들은 제대로 훈련도 받지 못한 상태로 전선에 투입되어 경험이 부족한 상태였다. 하지만 설령 그렇다 하더라도 제대로 싸워보지도 않고 도망만 다닌 현리의 굴욕은 김종오를 당황하게 만들었다.

바로 그때 침체에 빠져 있던 국군에게 용기를 불어넣어주고 교훈으로 남을 기념비적 전투가 벌어졌다. 1951년 5월 18일부터 28일에 걸친 용문산~파로호 전투에서 한때 그가 지휘했던 청성부대가 장도영 사단장의 지휘하에 3개 사단으로 구성된 중공군 63군을 완전히 수장시키는 엄청난 대승을 거둔 것이다. 그것도 바로 직전인 4월에 사창리에서 있었던 굴욕의 패배를 극복하고 한 달 만에 이룬 성과였다. 승리의 요인은 간단했다. 바로 심리적인 공포감을 극복할 수 있는 정신력 배양과 끊임없는 훈련, 그리고 지휘계통의 확립이었다. 비록 병력 면에서는 중공군이 우세했지만 아군은 제공권과 화력에서 이를 충분히 능가했다. 오히려 유엔군의 화력에 대해 중공군이 겪은 공포감은 국군이 느꼈던 심리적 콤플렉스를 능가할 정도였다.

그만큼 설령 초전에 아군이 포위되더라도 신념을 가지고 버티면 이길 가능성이 충분히 있었다. 미군이 성공한 장진호 전투와 지평리 전투, 영연방군의 가평 전투는 이미 이를 입증했고 국군 청성부대는 우리도 할 수 있다는 자신감을 가졌다. 냉철했던 김종오는 이러한 사실을 충분히 인식하고 자신의 과오를 두고두고 곱씹었다. 복수의 날을 위해 와신상담하던 그는 1952년 5월 30일 철원 지역을 담당하고 있던 제9사단 사단장으로 부임한다. 임지에 가기 전 김종오 사단장은 9사단의 상급부대장인 미 8군 사령관과 미 9군단장을 만났는데 그들은 한결같이 9사단 관할 지역에 있는 395고지의 전략적 중요성에 대해 언급했다. 바로 피의 현장으로 역사에 기록되는 백마고지였다.

12. 복수의 기회

이승만 대통령은 자나 깨나 북진통일을 노래했지만 1952년이 되었을 때에는 유엔군도 공산군도 1950년 6월에서 1951년 5월 사이에 있었던 기동전을 다시 시도해 상대를 완전히 제압하고 전쟁을 끝낼 생각은 전혀 없었다. 암묵적으로 전쟁이 일어나기 전과 비슷한 현재의 전선에서 휴전을 하려는 시도만 있었고, 때문에 전투도 휴전을 했을 때 유리한 위치를 점하는 방향으로 진행되었다. 바로 평시나 전쟁 재발 시 상대를 감시하기 쉬운 고지를 선점하기 위한 고지전이 되었는데 마치 1차대전의 서부전선과 같은 모습으로 전선이 변화되었다. 아군이건 적군이건 고지를 선점하면 참호를 깊게 파서 상대의 공격을 막았고 반대로 고지를 빼앗기면 다시 찾기 위해 어떠한 노력도 아끼지 않았다.

백마고지가 특히 전략적으로 중요했던 이유는 특유한 위치의 특징 때문이었다. 아군이 백마고지를 점령한다 하더라도 북쪽에는 백마고지를 내려다보는 더 높은 고지들이 많아 전술상 크게 유리한 측면은 없었지만, 반대로 적군이 백마고지를 차지하면 철원~김화로 이어지는 전선을 모두 적에게 내주고 아군은 약 15킬로미터 정도 뒤로 물러나야 하는 위치였다. 그런데 아이러니하게도 백마고지를 놓고 싸우게 될 중공군은 초산에서 청성부대를 붕괴시켰던 제38군이었다. 김종오가 반드시 복수해야 할 대상을 외나무다리에서 만난 것이다. 적 38군은 여타 중공군 부대와 달리 백마고지 전투를 위해 오랫동안 후방에서 교육받았고 소련식으로 완편된 포병을 가져 화력도 막강했다.

그만큼 적도 백마고지를 차지하기 위해 최선의 준비를 마친 상태였다. 제112·113·114사단으로 구성된 적군의 병력은 국군 9사단의 3배에 이르렀고 아군에게 유리한 상황이라면 제공권과 후방 화력 정도였는데, 문제는 피아가 뒤엉켜 싸우는 고지전에서는 이러한 화력 지원이 제한적일 수밖에 없었고 때문에 화력을 집중시킬 타이밍이 승리의 관건이었다. 복수의 기회를 엿보던 사단장 김종오는 결코 지난날을 잊지 않았다. 그는 그동안 체득하고 수집한 중공군의 전술을 달달 외울 정도로 예하 장병들을 철저히 교육시켰다. 더불어 주로 밤에 작전을 행하는 중공군의 특성을 고려해 야간 사격 및 백병전 훈련도 지겹도록 반복했다. 그리고 모든 참호는 유개호有蓋壕화 했고 부상병 발생 시에 이를 후송하기 위해 전력이 이탈되지 않도록 전선에 부상병을 일시적으로 대피시킬 수 있는 시설까지 구축했다.

1952년 10월 6일, 적이 발사한 포탄이 백마고지를 선점하고 있던 아군 진지에 작렬하면서 백마고지의 피의 전투가 개시되었다. 여러 시간에 걸친 포탄의 비가 그치자 중공군이 고지를 향해 새까맣게 진격해 왔고 포격에서 살아남은 아군은 죽기 살기로 이들을 물리쳤으나 최초 방어에 실패해 중공군에게 고지를 내줄 수밖에 없었다. 하지만 그것은 끝이 아니고 시작이었다. 아군도 즉시 반격에 나서 적을 향해 불벼락을 퍼붓고 고지를 향해 전진했다. 다만 김종오는 최대한 불필요한 사상을 막고 전투력을 유지시키기 위해 예비대를 적절히 활용해 순차적으로 작전에 투입시켰다. 하지만 설령 그렇다 하더라도 아군의 희생을 완전히 막을 수는 없었다. 백마고지는 아군과 적들이 흘린 피로 뻘겋게 물들어가고 있었다.

13. 백마고지의 혈전

1952년 6월부터 모든 전선에서 전개된 고지 쟁탈전은 일반적으로 공산군의 선공으로 시작되었다. 사실 최종적으로는 엉켜서 싸우는 경우가 많아 근접화력지원이 힘든 고지전은 두말할 필요 없이 인원이 많은 쪽이 유리하다. 때문에 아군의 경우 반드시 고수할 필요가 있는 고지만 선별적으로 탈환에 나서고 그렇지 않으면 아군의 손실을 막기 위해 아예 포기했다. 그러나 백마고지는 반드시 사수해야 할 전략 요충지였고 당연히 피를 쏟아부어야 했다. 1952년 10월 6일부터 장장 열흘에 걸친 전투로 무려 12차례 쟁탈전이 벌어졌고 7번이나 고지의 임자가 바뀌었다. 해발 400미터도 되지 않는 작은 고지를 점령하기 위해 양측이 퍼부었던 포탄만 해도 무려 30만 발 정도로 추정되고 하루 동안에 주인이 뒤바뀐 경우도 있었다. 그러나 아군의 인내심은 중공군을 압도했고 이런 놀라운 제9사단의 모습에 중공군은 서서히 질려갔다.

전쟁 초기부터 일부 국군 장성들이 남발한 무조건 돌격 같은 무리한 작전을 김종오는 철저히 배격했다. 그는 비록 일본군 출신이기는 했지만 효과가 미미한 무식한 사무라이식 돌격이 효과적인 전술이 아님을 잘 알고 있었고 이를 혐오했다. 백마고지 전투 중 김종오가 참모들과 나눈 이야기가 전사에 전한다. "이런 식으론 백마고지를 지키는 것이 불가능하다. 만일 한 번 더 고지를 빼앗기게 되면 아군을 안전지역으로 완전히 빼 대피시킨 다음 최대한 모든 화력을 집중시켜 적을 일거에 궤멸하고 재점령하여 다시는 빼앗기지 않는 작전을 세운다. 적이 회복하기 힘들 만큼 최대한의 출혈을 강요해 전투의지를 꺾어버리도록 하겠다."

김종오는 아군의 장점이 무엇인지 잘 알고 있었다. 김종오는 미군의 화력만 제때 동원하면 아군의 피해를 최소화하면서 적에게 충분히 타격을 줄 수 있을 것으로 예상하고 사전에 미 9군단 사령관과 담판을 지어 9사단이 전투에 임했을 때 포병 지원이 절대 부족하지 않도록 조치해놓은 상태였다. 당시 국군 지휘관들은 나이로도 아버지뻘이 되고 군

경력도 엄청 차이나는 미군 장군들에게 기를 펴지 못하는 경우가 대부분이었는데 김종오는 백마고지 전투를 준비하면서 미 9군단장이던 젠킨스Reuben Ellis Jenkins 중장을 윽박질러(?) 무제한으로 지원해주겠다는 답변을 얻어냈었다. 이때 젊은 한국군 장성의 호기를 높게 샀는지 젠킨스는 약속대로 김종오가 원할 때 지원을 아끼지 않았다.

결국 10월 15일, 9사단의 놀라운 분투에 중공군이 백기를 던졌다. 사실 중공군 최강 38군은 지구에서 사라졌다고 할 수 있을 만큼 더 이상 투입할 가용자원도 없었다. 고지 주변에서 확인된 숫자만도 무려 1만 4,389명의 중공군이 전사했는데 이는 38군의 60퍼센트 정도였고 부상자까지 따져보면 38군은 전투를 지속한다는 것 자체가 불가능했다. 물론 아군의 피해도 컸다. 3,146명의 국군이 고지를 탈환하고 지키기 위해 희생당했다. 하지만 한국전쟁 내내 국군이 이렇게 엄청난 희생을 각오하고 대대적인 승리를 거둔 경우도 그리 많지 않다. 산의 높이가 1미터 낮아졌을 정도로 고지는 황폐화됐는데 능선의 모습이 마치 말 등처럼 생겼다 하여 이후 백마고지로 명명되었고 9사단은 백마부대라는 영광된 호칭을 얻었다. 백마고지 전투를 승리로 이끈 김종오는 초산에서의 원통함과 현리의 망신을 일거에 회복했는데 특히 백마부대는 현리 전투에서 백골부대와 함께 굴욕을 당한 부대이기도 했다. 백마고지 전투의 후유증이 얼마나 컸던지 중공군이 더 이상은 피를 퍼붓는 고지전에 매달리지 않도록 만들어버렸다.

14. 호국의 간성

한국전쟁 기간 동안 커다란 전투가 많았는데 김종오는 그때마다 당사
자로 굵은 획을 그었다. 전쟁 초기의 춘천대첩과 전쟁 말기의 백마고지
전투는 길이 빛날 위대한 승리였고 전략적 효과도 컸다. 더불어 충주,
음성, 신령에서 보여준 방어전은 놀라운 지략 싸움이었다. 반면 초산에
서의 패배는 아쉬움으로, 현리의 망신은 믿지 못할 참담함으로 기록되
었다.

한국전쟁 당시 대표적인 국군 명장을 거명하라면 제일 먼저 손꼽는
것이 다부동 전투와 평양 점령작전을 이끌었던 상승장군 백선엽과 김
종오다. 백선엽의 경우는 전쟁 초기부터 미군들이 함께 싸우기를 원하
는 국군 장성이었을 만큼 신뢰를 받던 지장인데 적을 일순간에 궤멸시
킬 만큼 커다란 승리를 거두지는 않았지만 위기의 순간에도 부대의 존
립을 걱정할 만큼 특별한 패배도 하지 않았다는 특징이 있다. 그에 비하
면 김종오는 대체로 '모'라고 할 만한 전투도 많았지만 어처구니없이
'도'도 던졌던 장군이다. 아마 세계 전사를 뒤져보아도 한사람의 지휘
관이 이렇게 극과 극을 오가며 굵은 발자취를 남긴 경우는 그리 많지 않
으리라 생각되는데 현리의 아픔보다는 춘천과 백마고지의 영광이 더욱
컸다. 그는 종전 후 군단장, 군사령관, 육군참모총장, 합참의장 등의 요
직을 고루 걸친 후 육군대장으로 전역했으나 1966년 불과 45세의 젊은
나이에 지병으로 타개했다.

당시 부관이었던 진종채는 "완벽주의자에 가까웠다. 무슨 일을 하
든지 빈틈이 없고 또한 책임감이 강해 모시기가 조심스러웠다. 희비喜悲
의 내색도 없고 화내는 일도 별로 없었다."고 김종오를 회고했다. 또한

자상한 성격이어서 초산 전투 때에는 본인도 와병 중임에도 불구하고 고립된 20여 명의 사병을 직접 구출해 함께 후퇴했다고 전한다. 그는 마지막까지 지휘관으로서 자신에게 부과된 책임을 완수하고 불필요한 출혈을 막아 부하와 부대의 전력을 보호하려 했다. 전쟁이 살상을 동반하는 것이기는 하지만 아군의 피해가 없도록 하는 것이 바로 승리의 지름길인데 김종오는 이를 잘 알고 있었다.

다음은 그가 국군 1군단장으로 재직하던 때에 썼던 시다.

> 양羊의 가죽이 호랑이 가죽의 문채文彩가 되는 것을 나는 부끄러워한다.
>
> 한두 성城을 수복한 것은 나의 처음 품은 뜻이 아니고
>
> 자리 한 장의 좁은 땅 치안治安한 것이 어찌 명예가 되겠는가.
>
> 조국의 어려움을 민망히 여겨
>
> 감히 이 몸을 군막軍幕에 드러내어
>
> 호적胡敵을 물리쳤으나 이 어찌 나라에 입은 은혜의 만분의 일이 될 것인가?

위의 시처럼 그의 삶은 위국의 마음으로 똘똘 뭉쳐 있었다. 유명을 달리할 때 김종오는 마지막으로 "더 일할 나이에 조국통일도 못해보고 눈을 감으니 한스럽다."라고 유언을 남겼다. 영화에서는 흔히 보지만 막상 현실에서 보기 힘든 것이 바로 김종오처럼 죽는 순간까지 국가와 민족을 걱정하는 것인데 그는 시에 썼던 것처럼 살아생전에 통일을 이루지 못한 사실을 죽는 순간까지 안타까워했다. 이렇듯 뼛속 깊은 곳부터 무인이었던 그는 대한민국을 구한 호국의 간성干城이었다.

Part 6. 조국과 인민을 짓밟은 파시스트를 처단하러 우리는 베를린으로 간다

사형수였던 장군, 로코소프스키

로
코
소
프
스
키

Konstantin Konstantinovich Rokossovskii

2차대전 후, 우리나라에서는 승전국인 소련의 장군들에 대해 알 수 있는 기회가 그리 많지 않았다. 오랫동안 냉전 이데올로기의 영향을 받았고 여기에 더해 대부분의 정보가 미국을 통해 들어왔기 때문에 은연중에 한쪽의 시각으로만 이 전쟁을 살펴볼 수밖에 없었다. 예를 들어 우리가 2차대전을 가장 쉽게 접할 수 있었던 통로는 대부분 할리우드 영화였는데 여기서 나치와 치열하게 대적하는 주역은 언제나 미국이었다.

하지만 실제로 엄청난 희생을 감내하면서 나치의 대부분을 상대하여 최종적인 승리를 엮어낸 것은 소련이었다. 노르망디 상륙작전 이후의 서부전선은 감히 비교하기도 곤란할 만큼 소련과 독일이 충돌한 동부전선을 능가하는 전쟁은 이전에도 없었고 사실 앞으로도 없어야 한다. 그만큼 거대한 전쟁에서 수백만의 소련군을 지휘한 장군 또한 수도 없이 많았는데 그중에서도 로코소프스키는 상당히 흥미로운 인물이다.

분명히 전쟁터에서의 지휘 능력이나 군인으로서의 자세만 놓고 본다면 상승장군으로 많이 알려진 주코프 못지않은 소련 최고의 지휘관으로 꼽을 만하지만 그 외의 행동거지를 살펴보면 실망스러울 만큼 우유부단했고 때로는 극단적인 이기심까지 보여주었기 때문이다. 이러한 상반된 모습을 보여주었던 로코소프스키는 최고가 되기 위해 반드시 해야 할 일과 하지 말아야 할 일을 동시에 보여주는 재미있는 사례다.

1. 전승기념 행사의 지휘관

독일의 무조건 항복으로 소련은 인류사 최대의 전쟁이었던 독소전쟁에서 마침내 승리를 하게 되었고 이러한 영광을 대내외적으로 널리 선전하고 기념하기 위해 약 두 달이 지난 1945년 6월 24일 모스크바의 중심부인 붉은 광장에서 사상 최대의 군사 퍼레이드를 벌인다. 이것이 그 유명한 '1945년 모스크바 승전기념 행사'였다. 스탈린을 비롯한 소련 정권의 최고 지도부는 광장 근처에 있는 레닌의 묘 위에 마련된 연단에 자리를 잡고 있었다. 그리고 성 바실리 성당의 시계가 오전 10시를 가리키자 광장의 양끝에서 백마와 흑마를 탄 두 명의 장군들이 달려와 행사장 중심에서 만난 뒤 연단을 향해 퍼레이드의 개시를 알림으로써 웅장한 행사가 시작되었다. 이들 장군들은 행사 참가 부대들을 총 지휘하는 영광스러운 임무를 수행했는데 백마를 탄 사람은 독일 점령군 사령관이었던 주코프 원수였고, 흑마를 탄 또 다른 지휘관은 폴란드에 주둔했던 북부전선군 사령관인 콘스탄틴 콘스탄티노비치 로코소프스키(1896~1968)

1945년 모스크바 승전기념 행사에서 주코프 원수와 함께 말을 타고 입장하는 **로코소프스키**(검정 말).

원수였다. 이들은 전쟁을 이끈 소련의 장성들 중에서도 가장 유명한 장군들로 이런 중요 행사의 지휘관으로 손색이 없었다.

그런데 이 행사를 지휘한 한 축인 로코소프스키는 아이러니하게도 당시 사형수 신분이었다. 그가 수많은 인민들과 세계인 앞에서 충성의 경례를 바친 연단 위의 스탈린은 전쟁 전인 1937년 대숙청 시기에 그를 반혁명분자로 몰아 사형을 선고받도록 만든 주역으로 개인적인 원한의 대상이기도 했다. 거기에다가 그는 소련의 승리를 이끈 명장이었지만 순수한 러시아 사람이 아닌 폴란드계였는데 전후 소련은 물론 새로 독립한 폴란드의 역사에도 커다란 족적을 남겼다. 단지 이것만 보아도 그의 순탄치 못한 삶을 엿볼 수 있는데, 마치 롤러코스트처럼 극과 극의 굴곡이 심한 삶을 살아온 로코소프스키는 인생사 자체가 상당히 흥미로운 구석이 상당히 많다. 다음은 냉전 시기를 선도했던 소련의 장군이었기 때문에 명성에 비해 그동안 한국에서는 잘 알려져 있지 않았던 한 인물의 이야기이다.

2. 제1차 세계대전 그리고 혁명

그의 출생에 관련한 기록은 정확히 알려지지는 않고 자료마다 조금씩 차이가 나는데 폴란드의 바르샤바Warszawa에서 출생했다는 주장도 있고, 러시아 벨리키예루키Velikie Luki에서 태어나 바르샤바로 이주했다는 이야기도 있다. 하지만 분명한 것은 그가 태어난 1896년 당시에 폴란드라는 나라는 지구상에 없었고 그가 어린 시절을 보냈다는 바르샤바는 제정 러시아의 영토였다는 사실이다. 로코소프스키 가*는 원래 폴란드의 귀족 가문으로 알려져 있지만 그는 아버지는 철도 관련 이주 노동자이고

러시아인 어머니는 교사였던 보통의 평범한 집안에서 유년기를 보냈다. 그러나 어린 시절 양친이 차례차례 세상을 떠나 로코소프스키는 14세에 고아가 되었고 생존을 위해 노동을 해야 했다. 직물 공장과 채석장 등에서 일하며 고단한 삶을 이어가던 그는 이 시절 반정부 시위에 참여해 수감이 되는 등 정치문제와 사회 문제에 대해서 상당한 관심을 가지게 되는데 이러한 성향 덕에 그는 이

소련에서는 영웅 대접을 받았으나 한 핏줄인 폴란드에서는 증오의 대상이 되었던 로코소프스키.

후 발생한 러시아 대혁명에서 공산주의 사상을 신봉해 볼셰비키에 가담한다.

1914년 1차대전이 터지고 세계는 지금까지 보지 못했던 거대한 전쟁의 소용돌이에 빠지게 되었다. 그런데 이상하게도 그 당시에는 전쟁에서 가장 많은 피해를 입게 될 보통의 인민들이 전쟁의 선포를 기뻐하며 환호작약하는 광적인 시류가 온 세계를 휩쓸었다. 특히 전쟁 전에는 좌우로 나뉘어 크게 대립하던 각국의 정치 관련 단체들도 일치단결하여 적을 죽이기 위해 적극적으로 전쟁에 나서자고 할 정도였다. 이런 현상은 제정 러시아에서도 마찬가지였고, 패기만만하던 젊은 로코소프스키도 이런 분위기에 영향을 받아서인지 증오하던 차르의 군대에 자원 입대하여 전쟁에 나서게 되었다. 그는 제5기병 연대의 하사관으로 파란만장한 군 생활을 시작했는데 4번에 걸쳐 훈장을 받았을 정도로 최전선에서 용감한 군인의 자질을 유감없이 보여주었다.

전쟁이 절정으로 치닫던 1917년 러시아가 혁명의 혼란에 빠지게 되자 그는 평소의 신념대로 볼셰비키 당에 가담함과 동시에 폴란드 출신 자원병들을 모집해서 함께 적위군_{赤衛軍}에 입대해 내전에 적극적으로 뛰어들었다. 그는 제30기병사단 소속 연대를 이끌고 반혁명군 총사령관인 콜차크_{Aleksandr Vasil'yevich Kolchak} 부대와의 싸움에서 승리를 거두어 훈장을 수여받는 등 많은 활약을 했다. 혁명의 소용돌이에서 위와 같이 많은 활약을 보인 로코소프스키는 내전이 종식된 후 프룬제 군사학교에서 체계적인 교육을 받고 소련군의 고급간부가 될 수 있는 길이 열렸으나 군부 내에서의 보이지 않는 차별 때문에 실력에 비해 승진은 쉽지 않았다. 차별의 가장 큰 이유는 그가 러시아인이 아닌 폴란드 출신이라는 점 때문이었다.

공산주의는 민족차별을 배격하는 평등주의 사상을 가졌다고 선전했지만 현실은 그렇지 않았다. 같은 슬라브계였으면서도 러시아와 폴란드는 종교적으로 상이하고 역사적으로도 많이 충돌했으며, 그러한 이유로 민족 감정도 좋지 않았기 때문에 보이지 않는 차별은 엄연히 존재했다. 이렇듯 소련군 내에서 보이지 않는 차별을 받았던 로코소프스키에게 그의 충성심과 능력을 보여줄 수 있는 기회가 찾아왔는데, 아이러니하게도 그의 고국인 폴란드 때문이었다.

1차대전 후 독립한 폴란드는 한때 그들을 지배했던 소련이 혁명으로 혼란스러워지자 고토^{故土} 회복을 명분으로 1922년에 전쟁을 벌인다. 그리 크지 않은 국경분쟁 성격의 국지전이었지만 당시 제27기병연대장이었던 로코소프스키는 그의 부대를 이끌고 격렬하게 전투에 임해 군부 내에서 신뢰를 얻는다. 폴란드 출신이었음에도 폴란드와의 전쟁에서 소비에트군을 이끌고 맹렬한 지휘력을 선보인 덕분에 군부 내에서 입지를 키우게 된 것이다. 하지만 이것은 그가 조국인 폴란드와 맺게 된 여러 악연 중 하나의 에피소드일 뿐이다. 이러한 경력은 지금도 소련에서 로코소프스키가 독일의 침략으로부터 조국을 수호한 명장으로 군부 내에서는 물론 일반 인민들로부터도 많은 존경을 받게 만들었지만, 반면 한 핏줄의 나라인 폴란드 역사에서는 굳이 기억하고 싶지 않은 인물이 되게 만든 여러 원인 중 하나가 되었다.

3. 기갑부대의 잠재력을 깨닫다

1926년 로코소프스키는 몽골군의 기병대 고문관으로 파견을 나가게 되었는데 당시 몽골은 소련에게 상당히 중요한 나라였다. 왜냐하면 소련은 전 세계에 공산주의를 전파하고 지원해, 한때 프랑스, 이태리, 헝가리, 폴란드, 독일 같은 여러 나라에서 가능성을 보았지만 결국 정권 창출에는 실패한 반면 극동의 외몽골은 역사상 두 번째 공산국가가 되는 데 성공했기 때문이었다. 그런데 외몽골 지역은 만주를 차지하고 중국 대륙으로 진출을 노리던 제국주의 일본은 물론 청을 계승했다고 주장한 중국 정부도 영향력을 확대하려고 애쓰던 지역이었다. 따라서 소련의 적극적인 지원하에 청의 고토에서 독립해 어렵게 탄생한 몽골의 안위는 불안했고 그만큼 몽골 독립의 힘과 배경이 되었던 소련의 관심과 지원은 클 수밖에 없었다.* 로코소프스키는 1928년까지 몽골에 머무르면서 몽골군의 육성에 힘을 기울임과 동시에 국경을 자주 건드리던 일본 세력을 저지했고 마적 떼와 같은 군벌이나 도적들을 단속하는 임무를 충실히 수행했다. 이후 로코소프스키는 군벌로부터 동북지역의 철도를 보호해달라는 중국 정부와 소련 정부의 협정에 따라 1930년대 중반까지 극동에 머무르게 되었다.

당시 제7기병사단장과 제15기병사단장을 거쳐 1937년 제5기병군단장으로 승승장구하던 로코소프스키는 소련군 내에서 기갑부대의 잠재력을 제일 먼저 깨달은 인물들 중 하나였다. 그는 영국의 풀러나 리들하트, 프랑스의 드골, 독일의 구데리안처럼 장차전의 주역은 강력한 기갑부대가 될 것으로 예견하고 기동력을 갖춘 대규모의 집단화된 기갑부대 양성을 주장했다. 당시 소련군 내에서 이러한 혁신적인 주장을 했던

---

* 하지만 엄밀히 말하자면 극동으로 세력을 확대하려는 소련의 제국주의적 야심이 진정한 이유라 할 수 있다. 동방으로 외연을 확대하려는 소련의 의지는 그들이 타도한 제정 러시아와 그리 큰 차이가 없었다.

인물로는 내전 당시 적위군을 이끌어 총참모장까지 오른 투하체프스키가 대표적이었는데, 그는 1차대전에서 경험한 지루한 참호전을 피하기 위한 수많은 교리를 연구해 지금도 소련군의 핵심 교리로 인용되는 종심전투교리The theory of deep operations를 주장했다.

이 이론은 상당히 복잡하지만 간략하게 정리한다면 강력하고 집중화된 전력으로 돌파구를 열은 후 빠른 속도로 종심을 타격해 승리를 이끈다는 것이다. 이때 돌파의 핵심으로 공병, 포병, 기갑, 항공 등 돌파에 필요한 핵심적인 전력을 유기적으로 결합시킨 충격군이 필요한데 이를 위해서는 강력한 기갑, 기계화부대를 육성해야 했다. 로코소프스키도 이런 주장에 적극적으로 동조했는데 비슷한 시기 다른 국가들도 그랬지만, 소련군 내의 모든 사람들이 이들의 앞선 주장에 동조한 것은 아니었다. 이 교리는 특히 전통적 교리를 고수했던 많은 지휘관들과의 충돌을 가져왔는데 특히 기병대의 중요성을 계속 주장한 부돈니Semyon Mikhailovich Budenny 같은 인물과는 서로 인격적인 비난까지 할 만큼 격렬한 논쟁을 했다.

인류가 지구상에 등장해 교통수단으로 말을 사용한 것이 약 1만 년 전이라고 한다. 그리고 19세기 중반 증기기관차가 등장한 뒤에야 인간은 처음으로 말보다 빠른 교통수단을 이용할 수 있게 되었는데 그만큼 동력기관이라는 것이 인간에게는 생소한 물건이었다. 즉 교통수단으로 오래 사용해왔던 말을 대체하는 데 많은 시간이 필요할 수밖에 없었고 이것은 군대도 마찬가지였다. 그때까지 기동력의 핵심이었던 기병대가 그 역할을 계속할 것이라고 주장하는 보수적인 지휘관들이 많은 것은 어쩌면 당연한 것이었고 때문에 새로운 의견을 내세우는 쪽과의 충돌은 필연적이었다. 그런데 상대를 격렬히 비난하는 데 앞장선 로코소프스키의 고집스런 태도는 얼마 안 가 그가 사형수가 되는 빌미 중 하나가 되었다.

4. 사형 그리고 공포의 수용소

1920년대 계급투쟁에서 승리해 정권을 잡고 이미 권력을 공고히 한 스탈린은 그것으로도 안심할 수 없었는지 1930년대 중반, 지금까지 생사고락을 함께해온 혁명 동지들까지 적으로 몰아 처단하는 엄청난 학살극을 자행했다. 이른바 소련뿐만 아니라 세계사에서 유래를 찾기 힘든 1936~1937년 사이에 진행된 대숙청이다. 당시 약 500만 명이 처형되고 2,000만 명이 강제수용소로 끌려간 공포정치가 이뤄졌는데, 0.01퍼센트라도 스탈린에게 반대할 가능성이 있는 인물이라면 이유 불문하고 비밀경찰인 내무인민위원회NKVD, Narodnyy Komissariat Vnutrennikh Del에 의해 갑자기 사라져버렸다. 정권의 기반이기도 했던 군부 역시 예외가 아니었는데, 혁명 초기부터 소련 적위군을 이끌었던 투하체프스키 원수를 포함해 수많은 고위 장성들이 반혁명분자로 몰려 형장의 이슬로 사라지거나 수용소로 끌려갔다.

기병군단장으로 승승장구하던 로코소프스키도 1937년 어느 날 그의 집무실을 찾아온 비밀경찰에 체포되었다. 그가 제정 러시아군 출신이어서 성분이 불량하고 당시에 소비에트와 적대적이었던 폴란드와 오랜 기간 내통하고 있는 고정 스파이이며, 극동에서 근무하던 당시 일본의 간첩들에게 각종 정보를 넘겨주었다는 근거 없는 죄목이었다. 하지만 그가 숙청 대상이 된 가장 큰 이유는 스탈린이 정적으로 찍어 사형시킨 투하체프스키 원수의 지지자였다는 점이었고, 이와 더불어 평소부터 그를 시기하던 부됸니 같은 군부 내 보수적 장군들의 음해가 더해졌기 때문이었다. 거기에다가 전통 군인의 길을 걸어왔던 로코소프스키는 평소에 소련군의 또 하나의 지휘체계인 당 정치위원들을 혐오했고 이들을 불손하게 대해 당성黨性에 의심을 받아왔다.

체포된 로코소프스키는 조사과정에서 계속 자신의 죄를 부인해 혹독한 고문을 당했는데 무려 9개의 치아가 뽑히고, 3개의 늑골이 골절되는 중상을 당했다. 거기에다가 수시로 손가락과 발가락을 망치질 당해 이후 제대로 걷지도 못할 만큼 커다란 후유증을 얻었다. 이러한 고문 속에서 이뤄진 재판에서 그는 사형을 언도받고 죽을 날만 기다리는 신세가 되었다. 그나마 다행인 것은 사형 집행이 즉각적으로 이뤄지지 않고 일단 시베리아 수용소에 감금되어 강제노동을 하게 된 것이었다. 악명높은 시베리아 강제노동수용소는 1920년대부터 스탈린 사후인 1950년대 중반까지 집중 운영되었는데 무려 1,000만 명이 기아, 질병, 고문 등으로 목숨을 잃은 것으로 알려졌다. 이곳에서의 그의 삶은 한마디로 살아 있는 송장과 같았다. 그러나 목숨은 부지할 수 있었다.

이렇듯 악랄한 만행을 일삼으며 권력을 공고히 하려던 스탈린의 행태는 곧바로 독이 되어 소련에 돌아오게 되는데, 바로 2차대전 초기에 당한 망신이 그것이다. 1939년 대對폴란드 침공에서는 별로 문제가 보이지 않았지만 이어 벌어진 핀란드와의 겨울전쟁에서 대숙청으로 지휘체계가 무너진 소련군은 역사에 길이 남을 대망신을 당한다. 소련군의 참패에 경악한 스탈린은 국방장관 보로실로프Kliment Efremovich Voroshilov에게 비난의 화살을 퍼부었는데 이때만큼은 충직한 부하였던 보로실로프도 자신의 과오를 모르는 스탈린의 행태에 화가 났는지 식탁 위의 식기를 스탈린에게 던지며 "당신이 소련군의 훌륭한 지휘관 동지들을 모조리 처형해버렸는데 어떻게 제대로 싸울 수 있겠는가!"라고 대들었을 정도 였다.

보로실로프의 주장대로 소련군은 총체적 위기에 빠진 상황이었고 제대로 된 지휘관이 사라진 현실을 깨달은 스탈린은 고민에 빠졌다. 더 구나 독일과의 일전이 눈앞에 보이고 있는 현 상태에서 전면전이 벌어 진다면 앞날을 장담할 수 없는 상황이었다. 이때 대숙청 기간 중 화를 피한 몇 안 되는 지휘관인 주코프가 스탈린을 찾아가 아직 사형당하지 않고 수용소에 살아 있는 유능한 지휘관들을 백의종군 시켜달라고 청 원했다.

5. 백의종군

스탈린이 비록 자존심이 강하고 자기 잘못을 인정할 줄 모르는 냉혈한 이기는 했지만 현실적으로 소련군을 제대로 지휘할 고급 장성들이 절 대적으로 부족한 현실은 인정할 수밖에 없었다. 만일 이 상태에서 유럽 을 석권 중인 독일과 맞붙는다면 결코 승리를 장담할 수 없었다. 최악의 경우 스탈린이 피를 묻혀가며 어렵게 이뤄놓은 모든 것을 단 한 번에 잃 을 수도 있는 위기였다. 결국 스탈린은 보로실로프나 주코프의 말이 백 번 옳다는 것을 깨닫고 1940년 말부터 자기 손으로 반혁명세력으로 몰 아 숙청했던 수많은 장성들을 다시 불러들일 수밖에 없었다. 수용소에 있던 로코소프스키도 이때 구사일생으로 죄수복을 벗은 후 예전의 소 장 계급장을 달고 제9장갑군단장으로 현역에 복귀했다. 하지만 스탈린이 강제로 씌워놓은 죄까지 사면당한 것은 아니어서 만일 지휘에 문제가 있거나 흠집만 잡히면 즉시 사형당할 수 있는 미결수 신분이었다. 결국 죽음의 수용소를 빠져나오기는 했지만 로코소프스키는 항상 죽음을 목전에 두고 부대를 지휘할 수밖에 없는 운명이었고 그가 가는 곳마다 당에서 파견한 정치국원이 쫓아다니며 감시했다.

대규모 기갑부대장의 위치에 오른 그는 투하체프스키의 숙청과 함께 용도 폐기되었던 종심전투교리를 실현하고자 부대를 재배치하는 등의 노력을 했으나 그동안 군부 내에서 연구되어온 수많은 관련 자료가 대숙청 기간 동안 사라져 어려움을 겪었다. 이런 그를 음으로 양으로 도와주었던 인물은 그의 석방을 위해 앞장서기도 했던 주코프였다. 주코프는 로코소프스키와 비슷한 시기에 극동에서 함께 근무하며 많은 교류를 했기 때문에 로코소프스키의 충직함과 근면함 그리고 군인으로서의 능력을 알고 있었다. 또한 장차전에서 기갑부대를 돌파의 중핵으로 보는 데 생각을 같이했는데, 특히 주코프는 1939년 노몬한 전투에서 기갑부대를 앞세워 일본 관동군을 격파함으로써 소련 군부에서 종심전투교리를 시현해본 유일한 인물이었다.

1941년 독일이 소련을 침공해 전 전선에 걸쳐 소련군이 붕괴되자 1941년 6월 로코소프스키는 주코프가 지휘하던 서부전선군*의 우익인 제16군**사령관이 되어 스몰렌스크를 방위했다. 스몰렌스크는 베를린에서 바르샤바와 민스크를 거쳐 모스크바로 향하는 길목에 위치한 도시로 전략적으로 상당히 중요한 위치를 점하고 있었다. 이때 스몰렌스

---

* 소련의 전선군은 서방의 집단군과 야전군의 중간 제대 규모다.
** 소련의 군은 서방의 야전군과 군단의 중간 제대 규모다.

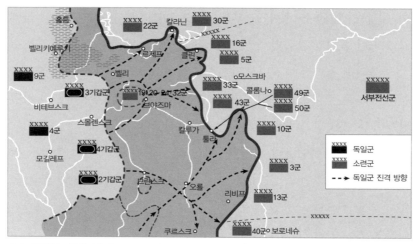

6-1 스몰렌스크를 방어하던 로코소프스키의 제16군은 독일의 포위망을 피해 후퇴하는 데 성공했다.

크를 공격한 독일군 부대는 중부집단군이었는데 선봉은 독일군 중에서
도 최강의 화력과 기동력을 가진 것으로 평가되던 호트의 제3기갑집단
과 구데리안의 제2기갑집단*이었다. 이 부대들은 스몰렌스크의 양측
외곽을 파고들어 제19 · 20 · 24 · 32군으로 이루어진 도심의 30만 소련
군을 고립시켜 항복을 받는 대승을 이끌었는데 이때 로코소프스키의
제16군은 포위망을 뚫고 간신히 탈출했다. 그러나 후퇴로 북쪽에서 소
련군을 견제하던 독일 북부집단군 예하의 제4기갑집단의 추격이 이어
졌고 이때 소련군은 많은 피해를 입었으나 그만큼 독일의 진공을 일시
적으로 틀어막는 효과를 거두었다.

비록 몸으로 때우면서 일시적으로 독일의 진공을 차단했지만 사실

---

* 1940년 프랑스전역에서 처음 조직된 세계 최초의 야전군급 기갑부대였던 독일의 기갑
집단Panzer Group은 1941년 독소전쟁 초기에는 4개 조직으로 확대되어 침공전의 선봉부대
로 맹활약하였고 그해 10월 말 전공을 인정받아 기갑군Panzer Army으로 승격한다.

이것은 로코소프스키나 소련군의 뛰어난 작전 때문이 아니라, 키예프 함락을 위해 독일 중부집단군의 주력부대를 우크라이나로 돌린 히틀러의 결정 때문에 얻은 결과였다. 키예프를 함락시키고 전선을 정비한 독일군은 잠시 중단되었던 모스크바로의 진격을 재개했다. 이제 모스크바의 함락은 시간문제로 보일 만큼 절체절명의 위기였고 주코프와 주요한 방어축을 담당하고 있던 로코소프스키는 어떻게든 이 절망적인 도시를 사수해야 했다. 그런데 독일은 키예프를 함락시켜 70만의 소련군을 섬멸하는 쾌거를 이뤘지만 이를 위해 멈칫했던 순간은 독소전쟁의 분수령이 되었다. 모스크바는 키예프를 희생시킨 대가로 시간을 얻었고 이제 눈이 내리는 겨울이 되었다.

6. 모스크바를 방어하다

더구나 소련은 5개월간의 경이적인(?) 패전에도 불구하고 막대한 인력과 자원을 보충해 북부의 레닌그라드에서 모스크바를 거쳐 남부의 아조프 해에 이르는 광대한 전선에 단단한 방어선을 구축했는데, 이렇게 소련이 대비할 수 있었던 이유는 앞서 설명했듯이 키예프 공방전처럼 독일이 주력을 우회시켜 소련에게 시간을 제공한 측면도 있었다. 더구나 최초 출발선에서 2,000킬로미터 이상 멀어진 독일의 병참선은 동쪽으로 진격할수록 더욱 불리했다.

이러한 방어선에 더해 겨울 추위가 먼 길을 진격해 와 상대적으로 동계전투 준비가 덜 된 독일보다는 당연히 자기 땅에서 참호를 깊이 파고 방어준비를 마친 소련에 유리하게 작용했다. 특히 1941년의 겨울은

모스크바 방어전에 투입된 소련의 비정규군 병사들.

역사에 기록될 만한 50년 만의 혹한이었고 이런 예상치 못한 기후조건은 전쟁에도 엄청난 영향을 미쳤다. 러시아인들도 사이보그가 아닌 이상 이러한 무시무시한 추위를 견디기 힘들었겠지만, 상대적으로 추위에 대한 적응력이 더 떨어지는 독일 원정군들에게는 상상을 초월하는 악몽이었다.

독일이 자랑하던 기갑부대는 장비가 얼어 움직일 수 없었으며, 대포의 포탄도 불발될 정도로 추워서 작전을 펼치기 곤란했다. 그리고 잠시 날씨가 풀리면 세상을 온통 진흙 밭으로 만드는 러시아의 평원은 독일의 진격을 방해하는 최고의 방어선 역할을 해주었다. 더구나 유럽에서 러시아로 들어가면 갈수록 포장된 도로와 조밀하던 철도망이 줄어들어 독일의 보급로는 제한되었다. 결국 독소전쟁 개전 이후 계속 밀리기만 하던 소련군은 12월 초 이러한 호조건을 무기 삼아 독일군의 진격을 멈추게 만들었다. 엄밀히 말하자면 이것은 독일의 절정기를 뜻하는 것이었고 이제는 내리막길로 접어듦을 의미하는 것이기도 했다. 비록 다음 해 겨울에 스탈린그라드의 혈전이 있기는 하지만 사실상 독일은 1941년

한겨울에는 추위 때문에 작전을 펼치기 곤란했고 잠시 날씨가 풀리면 세상이 온통 진흙 밭이 되어 앞으로 나아갈 수가 없었다. 이러한 러시아의 기후는 독일의 진격을 방해하는 최고의 방어선이었다.

을 끝으로 팽창을 멈추었다.

당시 소련 제16군의 지휘관이었던 로코소프스키는 독일 중부집단군의 선봉인 제3기갑군과 북부집단군에서 새로 배속되어 온 제4기갑군이 공격한 모스크바 서부의 클린Klin을 방어하여 독일의 공격을 막아내는 데 성공했다. 로코소프스키는 여기서 멈추지 않고 반격에 나서 이듬해인 1942년 1월 초 100여 킬로미터를 진격하며 이른바 제1차 르제프Rzhev 전투라 불리는, 독소전쟁 개전 이후 최초의 소련 측 공세를 부분적으로 성공시켰다. 이 전투는 흔히 전략적으로는 소련이 승리했지만 전술적으로는 패배한 것으로 평가되고 있는데 그 이유는 소련 측의 피해가 너무 컸기 때문이었다. 어쩌면 이러한 현상은 독소전쟁 전체의 일반적인 패턴일수도 있는데 적어도 1943년 말까지 비록 스탈린그라드 전투, 쿠르스크 전투처럼 소련이 승리한 전투라 하더라도 소련 측의 피해는 항상 독일의 피해를 능가했다.

그런데 이전의 스몰렌스크 전투부터 로코소프스키와 두고두고 악연을 맺는 독일군 부대가 등장하는데 바로 제9군과 제4기갑군이다. 모스

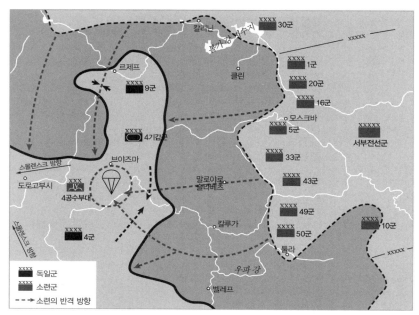

6-2 소련의 모스크바 반격작전(르제프 전투) 1941년 겨울, 소련은 처음으로 반격에 나서 독일군 주력인 9군과 4기갑군을 거의 포위했으나 뒷심 부족으로 섬멸하지는 못했고 오히려 이듬해 봄 독일의 반격으로 소련군이 붕괴되었다. 때문에 전략적으로는 모스크바를 방어하고 전선을 밀어붙이는 의미 있는 승리를 거두었지만 피해가 워낙 커서 전술적으로는 소련의 패배나 다름없었다.

크바 전투 이후에 있었던 스탈린그라드 전투는 물론 쿠르스크 전투와 베를린 레이스라 불린 소련의 반격 시기에도 로코소프스키가 지휘하던 부대들은 이상하게도 이 부대들과 자주 맞대결을 벌였다. 결국 제16군은 그해 겨울 모스크바 방어의 선봉부대로서 역할을 다했고 지휘관 로코소프스키의 명성은 소련군 내에 널리 퍼지게 되었다. 더불어 제16군을 비롯한 9개 야전군을 총지휘하며 모스크바를 방어하던 서부전선군 사령관 주코프는 상승장군의 칭호를 얻음과 동시에 원수로 승진되었다.

7. 스탈린그라드의 혈전

1942년 8월, 독소전쟁은 물론 2차대전의 향방을 가르는 운명적인 전투가 시작되었다. 바로 스탈린그라드 전투다. 스탈린과 히틀러의 자존심 경쟁 장소가 되어버린 스탈린그라드는 양측의 주력이 끊임없이 몰려들어 피를 토해내는 지옥이 되어버렸다. 이곳을 차지하려는 히틀러의 욕심도 대단했지만 사수하려는 스탈린의 의지도 대단했다. 소련이 가동할 수 있는 막대한 물량과 병력은 물론이거니와 유명한 맹장들이 스탈린그라드를 사수하기 위해 보내졌다. 소련군에서 명장으로 손꼽히는 예레멘코Andrei Ivanovich Yeryomenko(스탈린그라드전선군 사령관), 흐루시초프Nikita Sergeevich Khrushchyov(정치국 위원), 바투틴Nikolai Fedorovich Vatutin(남서전선군 사령관), 보로노프Nikolai Nikolaevich Boronov(포병군 사령관), 추이코프Vasilii Ivanovich Chuikov(제62군 사령관) 등이 급하게 스탈린그라드로 오게 되었다. 그리고 이렇게 이동한 장군들 중에 로코소프스키도 있었다. 로코소프스키는 스탈린그라드 북부의 돈 강 지류에 맞닿은 방어선을 담당하는 돈전선군 사령관으로 부임했다. 그는 부임하자마자 이미 이전의 전투로 막대한 피해를 입은 제24 · 65 · 66군을 시급히 재건했고, 이들로 하여금 스탈린그라드 북부 지역의 독일군을 강하게 압박함으로써 도심에서 혈투를 벌이던 추이코프의 제62군을 간접적으로 지원했다.

스탈린그라드 도심이 피바다로 변해가면서 독일이 이곳에만 몰입해 있을 때 소련군 총부사령관 주코프*는 천왕성 작전Operation Uranus으로 명

---

* 총사령관은 스탈린이었으나 전쟁 중반기 이후 주코프가 실질적으로 모든 작전권을 행사하는 수준까지 이르렀다.

소련의 상승장군 주코프는 로코소프스키와 비슷한 시기에 극동에서 근무하며 많은 교류를 했기 때문에 그의 충직함과 근면함 그리고 군인으로서의 능력을 알고 있어 로코소프스키를 도와주고 그의 석방을 위해 앞장서기도 했다.

명한 거대한 반격 작전을 구상했다. 소련의 작전은 스탈린그라드 좌우를 돌파할 남부전선군(구 스탈린그라드전선군)과 남서전선군이 대포위망을 완성하면 이를 로코소프스키의 돈전선군이 인계받음과 동시에 남부전선군과 남서전선군은 스탈린그라드 외곽에 떨어져서 남게 될 독일 B집단군 잔여 부대를 더욱 서쪽으로 밀어붙이기로 했다. 이 때 로코소프스키를 신뢰하고 있던 주코프는 그에게 중요한 임무를 부여하는데 돈전선군이 스탈린그라드의 독일군을 철저하게 고립시키는 역할을 담당하도록 한 것이다.

만일 돈전선군이 스탈린그라드에 포위된 독일군이 자유롭게 움직이도록 방치해 돌파를 허용하면 소련의 모든 반격 작전이 물거품이 될 수도 있기 때문에 책임이 막중했다. 거기에다가 로코소프스키는 1941년 겨울에 있었던 르제프 전투의 교훈을 알고 있었다. 당시 동장군의 엄호를 받으며 야심만만하게 맹공을 가해 독일 제9군과 제4기갑군을 대포위하기 일보 직전까지 갔으나 고립된 독일군과 외곽에서 돌파해 들어오던 독일 구원군을 단절시키지 못해 결국 전술적 패배를 당한 경험이 있었다. 때문에 최대한 철저히 적을 고립시키고 한번 고립시킨 지역은 돌파를 허용하지 않도록 하는 것이 매우 중요한 승리의 필수요건임을 로코소프스키는 그 누구보다도 잘 알고 있었다.

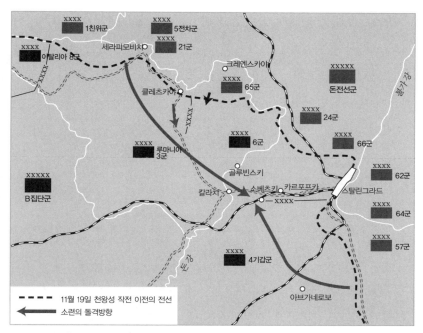

6-3 1942년 11월 19~23일 스탈린그라드 전투 중 천왕성 작전 소련은 천왕성 작전으로 6군을 중심으로 하는 대규모의 독일군을 스탈린그라드에 포위하는 데 성공했다. 이후 소련은 로코소프스키의 돈전선군이 스탈린그라드를 엄중 포위하면서 압박하는 동안 전선을 서쪽으로 계속 밀어붙였고 결국 고립된 독일군이 항복하면서 독소전쟁 최대의 혈전은 소련의 승리로 마무리되었다.

1942년 11월 19일, 천왕성 작전이 시작되었고 소련군은 순식간에 다수의 독일군을 스탈린그라드에 가두어 대포위하는 데 성공했다. 그리고 최초 계획처럼 로코소프스키의 돈전선군은 전선을 인계받아 예하에 편제된 제21·24·57·62·64·65·66군의 7개 군을 동원하여 이중, 삼중으로 도시를 에워쌌다. 특히 독일 제6군과 함께 도심에 고립된 독일 제4기갑군은 독소전쟁 초기 스몰렌스크 북부에서 로코소프스키에게 피눈물을 흘리게 만들고, 1년 전에는 르제프에서 로코소프스키의 공세를 막아낸 바로 그 부대였다. 어렵게 포위에 성공한 로코소프스키는 이번만큼은 천우신조의 기회를 놓치려 하지 않았다. 따라서 성급하게 도심으로 부대를 진입시키지 않고 천천히 안으로 들어가면서 적을 서서히 고사시키는 전법을 구사했다. 그 사이 소련군 주력은 잔여 독일군을 스탈린그라드로부터 최대한 멀리 떨어뜨려놓고 있었고 그 간격은 시간이 갈수록 벌어지고 있었다.

8. 회심의 복수전

만슈타인이 이끌던 독일 돈집단군의 눈물겨운 분투에도 불구하고 소련은 독소전쟁 이후 최초로 대규모 독일군의 항복을 받아내는 데 성공했다. 결국 로코소프스키는 막다른 골목에 갇힌 독일 제6군과 제4기갑군을 철저하고도 완전하게 고립시키는 데 성공했고 이들을 서서히 고사시킨 후 최후의 일격을 가해 전투를 종결짓는다. 그런데 소련 측의 입장에서는 독일군을 철저하게 고립시키는 데 성공했다고 주장하지만 엄밀히 말하자면 고립된 독일군이 돌파를 하지 않았다는 것이 중론이다. 즉 로코소프스키가 지휘하던 소련 돈전선군의 선전보다는 히틀러의 편집증적인 현지 사수 엄명과 이를 금과옥조의 십계명으로 받들었던 파울루스의 우유부단함으로 인해 독일군 스스로 포위망을 뚫고 나오려는 시도를 하지 않았기 때문에 생긴 결과라는 것이다. 이유가 어찌 되었든 로코소프스키는 독소전쟁 개전 이래 독일군으로부터 항복을 받는 영광된 순간을 맞이한 최초의 소련군 장성이 되었고 그의 명성은 소련 군부는 물론이거니와 일반 인민들에게도 널리 회자되었다. 하지만 의심이 많았던 스탈린은 그때까지도 인민의 영웅이 된 그의 사면을 생각하지 않고 있었다.

1941년 겨울 동장군으로 인해 전선이 고착화된 후 1년을 대치 상태에서 보낸 동부전선은 1942년 겨울 스탈린그라드 대회전으로 인해 아슬아슬하던 균형추가 소련 측으로 기울고 독일은 서서히 저무는 입장이 되었으나, 히틀러를 비롯한 독일의 위정자나 스탈린 이하의 소련 전쟁지도부도 당시에는 이런 사실을 깨닫지 못했다. 왜냐하면 독일의 패전이 가시화되고 소련의 반격이 확실해 보이던 바로 그 시점인 1943년 3월 만슈타인이 지휘하던 독일 남부집단군이 하리코프와 벨고로드에서 스탈린그라드의 영웅 중 하나인 맹장 바투틴이 지휘하던 소련 남서전선군의 선봉부대인 20여개 사단을 괴멸시켜 순식간에 전황을 반전시켜놓았기 때문이었다.

　　스탈린그라드와 하리코프에서 한 번씩 장군과 멍군을 주고받은 소련과 독일은 1943년 여름 쿠르스크 돌출부를 놓고 건곤일척의 대회전을 벌이게 되었다. 이때 6개 군으로 구성된 소련의 중부전선군 사령관으로 영전한 로코소프스키는 쿠르스크 돌출부의 북부를 방어하게 되었는데 이때 독일의 주공은 모델이 지휘한 제9군이었다. 적장 모델과 독일 제9군은 로코소프스키가 소련 제16군을 지휘하던 1941년 르제프 전투에서 자웅을 겨루었으나 뚝심이 부족해 역전패를 당한, 로코소프스키에게는 개인적으로 원한이 맺힌 상대였다. 이번에는 그때와는 상황이 반대였는데 방어에 나선 로코소프스키가 모델이 지휘한 독일의 돌파를 막아내어 승자의 위치에 서게 된다. 또한 소련 중부전선군의 분전은 바투틴이 지휘하던 보로네슈전선군에게도 자극을 주어 쿠르스크 돌출부 남쪽에서 북으로 진격하던 로코소프스키의 또 다른 앙숙인 독일 제4기갑군(스탈린그라드 전투 이후 신편 재건됨)의 북상을 막아내는 데 커다란 도움을 주었고 이로 인해 소련은 독소전쟁 개전 후 처음으로 하계

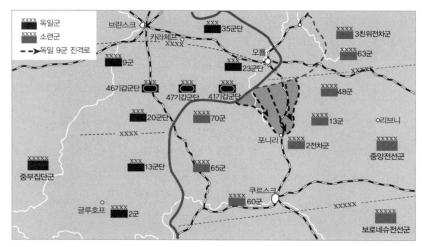

6-4 쿠르스크 전투 중 돌출부 북부전선 로코소프스키가 지휘하는 중앙선선군은 모델이 지휘하는 독일 9군의 진격을 포니리Ponyri에서 막아내면서 독일의 의도를 좌절시켰다. 로코소프스키에게 모델과 독일 9군은 르제프 전투에서 패배를 안겨준 라이벌이기도 했다.

전투에서 전략적 승리를 이룬다.

결국 이것은 독일이 동부전선에서 마지막으로 취한 공세가 되었고 이 전투 이후 독일의 모든 작전은 어떻게 하면 소련의 진격을 더디게 할 수 있는가에 매달릴 수밖에 없었다. 평원을 가로질러 독일로 향하는 소련의 주공은 새로 창설된 벨로루시전선군이 담당하게 되었는데 이전의 중부전선군과 브랸스크전선군을 통합한 소련 최강의 집단군이었다. 그리고 이 신설부대의 지휘관은 로코소프스키였다.

9. 독일로의 진격

1944년 벨로루시Belorus'를 해방하고 폴란드를 거쳐 독일로 진격할 소련의 최정예군을 이끈 로코소프스키는 거침없는 진군을 개시했다. 이때는 이미 전황을 뒤집어 독일이 독소전쟁의 주도권을 되찾을 시점은 아니었고 단지 그동안의 풍부한 전투경험을 밑천으로 사력을 다해 소련의 진격속도를 조절하는 수준의 방어를 하고 있었다.

이때 전쟁 종결을 위한 독일 본토로의 진격방법을 두고 소련의 지휘부 내에서는 수많은 갑론을박이 오고갔다. 이미 독일군의 전력은 붕괴된 것과 같으니 소련군의 전력을 한곳으로 집중해서 독일의 심장부로 향하는 최단 진격로를 방어하는 독일의 중부집단군을 양단해 하루라도 빨리 독일로 진격해야 한다는 의견이 있었는데, 이를 대표적으로 주장한 사람이 스탈린이었다. 반면 비록 독일군이 약화되어 지금은 소련군이 우세하더라도 독일군의 전투력은 결코 무시할 수준이 아니므로 두 개 이상의 진격로를 통해 독일의 주력을 차근차근 대포위하고 섬멸하여 보다 신중하고 안전하게 진격하자는 의견도 있었는데 바로 로코소프스키가 앞장서서 이러한 주장을 펼쳤다.

1944년 초가 되었을 때 로코소프스키는 죄를 꾸며 자신을 사형수로 만들고 강제수용소로 보낸 원한의 주인공인 스탈린과 군사전략에 대해서만큼은 격렬하게 논쟁할 정도의 위치까지 올라갔다. 그만큼 로코소프스키는 소련 군부 내에서 아무도 무시하지 못할 위치까지 오른 것이다. 비록 스탈린이 인류사에 보기 드문 잔악한 악당이기는 하지만 그는 2차대전 직전 군부를 몰락시켜 전쟁 초기에 고생했던 경험을 잊을 만큼의 바보는 아니어서 히틀러처럼 전쟁이 진행될수록 장군들의 작전에 세세히 간섭하는 일은 최대한 자제했다. 그러나 국가원수로서 스탈린의 권위는 소련의 승전이 가시화될수록 오히려 올라갔고 전쟁 전에 있던 대숙청의 기억과 더해져 그의 권력은 점점 공고해져 갔다. 따라서 아직까지도 사형수 신분인 로코소프스키는 군사적 문제에 한해서 만큼은 스탈린의 의지에 반대하는 의견도 내놓았지만 정치적으로는 절대 굴종하는 모습을 보였다.

결국 소련군은 로코소프스키의 의견을 채택해 주요 공격 축선을 두 개로 설정하는 전략을 선택했다. 첫째 축선은 벨로루시에서 폴란드를 거쳐 동프로이센을 통해 독일로 진격하는 노선으로 벨로루시전선군이 분리 증강되어 창설한 제1·2벨로루시전선군이 이를 담당했는데 그중에서도 주공은 로코소프스키가 직접 이끄는 제1벨로루시전선군이었다. 소련이 채택한 또 하나의 축선은 맹장 바투틴이 지휘하는 제1우크라이나전선군이 담당했다. 이들은 우크라이나를 거쳐 슐레지엔Schlesien을 통해 베를린의 남측으로 파고드는 임무를 담당했다. 소련은 로코소프스키의 의견을 따라 순식간에 전 전선에서 독일군을 러시아 밖으로 몰아낼 작전을 구상했고 이를 바그레이션 작전Operation Bagration이라고 명명했다.

준비를 마친 소련군은 독소전쟁이 일어난 지 정확히 3년이 되는 1944년 6월 22일 독일을 향한 진격을 개시했고 로코소프스키는 벨로루시의 수도인 민스크 탈환에 나섰다. 이때 이들을 맞이한 것은 독일 제9군이었다. 1941년 르제프와 1943년 쿠르스크에서 자웅을 겨루어 1승 1패를 주고받은 맞수였던 독일 제9군은 로코소프스키와 다시 혈투를 벌이게 되었다. 항상 그러했듯이 히틀러는 민스크 고수와 후퇴 불가를 외쳤으나 결과는 대포위된 제9군의 전멸이었다. 더불어 민스크에서는 독일 제4군이 로코소프스키에게 포위되어 생을 마감했고 벨로루시는 독일로부터 해방되었다. 이와 함께 진격을 개시한 바투틴은 독일 제1기갑군을 괴멸 직전까지 몰아붙이며 우크라이나를 해방하고 폴란드로 진입할 준비를 했다.

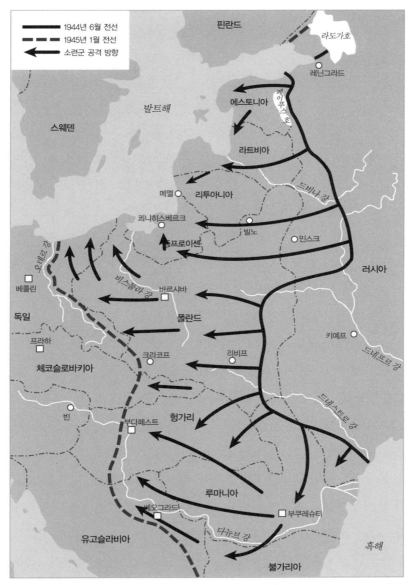

━━━	1944년 6월 전선
┅┅┅	1945년 1월 전선
←	소련군 공격 방향

핀란드

라도가호

레닌그라드

발트해

에스토니아

페이푸스호

스웨덴

라트비아

드비나 강

메멜

리투아니아

쾨니히스베르크

동프로이센

빌노

민스크

러시아

오데르 강

베를린

독일

비스툴라 강

바르샤바

폴란드

키예프

드네프르 강

프라하

체코슬로바키아

크라코프

리비프

드네스트르 강

빈

헝가리

부다페스트

벨오그라드

루마니아

부쿠레슈티

유고슬라비아

다뉴브 강

흑해

불가리아

6-5 바그레이션 작전 소련은 바그레이션 작전을 펼쳐 독일군을 그들의 영토에서 몰아내고 유럽으로 진군했다. 이때 로코소프스키가 지휘하는 제1벨루시전선군은 민스크를 해방하고 폴란드를 거쳐 독일로 진격할 예정이었다.

10. 폴란드의 비극

바그레이션 작전이 종료된 1944년 8월 소련은 그들의 영토에서 독일을 완전히 몰아내어 해방을 이루었고 이제부터는 독일로 향한 진정한 반격에 나서게 되었다. 로코소프스키가 주장한 의견에 따라 이루어진 공격으로 소련이 대승을 거두자 로코소프스키의 명망은 더욱 높아지고 원수로 승진한다. 로코소프스키가 지휘하는 군대는 러시아는 물론 해방시킨 벨로루시에서도 강하고 용감하며 주민들에게 매우 친절한 군대로 인식되었을 만큼 군기가 확립되어 있었다. 그런 군대를 이끄는 그가 소련군 중 제일 먼저 폴란드와 소련의 국경인 비스와Wisła 강(영어로는 비스툴라 강)에 도달한 것은 너무나 당연한 일일지 모르겠지만 여기서 그의 경력에 두고두고 흠이 되는 예기치 못한 문제가 발생한다.

소련군이 폴란드 근처까지 밀려들어 오자 폴란드에서는 나치를 몰아내고 해방정부를 수립하려는 민중봉기가 일어났다. 이것이 유명한 바르샤바 봉기인데 문제는 이를 뒤에서 후원한 세력이 런던에 있던 폴란드 자유 망명정부라는 것이었다. 이들이 폴란드 내 비밀 무장 결사를 조종해 봉기를 일으킨 이유는 소련군이 진입하기 전에 스스로 독일군을 몰아내어 폴란드의 공산화를 막기 위해서였다. 폴란드 인민들의 용기 있는 투쟁이 시작되었을 때는 소련이 압력만 가하면 독일은 쉽게 폴란드에서 물러날 수 있는 상황이었는데, 문제는 소련도 이러한 봉기의 속사정을 알고 있었다는 것이고, 그들은 폴란드를 공산화시켜 위성국가로 만들고자 하는 야심을 굳이 감추지도 않았다.

때문에 스탈린은 로코소프스키에게 봉기를 돕지 말고 국경 밖에 군대를 대기해놓은 상태에서 수수방관할 것을 명령했다. 스탈린은 독일이 많이 약해지기는 했지만 소련이 도와주지 않으면 폴란드 혼자만의 힘으로는 봉기가 성공하지 못할 것으로 예상했다. 때문에 둘이 실컷 싸우도록 내버려둔 뒤 폴란드 봉기 세력이 무력해지고 독일 점령군도 약해졌을 때 공격하겠다는 구상을 하고 있었고 천천히 바르샤바를 점령해 공산화시키려는 생각을 했던 것이다. 그런데 이러한 결정은 소련군 장성이자 폴란드인이었던 로코소프스키 개인에게는 엄청난 갈등이었을 것이다.

조국 폴란드를 독일의 압제로부터 해방시킨 영웅이 되고자 했던 로코소프스키는 그가 지휘하는 소련 제1의 막강한 무력을 움직이지 못한 채 바로 강 동쪽에 머물고 있었고, 강 서쪽에서 용감하게 봉기한 고국의 인민들이 나치 독일에게 하나하나 소탕되어 학살되고 있다는 소식을 듣고만 있었다. 결국 1944년 8월 1일 용감히 일어나 침략자로부터 조국을 되찾고자 했던 폴란드 인민들의 노력은 30만 명의 사망자와 도시가 완전히 파괴되는 결말만을 남기면서 두 달 만에 막을 내리고 말았고, 모든 것이 폐허가 된 1945년 1월 폴란드는 애초에 독일과 함께 그들을 나눠 가졌던* 소련이라는 또 다른 외세에 의해 해방을 당(?)했다.

폴란드 역사에서 너무나 아쉬웠던 이 봉기와 관련해 로코소프스키가 자신의 입장을 명확하게 이야기한 적은 없다. 군사적으로는 스탈린과 언쟁을 벌일 정도로 입지가 높아졌음에도 불구하고 정치적인 위상으로는 아직도 스탈린의 눈치를 볼 수밖에 없었기 때문에 그런 태도를 보였겠지만, 이와 같은 어정쩡한 태도는 전후에 조국 폴란드에서 이방

---

* 1939년 개시된 2차대전은 독일의 폴란드 침공으로부터 시작됐다고 보는데 이때 소련은 독일과의 사전 밀약에 따라 폴란드를 동쪽으로부터 침공하여 독일과 분할 점령했었다.

인 취급을 당하고 소련의 첩자로 매도되는 가장 큰 이유가 되었다. 로코소프스키의 소련군은 1945년 1월 비스와 강을 넘어 바르샤바를 점령함으로써 폴란드에서 독일의 세력을 몰아냈다. 내심으로는 조국 폴란드를 해방시킨 사람이라고 주장하고 싶었을지도 모를 일이지만 막상 조국이 간절히 도움을 원하던 시점에는 알고도 모르는 척했기 때문에 내놓고 생색을 낼 수도 없었다. 하지만 그에게는 그의 조국인 폴란드와 소련의 공적이었던 독일을 처단하는 마지막 임무가 남아 있었다.

11. 독일의 항복

"목표는 베를린이다! 조국과 인민을 짓밟은 파시스트를 처단하러 우리는 베를린으로 간다!"

로코소프스키는 1945년 1월 12일, 바르샤바를 해방시킨 후 지휘관으로 영전한 제2벨로루시전선군의 9개 야전군 예하부대와 장병들에게 감격스런 명령을 하달했다. 1942년 6월 22일, 독소전쟁 개전 이후 5,000여 만의 사상자가 나고 국토가 초토화된 소련은 드디어 원수의 땅으로 들어가게 되었던 것이다. 제2벨로루시전선군은 바르샤바에서 베를린으로 향하는 최단 진격로를 통해 독일로 들어가게 되어 있었다. 그것은 다시 말해 나치 독일을 처단하려는 로코소프스키의 의지이기도 했다. 그의 경쟁 상대라면 바르샤바 점령 전까지 그의 상관이었으며 친구였던 주코프 원수였다.

주코프는 바르샤바 해방 때까지 로코소프스키가 지휘하던 제1벨로루시전선군의 지휘권을 인계받아 직접 지휘해 베를린 레이스에 동참했다. 이로써 동프로이센을 남북에서 병진해 돌파하고 베를린으로 들어갈 소련의 주공은 최고의 명장인 주코프와 로코소프스키가 나누어 담당했고 이를 필사적으로 막아내야 했던 상대는 쇠르너Ferdinand Schörner가 지휘하는 급하게 신편된 독일 중부집단군이었다. 이 당시 중부집단군을 포함한 독일군의 대부분은 서류상에나 존재하던 수준이었다. 기갑군이니 장갑군단이니 하는 단대호가 붙은 부대가 보유하고 있던 주력은 걷다가 지쳐버린 '알보병'뿐이었고 정원과 장비를 완전히 갖춘 온전한 부대 또한 상상에서나 존재했다. 하지만 살아남은 얼마 안 되는 독일군들은 생사고비를 수차례 넘기면서 체득한 풍부한 전투경험을 가지고 있었다.

소련의 명장인 두 원수가 독일 점령을 위해 대★진군을 개시하자 전력으로는 절대 열세인 독일군들은 앞다퉈 방어에 나섰다. 이러한 독일군에는 국민방위군이나 히틀러 유겐트*처럼 노인이나 어린이들도 부지기수였지만 이러한 경험 없는 이들을 전선에서 지휘하는 사람들은 역전의 용사들이었다. 소련에서 나치가 저질렀던 만행을 스스로 알고 있던 독일군은 죽기 살기로 소련군을 막아내고 있었다. 독일이 아무리 수세에 몰리고 있었다고는 해도 소련군에게 독일은 항상 어려운 상대였다. 독일이 무조건 항복을 하기 전까지 이런 어려움은 계속될 것으로 보였다. 로코소프스키와 주코프는 쾌속의 진군을 하고 있었으나 독일로 진입하면서부터 독일의 격렬한 저항은 계속되었고 전투 공간 또한 독일 측의 홈그라운드였기 때문에 소련에게 유리하지만은 않았다.

---

* 인종주의와 전체주의적 이념에 기초하여 제3제국이 조직한 청소년 단체였는데 전쟁 후반기에 병력이 부족하게 되자 무장친위대나 병력 자원으로 반강제 동원되었다.

거기에다가 기존의 중부집단군 외에도 발트 해에서 후퇴해 온 북부 집단군의 잔여 부대까지 합류해 진격을 가로막고 있었기 때문에 상대적으로 북쪽으로 진군하던 로코소프스키의 제2벨로루시전선군은 남쪽에서 진격하는 주코프의 부대에 비해 진격속도가 늦어졌다. 소련의 전쟁지도부는 이러한 전황을 근거로 주코프의 제1벨로루시전선군과 코네프의 제1우크라이나전선군으로 하여금 베를린으로 진격하게 하고 로코소프스키에게는 동프로이센과 그단스크(단치히)를 제압해 독일 중부집단군을 붕괴하고 북부 폴란드와 오데르^{Oder} 강 입구를 점령하도록 조치한다. 하지만 이런 조치의 이면에는 적의 심장인 베를린을 정복했다는 커다란 영광을 폴란드인에게 돌리기를 꺼리는 러시아인들의 생각도 깊이 작용하고 있었다.

결국 베를린 정복의 주연은 주코프가 담당했고 선봉장은 제62군(제8친위군)을 이끌고 스탈린그라드를 방어한 냉혈한 추이코프가 맡았다. 1945년 4월 시작된 베를린 전투는 5월 1일 메이데이에 맞추어 독일의 항복을 받으려던 스탈린의 조바심이 부추긴 무리한 공격으로 시작되었는데 예상외의 출혈을 보며 1개월간의 지루한 공방전을 펼친 끝에 겨우 마무리 짓게 되었다. 이때 발트 해 연안의 북부 독일로 진격한 로코소프스키는 4월 30일 서쪽에서 독일로 진격해 오던 몽고메리의 영국 제21집단군과 엘베^{Elbe} 강에서 조우했고 독일은 일주일도 못 가 항복했다.

12. 하수인으로서의 삶

로코소프스키는 광기의 시대에 숙청되어 바닥까지 떨어졌던 어려움을 극복하고, 사형수 신분이라는 약점을 안고 현역으로 복귀해 전설적인 진격의 명장으로 영원히 기억되고 있다. 뿐만 아니라 이 장의 처음에 언급했던 것처럼 승전기념식의 지휘관이 되었다는 사실만 보아도 군인으로서 그의 명성과 능력이 상당했음을 알 수 있다. 그렇지만 전쟁이 끝난 후 로코소프스키의 인생은 엉뚱한 방향으로 흐르게 되었다.

종전 후 북부 폴란드 및 독일 점령 소련군 사령관으로 근무하던 그는, 1949년 10월 폴란드에 비에루트^{Bolesław Bierut} 주도하의 공산 정권이 수립되자 폴란드의 국방장관으로 임명되었다. 그가 폴란드인이고 소련 최강의 대규모 부대를 지휘했다는 경력에 비추어 본다면 신생 폴란드의 국방장관으로 어울리는 측면도 있다. 그렇지만 누구나 다 인정하듯 신생 폴란드 정부는 소련의 괴뢰국가였으며 로코소프스키가 폴란드 정계에 데뷔한 것은 본인의 의지가 아니고 스탈린의 명령에 의해서였다. 스탈린은 폴란드에 대한 간접지배를 확고히 하기 위해 정권 핵심 곳곳에 자기 수하를 심어놓았는데 그 대표적 인물이 바로 로코소프스키였다. 이때 로코소프스키와 더불어 수천의 폴란드계 소련군들이 국적을 바꿔 폴란드군에 입대해 군을 장악하게 되었다.

그는 국방장관은 물론 내각이라 할 수 있는 폴란드 각료회의 부의장 직위와 더불어 폴란드 육군원수의 칭호를 부여받았을 만큼 폴란드 내에서 실질적인 최고 권력의 자리에 오르게 되었다. 하지만 그는 폴란드 말이 어눌했을 만큼 핏줄을 제외한다면 심정적으로는 소련에 가까운 인물이었고 스탈린의 명령을 충성스럽게 받들었다. 때문에 그는 폴란드 정권 내에서도 처음부터 소련의 밀사 또는 스탈린의 대리인으로 총독 임무를 수행하는 이방인, 혹은 간첩으로 여겨졌다. 이와 같은 따돌림은 소련의 대리인으로 일하는 현재의 위치 때문이기도 했지만 지난 시절에 보여주었던 그의 행동은 고국 사람들에게 불신을 사기에 더욱 충분했기 때문이었다.

앞서 언급한 것처럼 1922년에 있었던 소련·폴란드 전쟁 당시 그는 소련 제27기병연대를 이끌고 그의 조국인 폴란드군과 적극적으로 싸웠던 경험이 있었다. 이 당시 참전 경력과 과감한 진격을 선호하던 지휘 능력은 소련군 내에서 그의 입지를 넓히는 좋은 기회가 되었지만 폴란드에서는 조국을 배신한 매국노로밖에 여겨지지 않았다. 비록 그가 소련 내 소수민족으로서 배타적인 군부 내에서 출세하기 위해 어쩔 수 없이 그런 선택을 했다 하더라도 고국 폴란드를 위해 결정적으로 큰 힘을 발휘할 좋은 기회는 있었다. 바로 1944년 8월 바르샤바 민중봉기가 있었을 때 만일 그가 부대를 이끌고 비스와 강을 넘어 진격했다면 조국 해방의 은인이 됐을지 모른다. 하지만 독일군의 무자비한 총칼에 짓밟히는 폴란드 인민들의 절규와 신음소리를 그는 애써 외면했다. 당시 폴란드인들은 공산주의 세력이든 서방 세력이든 상관없이 당장 그들을 도와줄 친구가 필요했는데 폴란드인 로코소프스키는 이들을 도울 충분한 무력을 가지고 바로 옆에 있었음에도 불구하고 스탈린의 명령을 받들어 수수방관했다.

결국 이러한 전력은 그가 폴란드인이고 국방장관임에도 불구하고 정권 내에서 보이지 않게 소외를 당하는 결정적인 이유가 되었다. 군인으로서의 그는 작전에 관해서는 스탈린과 언쟁을 벌였지만, 한때 죽음이 코앞에 다가왔을 정도의 나락과 공포를 체험한 경험 때문인지 정치적으로는 스탈린에게 절대 굴종했고 폴란드에서도 충실한 소련의 대리인으로 생활했다.

13. 영웅이자 배신자

2차대전에서 승리하고 영원히 소련을 지배할 것 같던 악마 스탈린이 1953년에 사망했다. 혹자는 암살되었다고 주장하기도 하지만 어쨌든 수천만 명을 죽이거나 위해를 가해 역사에 기록될 만한 공포 세계를 구현했던 독재자는 천수를 누리고 저 세상으로 갔다. 솔직히 이런 경우를 보면 신神은 없다고 생각되는데, 어쨌든 덕분에 로코소프스키도 사면을 받아 지긋지긋하던 사형수 신분에서 공식적으로 벗어나게 된다. 스탈린 사후 소련에서는 많은 변화가 있었는데, 인류 최악의 독재자가 사라지고 소련 정권 내에 많은 변화가 뒤따르자 2차대전 후 강제로 위성국가가 되어 눈치만 보던 동부유럽의 여러 국가들도 서서히 제 목소리를 내기 시작했다.

폴란드도 그중 하나였는데 스탈린 격하운동 정도가 아니라 실질적으로 그들을 지배하고 있는 소련에 반대하는 움직임이 나타나기 시작했다. 그런데 이러한 반소운동을 적극적으로 탄압한 인물이 폴란드의 국방장관이자 내각 부의장인 로코소프스키였다. 아이러니하게도 그가 동원한 방법은 무력에 의한 진압과 더불어 반소 · 반공 · 반소비에트 인사들을 색출해서 강제 수용소로 보내 테러를 가하는 것이었는데 바로 자신이 스탈린에게 당했던 방법 그대로였다. 특히 1956년 포즈난Poznań에서 발생한 소련군에 항거하는 유혈 폭동에서 로코소프스키는 1만의 병력과 300대의 탱크를 파견해 발포까지 불사하며 강제로 진압했고 이 과정에서 74명의 민간인이 죽음을 당했다. 이 사건을 계기로 정권 내에서 로코소프스키를 지지하던 친소 폴란드인들도 그를 비난하기 시작했다.

한때 나치로부터의 해방 과정에서 동족의 죽음을 모른 척하고 뒷짐만 지고 있어 비난을 받았던 그는 소련이라는 외세를 등에 업고 조국 폴란드의 점령 세력으로 등장해 또다시 반감을 사게 되었고, 거기에다가 나치와 똑같은 방법으로 동족을 탄압하는 데 앞장서서 폴란드에서는 더 이상 함께할 수 없는 인물로 낙인찍히게 된다. 1956년 반소의식을 가지고 있던 개혁 성향의 고무우카Władysław Gomułka가 폴란드의 정권을 잡고 개혁을 시도했는데, 이때 폴란드 인민들에게 분노의 대상이었던 로코소프스키도 함께 숙청을 당했다. 정권에서 밀려난 그는 모스크바의 흐루시초프에게 도망가 폴란드를 무력으로 제압하자고 주장할 만큼 조국과 완전히 등지게 되었다.

그렇지만 스탈린 시대로 반동할 수는 없다고 생각한 흐루시초프는 고무우카와 협상해 폴란드에서 밀려난 로코소프스키를 소련이 떠안는 대신 소련과 폴란드 간의 관계는 우호적으로 유지하는 외교적 협상으로 사건을 마무리 짓고 로코소프스키는 소련에서의 계급과 직위를 복원시켜서 달래주었다. 왜냐하면 폴란드에서 로코소프스키는 공공의 적이었지만 소련에서는 아직도 명장이었기 때문이다. 결국 그는 1957년 흐루시초프가 당시 국방장관인 주코프를 숙청한 뒤 국방차관 서리 및 트랜스캅카스전구군 사령관에 취임했고, 이후 1958년 국방차관으로 영전해 1962년 4월에 은퇴할 때까지 소련의 군권을 거머쥐는 권력의 핵심으로 자리 잡았으며, 1968년 8월 사망한 후에는 크렘린의 붉은 광장에 매장될 정도로 소련에서는 존경을 받았다.

개인적으로 생각할 때 로코소프스키를 보면 세계적인 명장이 왜 이렇게 추악하게 변해갔는지 의아할 정도다. 작전에 관해서는 스탈린과 논쟁도 불사할 만큼 충실한 군인이었던 그가 어찌해 정치적인 문제만 맞닥뜨리면 나약해지고 조국의 인민들을 탄압하는 데 앞장서면서까지

권력을 좇게 되었는지 의아하다. 핏줄인 조국 폴란드에서는 증오의 대
상이 되었던 반면, 막상 차별을 받기도 하고 죽음 직전까지 내쳐지기도
했던 소련에서는 국가를 구한 영웅으로 대접 받고 죽어서까지도 길이
칭송되고 있는 그의 인생을 보면 명장 로코소프스키는 개인적으로 상
당히 어렵고 피곤한 삶을 살았던 인물 같다.

Part 7. 땅은 나라의 근본이거늘 어찌 함부로 넘겨줄 수 있다는 말인가

초원의 전설, 묵특

묵특

冒頓

흉노의 황제였던 묵특에 대해 처음 알게 되었을 때 이런 생각이 들었다. '이토록 역사에 커다란 족적을 남긴 사람을 왜 지금에서야 알게 되었지?' 그는 후세에 거의 같은 지역을 중심으로 발흥하여 세계를 호령한 칭기즈 칸과 비교해도 뒤지지 않는 정복자였다. 물론 정복이란 침략을 의미하는 것이고 당연히 피정복민들에게는 엄청난 고통을 안겨주는 국제질서의 정의를 어기는 행동이지만 이것만큼 뚜렷하게 한 국가의 힘을 보여주는 것도 없다.

그는 중국 역사에서 영웅이라고 평가하는 유방과의 대결에서 일방적인 승리를 거두었고 한족들이 최강의 왕조로 생각하고 있는 한나라를 처음부터 능멸했다. 더구나 흉노 스스로가 자신의 업적을 자랑하고자 남긴 기록이 아니라 굴욕을 당한 한나라가 기록한 내용에서나 이런 사실을 찾아볼 수 있다는 점이 의외였다. 즉 고의적으로라도 폄훼할 수 있는 당한 자의 입장에서 쓴 역사서에서조차 경이로웠던 그의 위상을 알 수 있게 된 점이 흥미로웠다.

이 인물을 알게 되면서 그동안 중원을 중심으로 기술된 기존 역사서만이 역사의 전부가 아님을 알게 되었다. 묵특의 입장에서 조망하면 역사를 갇혀진 틀이 아니라 좀 더 거시적인 각도에서 조망해 볼 수 있고 중원이 남긴 일방적인 기록과 다르게 해석할 수 있는 부분이 많다는 사실을 쉽게 발견할 수 있다. 그러면서 만일 흉노가 직접 남긴 기록이 있다면 어떠할까 궁금해지기도 한다.

1. 초원의 정복자

기록으로 역사가 남겨진 이래 가장 거대했던 정복자를 손꼽으라면 단연코 칭기즈 칸을 들 수 있다. 지금까지 그 어떤 제왕도 감히 칭기즈 칸의 정복을 능가할 만한 업적을 기록하지는 못했다. 혹자는 대영 제국이 더 큰 정복국가가 아니었나 하고 반문할지 몰라도 여러 세기에 걸쳐 이루어진 대영 제국과 칭기즈 칸 당대에 이룬 몽골 제국의 맹아를 놓고 평면적으로 비교하기는 곤란하다. 수많은 역사학자들조차 교통, 통신도 불편했던 그 당시에 조그만 부족에서 시작한 나라가 어떻게 그처럼 빨리 유라시아 대륙을 휩쓸 수 있었는지 결론을 얻기 어려울 정도로 칭기즈 칸의 발자국은 어마어마했다.

물론 유물 일부가 남아 그들의 역사적 흔적을 보여주기는 하지만 오늘날 유라시아 대륙 한가운데 약소국으로 남아 있는 몽골이나 중국의 일부가 되어버린 네이멍구만 놓고 본다면 12세기에 세계를 휩쓸던 칭기즈 칸을 당장 떠올리기 어렵다. 그럼에도 불구하고 칭기즈 칸이 아직까지도 사상 최대의 정복자로 길이 길이 전해지는 이유는 바로 풍부한 기록이 남아 있기 때문이다. 이 기록은 당대는 물론 후대에도 많이 쓰였을 뿐만 아니라, 몽골이 스스로를 칭송하기 위해 남긴 기록 외에도 피해 당사자, 그리고 제3자가 객관적으로 기록한 내용까지 남아 있다. 때문에 오늘날에는 칭기즈 칸의 무덤조차 찾을 수 없을 정도로 실체적인 흔적을 찾기는 힘듦에

기원전 2세기, 칭기즈 칸에 뒤지지 않는 힘을 자랑하던 초원세계의 제왕 흉노의 선우인 묵특.

도 부인할 여지없이 사상 최대의 정복자로 역사에 남아 있는 것이다.

그런데 정복한 영토나 그가 반석 위에 올린 왕조가 후대에까지 끼쳤던 영향을 놓고 본다면 칭기즈 칸에 결코 뒤짐이 없었던 초원세계의 제왕이 있었는데 바로 흉노(B. C. 3세기~1세기)의 선우^{單于}였던 묵특(?~B. C. 174)이다. 묵특이 활약했던 시기는 대략 기원전 2세기이므로 칭기즈 칸보다 무려 1,300여 년 전의 인물이고 엄밀히 말하면 칭기즈 칸의 먼 조상이 된다. 이 호걸은 일생 동안 그의 후세인 칭기즈 칸이 이룬 것보다 더하면 더했지 결코 모자람이 없는 왕성한 흔적을 역사에 남겼다. 다만 묵특이 칭기즈 칸만큼 인구에 회자되지 않고 아는 사람도 그리 많지 않은 이유는 그가 너무 오래전의 인물이고 더불어 도편^{陶片}처럼 단편적인 기록들만 남아 있기 때문이다. 하지만 이런 많지 않은 기록이라도 이와 관련한 전후의 역사를 조금만 파헤쳐보면 이 인물이 얼마나 거대한 정복자였는지 추측하기란 그리 어려운 일이 아니다.

묵특은 흉노인들의 발음을 중국의 사서에 한자로 기록한 것인데 한글로는 모돈, 무돈, 목돌, 묵돌, 목특 등으로 다양하게 표기되고는 한다. 하지만 지금으로부터 2,200년 전에 어떻게 발음했는지는 정확히 모르고 다만 어원으로 따져 투르크어로 용감한 자를 의미하는 바야투르Bayatur에서 유래한 것으로 알려져 있다. 흔히 묵특선우 또는 선우묵특이라고 불리는데 선우는 당시 초원세계의 지배자를 의미한다. 선우의 완전한 칭호는 한문으로 탱리고도선우撐犁孤塗單于라고 표기하는데 이것은 하늘의 아들, 즉 천자天子를 뜻한다. 따라서 5세기 이후 초원의 지배자들이 사용한 칸汗이나 중원에서 사용한 황제와 같은 뜻이다. 때문에 칭기즈칸처럼 묵특선우는 이름과 직위를 함께 의미한다. 이 장은 초원 세계 최초의 위대한 정복자였던 묵특선우에 대한 이야기이다.

2. 야만인이라 비하된 유목민

역사에 등장하는 유목민의 무대가 되는 초원은 유라시아 대륙의 가운데를 차지하는 스텝 지역을 의미한다. 남으로는 사막, 북으로는 툰드라지대 사이에 끼어 있고 연간 강수량이 500밀리미터 이하인 건조 지역인데다 겨울이 길고 혹한이 심해 농사를 지을 수 없다. 따라서 이곳에 사는 사람들은 야생에서 수렵이나 채집을 하거나 가축을 방목하며 생계를 잇기 때문에 새로운 초지를 찾아 이리저리 떠도는 유목생활을 하고 있다. 따라서 한곳에 정착하지 못하고 소수의 씨족이나 부족 형태로 넓은 초원 여기저기에 흩어져 살아간다.

일반적으로 역사 기록 속의 유목민들은 갈가리 찢겨 거대한 초원에

점과 같은 형태로 흩어져 지냈는데 때로는 인근 씨족이나 부족끼리도 피를 부를 만큼 엄청난 경쟁을 벌이기도 하지만 헤게모니를 잡은 강력한 집단이 등장하면 쉽게 그 집단이 중심이 되어 하나로 똘똘 뭉치는 특성이 있다. 초원 민족의 결정판이라 할 수 있는 12세기 몽골의 경우만 보더라도 불과 한 세대 만에 조그만 부족에서 불이 붙어 제국으로 타올랐고 이것은 몽골 이전에 존재했던 수많은 초원 민족 국가들의 흥망성쇠 과정에서 쉽게 볼 수 있는 일반적인 과정이기도 하다.

문화인류학적으로 초원의 여러 유목인들을 이후 역사에 커다란 영향을 끼쳤던 국가들의 이름을 따서 '몽골-투르크계'로 통칭한다. 중원에서는 이들을 통틀어 '북적北狄', 즉 '북방의 오랑캐'라고 비하하는데, 문화적으로 앞서고 있다는 자만심이 그런 건방진 말을 쉽게 뱉도록 만들었지만 사실 그 이면에는 한족이 느끼는 피해의식도 함께 담겨 있다. 왜냐하면 기후나 여러 여건으로 말미암아 생존이 어려울 경우 초원의 유목민들이 사막을 넘어 중원의 농경지대를 약탈하는 경우가 많았으며 그때마다 한족의 중원은 심각한 피해를 입어왔기 때문이다.

유목민들은 이동과 사냥이 곧 삶이었기 때문에 전시에는 정주민들이 상상도 못할 놀라운 기동력과 전투력을 보여주었다. 또한 워낙 넓은 지역에 산개했던 생활관습 때문에 패배한 적이 철저히 굴종하지 않으면 후한을 없애기 위해 잔인하게 모든 것을 몰살했다. 그냥 살려둘 경우 차후에 문제가 되더라도 쉽게 쫓아가 처단하지 못할 만큼 초원세계는 넓었고 따라서 한 번 인연을 맺었을 때 적대 세력이라 판단되면 즉시 제거하는 것이 두고두고 편하기 때문에 생겨난 현상이다. 따라서 뛰어난 전투력에 더해서 이러한 무서운 관습은 농경 생활을 하는 정착민들 대대로 북방의 초원민족을 공포의 대상으로 여기게끔 했고, 역사 이래 중원의 천자가 해야 할 가장 큰일 중 하나가 북방의 공격으로부터 그들의 강역疆域을 최대한 보존하는 것이 될 정도였다.

흉노는 초원의 유목민인 몽골-투르크계가 기원전 3세기경 오늘날의 몽골 고원지대를 근거지로 건국한 국가의 이름인데 이후 주변의 여러 부족을 병합해가면서 제국으로 발전했고, 시간이 흐른 뒤에는 흉노라는 제국의 속민들을 모두 통틀어 지칭하는 이름으로 불리기도 했다. 때문에 흉노는 이후 같은 곳을 근거지로 흥망성쇠 했던 몽골-투르크계의 제국인 돌궐, 거란, 몽골 등의 직계 조상 국가라 할 수 있다. 그것은 마치 하나의 뿌리이며 커다란 차이가 없는 고조선, 부여, 고구려, 발해를 건국된 시대별로 구분하는 것과 같다고 볼 수 있다.

흉노가 역사 기록에 처음 등장한 것은 사마천司馬遷의 『사기史記』인데 기원전 3세기경 국가를 형성한 것으로 알려져 있다. 흉노라는 국가와 이를 건국한 민족은 그 전부터 존재했다고 추측되기도 하지만 '흉노'에 대해 명확히 기록되어 현재까지 전해오는 것은 『사기』의 내용이 가장 오래되었다. 그 이전 초원민족에 대한 내용은 아주 오래전에 훈육獯鬻 또는 호狐라고 불리는 민족이 있었다는 것과 기원전 8세기경에는 험윤獫狁으로 부르던 세력이 있었다는 단편적인 기록밖에 없는데 이들이 흉노의 조상인지는 확실하지는 않다. 다만 개연성은 상당히 크다고 볼 수 있다. 그런데 이들을 표현하기 위해 한족들이 골라 쓴 글자는 하나의 예외도 없이 '오랑캐'의 뜻이거나 상대를 비하하는 글자들이었는데 이것은 이후에 등장한 유연柔然, 선비鮮卑, 돌궐, 거란, 몽골은 물론 반농반목의 퉁그스계인 숙신肅愼, 읍루挹婁, 말갈靺鞨, 여진女眞 등을 표기하기 위해서 음차한 글자들도 마찬가지다. 바로 이러한 행태는 중화주의에 입각해 타민족을 비하하는 뿌리 깊은 우월의식의 소산이라고 볼 수 있다.

3. 나라의 기틀을 만든 이들

역사에 등장하는 초원세계 최초의 국가인 흉노를 창업한 이는 두만선우頭曼單于(?~B.C.209)였지만 실질적으로 역사에 길이 남는 초원의 제국으로 만든 사람은 그의 아들인 묵특이었는데 집권 과정부터가 한 편의 드라마였다. 한마디로 엄청난 피바람이 일었다고 말할 수 있는데 이는 마치 조선왕조의 이방원李芳遠이 왕이 될 때의 과정과도 비슷하다. 일단 묵특과 이방원의 공통점은 개국된 지 얼마 되지 않은 국가를 튼튼한 반석 위에 올려놓았다는 점이다. 많이들 간과하지만 이 점은 왕조의 흥망성쇠 과정에서 상당히 중요한 사실이다.

소설에서는 유비, 조조, 손권이 영웅들로 묘사되지만 삼국시대는 세계사에서 단지 한 단락 정도만 차지하는 아주 짧은 시기였다. 사실 역사 속에 한 번이라도 등장하는 어느 왕조의 어느 창업자인들 국가를 창업하는 데 있어 그들보다 덜 노력하고 덜 고생했겠는가? 그런데 일국을 창업하는 것도 매우 어려운 일이기는 하지만 역사에 등장한 별처럼 수많은 국가들 중 역사에 길이 남을 제국이 되느냐 아니면 그냥 사라지느냐는 창업자를 승계한 똑똑한 통치자가 나와야 가능한 일이다. 앞에 예를 든 유비, 조조, 손권의 경우는 제대로 된 후계자가 없어 그들이 만든 제국은 결국 단명의 왕조로 막을 내리게 된다.

동양에서는 중원 식으로 제왕의 호칭을 부여하는 경우, 통상적으로 지존의 사후에 그의 공덕을 기리기 위해 묘호廟號*를 붙인다. 이 경우 비록 개국시조는 아니지만 왕조를 창업하는 데 많은 힘을 보태고 후에 왕

---

* 임금이 죽은 뒤에 생전의 공덕을 기리어 붙인 이름.

위를 승계 받아 종묘사직을 든든한 반석 위에 올려놓은 제왕을 흔히 태종太宗이라 칭하는 경향이 많다. 요태종 야율덕광耶律德光(902~947), 원태종 우구데이(1186~1241), 청태종 홍타이지皇太極(1592~1643)처럼 평화롭게 정권을 인계받아 국가의 기틀을 완성한 제왕도 있지만, 조선태종 이방원, 당태종 이세민李世民(598~649)과 같이 권력욕에 눈이 멀어서 무력을 통해, 때로는 부모, 형제, 자식들도 무참하게 살육하는 엄청난 피를 부르며 권력을 잡은 후계자들이 왕조의 기틀을 튼튼히 놓은 경우도 많다. 흉노 제국을 반석 위에 올려놓은 묵특은 후자의 경우에 속하는 태종이라 할 만한 인물이다.

역사는 분명히 주관적 감정이 많이 개입할 수 있는 승리한 자의 기록이므로 그 당시의 기록이 객관적 타당성이 있는지 심사숙고할 필요가 있다. 당대에는 반정에 극렬히 반대해 역적으로 몰려 죽음까지 맞이했던 사육신이 후세에는 충절의 표상으로 바뀐 것처럼 격렬한 논쟁을 일으키는 논점에 대한 진정한 평가는 당대가 아닌 객관적으로 조망해 부담 없이 평가할 수 있는 후세에게 맡기는 것이 역사의 법칙이다.

그런데 남에 대한 기록은 당대에도 객관적인 경향이 많다. 설령 일부러 왜곡해 깎아내리고 싶은 상대임에도 불구하고 그에 대해 묘사한 기록이 놀랄 정도로 많거나 또는 기록을 남긴 자가 더할 수 없는 굴욕을 느끼게 만들었을 정도의 상대라면 당대에는 그 위세가 어떠했는지 가히 유추할 수 있다. 앞에 언급한 여러 인물들처럼 엄청난 피를 부르며 정권을 잡았고 당대에 엄청난 속도로 제국을 만들어 동양의 헤게모니를 장악한 인물이 바로 흉노의 제왕 묵특이었는데 정작 자신 스스로가 기록한 역사서나 유물은 없고 남이 묘사한 기록으로만 그 거대한 흔적을 알 수 있다. 하지만 그의 일생은 이러한 단편적인 사실만 가지고도

대하사극으로 만들 수 있을 정도다.

4. 진시황 뒤집어 보기

공교롭게도 초원에서 흉노가 서서히 국가의 모습을 갖춰가던 시기는 중원 역시 계속되던 이합집산이 종국으로 치닫던 전국시대戰國時代(B.C.403~B.C.221) 말기였다. 후에 만들어진 만리장성을 대략적인 경계로 북쪽에서는 몽골-투르크계 국가들의 이합집산이 있었고, 남쪽의 중원도 하나로 뭉치려는 기운이 팽팽해 통합의 기류가 전체 대륙을 휘감고 있었다. 이때 초원에서 거대한 세력으로 서서히 떠오르기 시작한 것은 두만이 영도하는 흉노였고 중원에서는 진秦나라 (B.C.221~B.C.206)가 통일의 주체 세력으로 등장했다.

진시황은 중국 역사상 가장 강력한 전제 군주로 알려져 있지만 유목민족에 대한 적극적인 대응을 하지 않고 만리장성을 만들어 유목민과의 대결을 최대한 회피했다.

당시 초원은 오로도스鄂爾多斯, Ordos를 중심으로 한 황토 고원 일대에는 흉노가, 그 서쪽인 외몽고 지역에는 월지月氏, 동쪽 내몽고 부근에는 동호東胡 그리고 천산산맥 북쪽에 있는 발하쉬 호수 근처에는 오손烏孫이 나름대로의 세력을 굳히고 있었다. 두만이 선우임을 주장하며 흉노를 이끌었지만 사실 이들 주변 국가들을 압도적으로 제압할 만큼의 힘을 갖추지는 못한 상태였다. 때문에 초원의 패권을 쥐기 위해 국가

간의 이합집산과 견제가 수시로 이루어지고 있었다.

반면 중원에서는 진나라가 차츰 세력을 넓혀 주변 제후국들을 차례로 격파하고 B.C.221년 역사상 처음으로 통일국가를 만들었다. 약간 미세한 차이로 초원보다 먼저 하나가 된 셈이었는데, 통일은 이룬 진시황始皇帝은 최초의 황제가 되었고 진나라는 중원 최초의 제국이 되었다. 그런데 여기서 재미있는 사실을 하나 발견할 수 있다. 진시황릉이나 분서갱유焚書坑儒로 대변되는 것처럼 중국 역사상 가장 강력한 전제 군주로 알려진 진시황이었지만 단지 중원에서만 권위를 행사할 수 있었다는 사실이다.

통일된 진나라에 가장 강력한 적이라면 바로 초원의 유목민족들이었는데 진시황은 이들에 대한 적극적인 대응을 하지 않았다는, 아니 대응할 수도 없었다는 점이다. 오히려 그는 만리장성이라는 괴물*을 만들어 유목민과의 대결을 최대한 회피하는 모습을 보였다. 더욱이 아직까지 초원은 마치 전국시대의 중원처럼 통일된 거대 제국이 등장하기 전이었다. 그렇다면 하나로 결집된 거대한 초원 제국보다는 유목민을 제압하기 쉬웠을 텐데 폭군 진시황도 머리 위에 있는 초원민족은 감히 건드릴 생각을 못하고 있었다.

…… 대외정책에도 적극성을 보여 북으로는 흉노족을 격파, 황하 이남의
땅을 수복하고 전국시대 각국의 장성을 대대적으로 개축해 요동에서 간쑤성
남부 민현에 이르는 만리장성을 건설했으며 …….

---

* 물론 오늘날에는 관광자원으로서의 역할을 톡톡히 하고 있지만 군사적으로 볼 때 만리장성은 엄밀히 말해 초원세계의 침략으로부터 중원을 구해준 적이 없고 축성하는 데에 백성의 고혈을 빨아먹은 쓸모없는 건축물로만 남게 되었다.

이것은 B.C.215년 흉노정벌 당시 몽염蒙恬의 활약을 기록한 『사기』의 내용인데 이 글은 흉노의 힘이 어느 정도였는지를 암시하고 있다.

이 글 그대로라면 진나라가 흉노족을 격파해서 얻은 황하 남쪽 땅은 오늘날 하남성河南省에 해당되는 지역이다. 다시 말해 '황하 이남의 땅을 수복'했다는 것은 당시 초원의 여러 유목민 국가 중 하나였을 뿐이던 흉노가 근거지인 오로도스에서 훨씬 남하해 이미 중원의 깊숙한 곳을 차지하고 있었다가 다시 빼앗겼다는 이야기이다. 그리고 이들을 초원으로 내쫓고 서둘러 만리장성을 만들었다는 이야기는 진시황이 초원의 주인인 유목민족과의 대결에서 이 정도로 만족했다는 의미이기도 하다. 몽염의 흉노정벌도 사실은 제국의 강역을 벗어나 초원으로 진격한 적극적인 대외원정이 아니라 진나라 중심 강역에 있던 흉노의 일부 세력을 몰아낸 것에 불과한 것이었다. 더구나 다시 한 번 언급하지만 당시의 흉노는 아직 중원처럼 통일되지 않고 이곳저곳에 흩어져서 각축을 벌이던 여러 초원 국가 중 하나였을 뿐이었다.

이것을 통해 우리는 이후 한족으로 불리게 되는 중원의 농경민족이 이미 오래전부터 초원의 유목민족들에게 심한 압박을 받아오고 있었다는 사실을 알 수 있다. 한족이 처음 만든 정사正史인 『사기』에도 춘추전국시대까지 초원과 중원의 민족들이 서로 대립하고 있었다고 분명히 기록되어 있다. 때로는 중원의 제후국들이 침략한 유목민들을 몰아내기도 했다고 쓰여 있지만 유목민족의 침략은 주나라가 동쪽으로 도망가게 된 직접적인 원인이 되었다. 화북지방의 여러 제후국들은 이들의 침략을 막기 위해 장성을 구축했고 진시황이 통일 후 이를 연결해 만리장성을 만들었을 정도로 중원의 한족들에게 초원의 압박은 우리가 상상하는 이상으로 두려운 것이었다.

5. 아버지와 아들

인근의 여러 부족을 통합해 흉노를 건국하고 두만이 선우의 자리에 오른 정확한 때는 알려지지 않고 있다. 비록 두만이 스스로 선우라고 주장하기는 했지만 그가 정권을 잡고 있을 당시의 흉노는 초원을 완전히 지배하는 유일한 슈퍼파워는 아니었다. 특히 주변의 월지, 동호와의 대결 구도가 심했는데 이들과 세력이 비슷했다. 그런데 진시황 사후 병권을 장악한 몽염이 권력다툼 과정에서 죽자 두만이 진나라를 공격해 오르도스 지역을 회복했다고 『사기』에 전해진다. 흉노는 초원에서 중간 정도의 힘을 가진 국가에 불과했지만 중원에서 허점만 보이면 언제든지 남쪽으로 세력을 넓힐 능력이 있었던 것이었다.

전쟁 중에 항상 흉노군의 선두에 섰던 믿음직한 기둥은 두만의 맏아들인 묵특이었는데 이미 후계자로 책봉되어 있던 상태였다. 그런데 당시 두만에게는 연지閼氏*가 낳은 어린 아들이 따로 있었는데 애첩에게 마음을 주고 있던 두만은 태자를 바꾸고자 결심하게 된다. 이는 우리에게 1,500년 후 조선의 이성계와 이방원의 경우를 연상시키는데, 결국 둘 다 피를 부르며 해결되었지만 그 과정과 방법은 묵특이 더욱 잔인했다. 뒤에서도 살펴보겠지만 초원 유목민족들에게는 장자승계 원칙이 확립되어 있지 않아 능력이 있으면 어느 자식이든 대권을 거머쥘 수 있었는데 다만 합당한 명분이 있어야 했다.

따라서 애첩은 묵특을 합리적으로 제거하기 위한 음모를 꾸미는데, 국가 간의 안전보장을 위한 볼모로 묵특을 월지에 보내기로 한 것이다.

---

* 흉노가 후궁을 이르는 말.

이는 이때까지도 흉노가 초원세계의 절대적 맹주는 아니었다는 증거이기도 하며 이 자체만으로도 대권 경쟁에서 묵특이 밀려났음을 뜻하는 것이었다. 하지만 묵특을 확실하게 제거하기 위한 무서운 음모는 따로 있었는데 흉노가 월지를 기습 침공한 것이다. 이것은 월지 정복이 목적이 아니라 월지를 격분시켜 볼모로 잡고 있던 묵특을 죽이게끔 유도한 것이다. 아버지 두만은 애첩의 계략에 부화뇌동하여 자식이 적지에서 비참하게 최후를 맞이하게끔 일을 꾸민 것이다.

그런데 묵특은 전쟁의 와중에 오히려 단신으로 월지의 명마를 훔쳐 탈출해 흉노로 돌아온다. 죽었으려니 생각하고 있던 묵특의 생환에 두만은 소스라치게 놀랐지만 그러면서도 그 용감함에 탄복을 금치 못했다. 비록 죽이려 했던 자식이었지만 두만은 칭찬을 아끼지 않았고 묵특이 태자임을 재차 천명했다. 그 증거로 만기萬騎의 군사를 내주면서 제2인자의 위치인 좌현왕左賢王의 작위를 내렸는데 결국 이러한 행동은 스스로의 명을 단축하는 결과를 가져오게 된다. 머리가 영민했던 묵특은 두만이 애첩과 그의 배다른 형제들을 계속 비호하는 한 결코 자신의 자리가 영원할 것으로 생각하지 않았다. 결국 그는 대권을 물려받지 않고 빼앗기로 결심한다.

묵특은 수하로 들어온 만기의 군사들을 그의 명령이라면 불속에도 뛰어들 만큼 혹독하게 조련하기 시작했다. 시간이 흘러 수하들이 어느 정도 아버지의 그늘을 벗어나 자기의 충복이 되었다고 판단하자 묵특은 명령을 내렸다. "이제부터 너희들은 내가 명적鳴鏑*을 쏘면 무조건 소리가 나는 방향으로 화살을 쏘아야 한다. 만일 이를 어길 경우 죽음으로

---

* 날아갈 때 공기와의 마찰로 인해 소리가 나도록 만든 화살로 주로 신호 전달용으로 쓰인다.

다스리겠다."

　얼마 후 사냥터에서 묵특은 사슴에게 명적을 쏘았고 수하들이 명적 소리를 따라 발사한 화살은 사슴을 향해 날아갔다. 하지만 이때 명령을 깜박 잊고 화살을 쏘지 못한 부하들은 모두 참살되었다. 시간이 흐른 후 다시 사냥터에 간 묵특은 갑자기 자기의 애마를 향해 명적을 날린다. 이번에는 많은 부하들이 주군이 아끼는 말을 향해 화살을 쏘지 못하고 머뭇거렸는데 묵특은 이들도 참살했다. 또 시간이 흐른 후 묵특은 갑자기 자신의 연지에게 명적을 날렸다. 명령은 분명히 알고 있었지만 명적이 날아간 곳이 주군이 가장 총애하는 애첩인지라 많은 병사들은 차마 화살을 쏘지 못했고 그 결과는 또다시 대참살이었다.

　그리고 시간이 흘렀다. 사냥터에서 묵특은 자기 아버지인 두만을 향해 명적을 날렸다. 이때 모든 병사의 화살이 동시에 두만을 향해 날아갔고 두만은 피할 틈 없이 온몸에 화살을 맞고 고슴도치와 같이 되어 비참한 최후를 맞이했다. 그리고 묵특은 눈엣가시 같았던 두만의 연지와 그의 소생들을 비롯해 자신의 등극을 방해하던 세력을 일거에 날려 보낸다. 그렇게 엄청난 피바람을 부른 후 묵특은 드디어 흉노의 선우에 오르게 되는데 그때가 B.C. 209년이다.

　사실 묵특이 명적을 이용해 부친을 교묘하게 살해하고 정권을 찬탈한 것은 누가 보더라도 패륜에 해당되는 반역 행위였다. 하지만 그는 이런 점조차 치밀하게 계산하고 있었다. 무시무시한 반복 훈련을 통해 단 한 번의 활질로 수많은 자기 수하들을 정권 찬탈의 공범자로 만들어버린 것이다. 반면 정권을 잡은 후 묵특은 그와 함께한 수하들과 권력을 공유하며 끈끈한 관계를 맺었고 이것은 흉노가 제국으로 발전하게 되는 기반이 되었다.

6. 나라의 근본

묵특은 선우의 자리에 오르자 제일 먼저 내치에 힘을 기울이기 시작한다. 원래 피를 부르면서 정권을 잡았을 경우에는 일단 정권의 정통성이 빈약하고 반대 세력의 불만 요소가 잠복되기 마련인데 묵특은 이를 잘 알고 있었다. 그래서 정권을 공고히 하기 위해 되도록이면 외부와의 충돌을 최대한 억제했다. 그런데 주변국들이 흉노의 정변을 핑계 삼아 서서히 간섭하기 시작했다.

『사기』「흉노전」에는 흉노의 동쪽인 내몽고 지역에 근거지를 두고 있던 동호가 도발해 온 사건에 대해 기록되어 있다. 일단 두만보다 만만해 보이는 묵특이 선우가 되자 동호는 흉노에게 천리마를 요구했는데, 초원민족들에게 말은 국력을 좌우할 만한 상당한 재산이었고 그중 흉노는 좋은 말의 산지로 유명했다.

신하　"천리마는 흉노의 보배입니다. 이를 요구하는 동호는 무례하기 그지없습니다. 엄히 대처하셔야 합니다."

묵특　"나라 간의 우정을 쌓는데 그깟 말 따위가 어찌 귀중하겠는가? 주도록 해라!"

예상 외로 순순히 천리마를 받게 된 동호의 왕(정확히 누구인지는 기록되어 있지 않다.)은 기고만장하여 이후 또 다른 요구를 하는데 한마디로 방자하기 그지없는 요구였다. 묵특선우의 연지 중 하나를 상납하라는 것이다.

신하　"연지를 요구한다는 것은 폐하와 우리를 욕보이는 행동입니다. 엄히 대처하셔야 합니다."

묵특　"나라 간의 화평을 위한다면 여자 하나 주지 못하겠는가? 주도록 해라!"

신하들의 반대에도 불구하고 묵특은 표정 하나 바꾸지 않고 그가 거
느리고 있던 연지 중 가장 미인을 골라 동호에 주었다. 묵특의 깊은 뜻
을 모르던 동호의 왕은 흉노가 동호에게 굴복한 것으로 지레짐작하고
사신을 보내 동호와 흉노 사이에 있는 1,000여 리에 걸친 구탈지顧脫地*
를 달라고 했다.

신하   "그 땅은 황무지로 있어도 그만 없어도 그만이오니 양국의 친선을 위
       해 주셔도 됩니다."
    사신의 요구조건에 일부 신하가 그렇게 화답하자 묵묵히 듣고 있던 묵특은
자리에서 일어나 천둥 같은 호령을 내렸다.
묵특   "무엇이라고! 네 이놈들! 땅은 나라의 근본이거늘 어찌 함부로 넘겨줄
       수 있다는 말인가?"

대노한 묵특은 동호의 사신을 그 자리에서 능지처참해버리고 땅을
주자고 했던 신하들의 목도 베어버린 후 곧바로 군사를 일으켜 동호를
공격했다. 그리고 얼마 후, 동호라는 국가명과 민족명은 역사에서 사라
졌다.
그 당시 동호는 흉노보다 더 강대한 초원 유목민 국가였는데 묵특에
게 정복당한 후 상당 부분이 흉노에게 흡수되었고 흉노의 지배를 간신

---

* 서로 경계를 접하고 있는 유목민족이 불필요한 싸움을 피하기 위해 양쪽 모두 수비병을
배치했던 중간 지대.

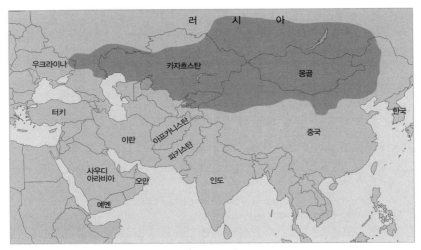

7-1 기원전 2세기경 흉노의 극성기 강역

히 벗어난 세력은 뿔뿔이 흩어져 동쪽이나 남쪽으로 이동해 은인자중하다 서기 2세기 이후 거란, 선비, 오환烏桓 등의 이름으로 역사에 재등장하게 된다.

사실 묵특은 내실을 탄탄히 하기 위해 그동안 굴욕을 감내했고 힘이 충분히 길러졌다고 판단되자 명분을 발판 삼아 대외 원정을 시작한 것이었다. 동호를 순식간에 멸망시킨 묵특은 말을 서쪽으로 돌려 한때 그가 볼모로 가 있던 월지를 쳐부숴 현재의 러시아 쪽으로 몰아내면서 초원 지대의 거의 모든 민족을 복속시켰다. 묵특은 역사상 최초로 초원세계를 통일한 인물이 되었고 흉노의 선우는 초원 제국의 황제가 되었다. 당시 흉노의 영토는 동으로는 만주, 북으로는 바이칼 호수, 서로는 아랄 해, 남으로는 중원의 위수渭水와 티베트 고원까지였다. 이것은 당시 중원의 3배에 달하는 거대한 크기였고 1,200년 후 칭기즈 칸의 업적과 비슷한 규모였다.

7. 멍청한 군주의 도전

이제 묵특에게 유일하게 남은 적대 세력은 만리장성 남쪽에 새롭게 등장한 한漢나라였다. 묵특이 정권을 잡고 내실을 키운 후 초원세계를 정복하던 시기에 중원도 거대한 역사의 격랑에 휩쓸려 들어갔다. 영원히 권력을 누릴 것 같던 진시황이 사망하자 중원을 처음으로 하나로 만든 진나라는 순식간에 몰락했다. 그러한 권력의 공백기에 항우項羽와 유방劉邦이 천하를 놓고 싸운 결과 결국 유방이 승리해 두 번째 통일 제국인 한나라를 세운다. 이로써 한족이 마음의 고향과 같이 생각하는 한나라가 역사에 등장했는데 불쌍하게도 흉노 제국과 시작을 같이했던 것이었고, 이제부터 만리장성 밑의 중원에서 잘난 척하던 한족들에게는 굴종의 역사가 시작되었다.

모사꾼이었던 유방은 한나라를 건국한 후 일인 지배 권력을 더욱 강화하고자 그동안 수하로 부리던 많은 인재들을 숙청하기 시작했다. 그런데 이러한 욕심이 건국한 지 얼마 안 된 한나라를 커다란 위기에 빠뜨리게 된다. 먼저 유방의 죽마고우로 한의 연왕燕王이 되었던 노관盧綰이 B.C.201년 진희의 반란 때 반역죄로 누명을 쓰자 흉노로 투항한다. 당시 묵특이 영도하던 흉노는 진나라 시기에 일시적으로 빼앗겼던 오르도스 지역을 흉노의 강역으로 완전히 병합하는 등 세력을 넓히고 있어 한나라의 잠재적 위협 대상으로 떠오르고 있던 중이었다.

평소 이런 흉노를 껄끄럽게 생각하던 유방은 개국공신인 한왕韓王 신信을 북방의 대代(현재의 산서성山西省 태원太原 부근)로 보내 흉노를 견제하도록 했다. 하지만 사태를 정확히 볼 줄 알았던 한왕 신은 자신의 힘만으로 흉노를 제압하기 어렵다고 판단해 흉노와 화친을 추구했다. 그런데 의심이 많았던 한고조漢高祖는 이것을 반란으로 여겨 한왕 신을 소환하는데 결국 그도 흉노로 투항했고 오히려 흉노가 대 지역을 공략하는 데 있어 앞잡이가 되었다. 이러한 일련의 행태에 유방은 분노했고 직접 친정을 하여 초원을 통일하고 세력을 넓히기 시작한 흉노를 정벌하기로 결심했다.

소설 속에서의 유방은 한나라의 시조답게 상당히 영민한 인물로 표현되지만 정사인 『사기』에 나와 있는 흉노와의 관계만 보면 유방처럼 무식하고 부족한 군주도 없다. 단지 항우를 제압하고 중원을 제패했다는 자만심이 너무 컸는지는 몰라도 역사 이래 계속해서 중원을 압박했던 초원국가들의 강성함을 망각하고 있었다. 더구나 그가 손보려는 흉노는 초원세계를 하나로 막 통일한 거대한 제국으로 이전의 흉노와는 한마디로 차원이 달랐다. 하지만 성급했던 유방은 대군을 동원해 B.C. 200년 겨울, 흉노를 대대적으로 공격했다. 흉노가 갓 태어난 한나라에 큰 골칫거리가 될 것으로 예상한 것은 제대로 된 예측이었지만 대처한 방법은 대단히 잘못된 것이었다. 유방은 진시황이 왜 만리장성을 축조하고 그것으로 만족했는지 아직 깨닫지 못하고 있었던 것이다.

역사서에는 중원을 제패한 유방과 초원의 황제인 묵특이 대륙의 패권을 놓고 각각 30만 대군을 동원해 대결한 것으로 기록되어 있다. 그들이 자웅을 겨룬 곳은 오늘날 산서성 대동大同 인근으로 추정되고 있는데 이곳은 네이멍구 자치구와 산서성의 경계, 즉 초원과 중원의 갈림길과 같은 곳이다. 처음에는 한나라군이 우세해 파죽지세로 흉노군을 밀어붙였지만 그러나 겉으로만 그렇게 보였던 것뿐이고 단지 멍청한 유방만이 자기 뜻대로 전쟁이 진행되고 있는 것으로 착각하고 있었다. 한나라 군대는 거짓으로 쫓겨 도망치는 흉노군을 쫓아 앞으로 달려 들어가고 있었다. 유방을 비롯한 한나라 군대가 계획된 함정으로 들어온 것을 확인한 묵특은 배후를 닫아버렸고 거짓으로 후퇴하던 흉노군 주력도 뒤로 돌아 공격하기 시작했다. 유방은 퇴로가 막힌 채 완전히 포위당한 형국이었고 백등산白登山으로 도망갈 수밖에 없었다.

한나라 주력이 백등산으로 도망치자 현명한 묵특은 결코 서두르지 않았다. 그냥 산 밑에서 첩첩이 포위해버린 것이다. 어차피 식량도 제대로 챙기지 못하고 허겁지겁 도망간 유방이 혹한의 겨울 산속에서 버틸 시간은 그리 길지 않았다. 『사기』에는 다음과 같이 기록되어 있다. "평성에서 흉노에게 포위되어 7일간 식사도 하지 못했다." 유방이 택할 수 있는 방법은 별로 없었다. 굶어 죽거나 얼어 죽거나 아니면 최후의 저항을 하다 장렬하게 죽거나 그렇지 않으면 무조건 항복이었다.

과연 당시 유방은 무슨 생각을 했을까? 아마도 묵특이 자신의 두개골에 술을 따라 먹는 끔찍한 상상을 했을지도 모른다. 흉노에게는 끝까지 저항하다가 패한 적장은 능지처참하여 두개골에 술을 따라 마시는 풍습이 있었다. 한을 건국한 지 10년도 되지 않아 유방은 모든 것을 잃고 비참하게 최후를 기다려야 하는 가엾은 신세가 되었다. 결국 살기 위해서 그가 택한 방법은 바로 굴종이었다. 굴종도 그냥 굴종이 아닌 아주 철저한 굴종이었다. 그래야만 목숨을 구할 수 있었고 잘만 하면 그가 어렵게 만든 왕조도 살릴 수 있을 것으로 판단했던 것이다. 유방은 구사일생으로 백등산에서 벗어나게 되는데 정사에는 "진평陳平의 책략으로 흉노의 황후에게 사신을 보냈고 이 때문에 포위가 일부 풀려 고조가 탈출에 성공했다."고 기록되어 있다.

하지만 무슨 책략인지에 대해 정확히 알려진 것은 없다. 아마 밝혀서 정사에 적기 곤란했을 만큼 치욕적인 것이었음에 틀림없다. 후대의 학자 환담桓譚은 그의 저서 『신론新論』에서 다음과 같이 주장했다. "사실이 밝혀지지 않은 이유는 그것이 책략이 아니라 비열한 술수였기 때문이다." 그의 주장에 따르면 당시 진평은 엄청난 금은보화를 준비해 흉노의 황후를 찾아가 남편인 묵특을 설득해 유방을 살려달라고 애걸복걸했다. 더불어 여인의 질투심도 자극했는데 만일 유방이 지금 탈출하지 못하면 한나라 최고의 절세미인을 묵특에게 바칠 예정이라고 했다고 한다.

엄청난 뇌물에 눈이 멀고 질투심도 자극받은 황후는 이성을 잃고 묵특을 설득했다고 전해지는데 이때 한 황후의 말은 사기에 그대로 전해진다. "선우께서는 왜 한낱 불쌍하고 초라한 왕을 굳이 해하려 하십니까? 그냥 풀어주면 흉노와 선우께 많은 이득을 준다고 하니 오히려 그것이 유리한 것이 아니겠습니까?" 이 말에 묵특이 동했는지는 몰라도 흉노는 포위망 일부를 풀어주었고 추격도 하지 않아 유방은 겨우 목숨을 건질 수 있었다. 과연 이것이 책략을 이용한 멋진 탈출이라고 할 수 있을까? 하지만 유방의 굴욕은 아직 끝난 것이 아니었고 흉노에 대한 한나라의 굴욕은 이제 시작됐을 뿐이었다.

8. 대륙을 지배한 제왕

모두 알다시피 중국의 역사는 상당히 길다. 엄밀히 말해 기록이 오래전부터 남아 있다는 것이 맞는 표현이겠다. 왜냐하면 비록 중국의 황하유역이 4대 문명 발생지 중 하나이기는 하지만 동시대에 다른 지역에도 많은 사람들이 살고 있었다. 차이라면 단지 그들은 스스로의 기록을 남기지 못했을 뿐이다. 때문에 현재 중국인들, 특히 한족들은 기록된 역사에 대해 상당한 자부심을 가지고 있다. 공간이 크고 기록이 오래됐기 때문인지는 모르나 중국의 역사에 단 한 번이라도 등장하는 왕조를 일일이 언급하기조차 힘들 만큼 수많은 나라가 일어섰다 쓰러졌지만 그러나 번성했다는 왕조조차 단대사斷代史가 그리 길지는 못하다. 이렇게 나타났다 사라진 수많은 별들 중에서도 한나라는 중국인들에게 최고의 왕조였다. 한족, 한문, 한학 등과 같이 중국의 문화적 원류를 완성한 시기이기 때문이다. 또한 그들은 한족이 이 시기에 가장 적극적인 대외 진출을 이루었다고 자부심을 가지고 있다.

하지만 적어도 역사를 제대로 공부한 사람이라면 이것이 마치 분식회계 처리된 부실기업의 대차대조표임을 쉽게 알 수 있다. 지금까지 알아본 것처럼 흉노의 초원세계 통일과 한나라의 등장 이후 본격적으로 전개된 유목민족과 농경민족 간의 대결은 유구한 중국 역사에서 한족에게 본격적인 굴욕의 역사가 기록되기 시작했음을 의미하는 것이었다.

백등산에서 유방은 단지 뇌물만 써서 목숨을 구한 것은 아니었고 묵특이 부인의 바가지에 질려서 유방의 탈출을 고의로 방조한 것도 아니었다. 묵특과 유방 사이의 이면에는 더한 굴욕적인 계약이 담겨져 있었다. 구사일생으로 목숨을 구하게 된 한고조 유방은 수하인 유경劉敬을 보내 다음의 사항을 재차 약속했다.

첫째, 한의 공주를 흉노 선우에게 의무적으로 출가시킨다.

둘째, 한은 흉노에 매년 술, 비단, 곡물을 포함한 일정량의 조공을 바친다.

셋째, 한과 흉노가 형제맹약兄弟盟約을 맺어 동등한 지위를 가진다.

넷째, 만리장성을 경계로 양국은 서로 상대의 영토를 침범하지 않는다.

이 합의는 B.C.198년 한나라 공주가 묵특에게 상납됨으로써 시작되어 한나라의 5대 황제인 문제文帝 때까지 이행되었다. 또한 주기적으로 바치는 조공 액수도 매년 증가되었는데 경우에 따라서는 한나라 재정에 상당한 부담을 안겨주었다. 이것은 결국 조약의 네 번째 사항인 만리장성 이남의 한나라 강역만을 보존하기 위한 철저한 굴종이었고 한나라가 흉노의 속국이 되었음을 의미한다. 유방은 진시황이 만리장성을 쌓아 몸을 사렸던 진정한 이유를 비싼 대가를 치르며 깨닫게 되었던 것이다.

결론적으로 한나라는 국가의 안위보다는 단지 유씨劉氏 사직을 보존하고자 스스로 흉노의 그늘 아래 의탁하는 방법을 택했다. 이는 야사나 전설이 아닌 한족이 쓴 정사 중 최고이며 모범이라 추앙받는 『사기』에 나오는 가감 없는 내용이다. 그런데 중국의 학계에서는 조약의 세 번째 사항인 '한나라가 형, 흉노가 아우'가 되기로 한 형제맹약을 들먹이며 동등한 조약이었고 한나라의 굴욕은 아니었다고 강변한다. 하지만 이는 단순히 겉으로 드러난 문구만 가지고 본질을 흐린 변명에 불과하다.

초원의 유목민들은 명분보다 실리를 중시하던 민족이다. 앞서 언급했듯이 원래부터 장자 상속의 관습도 없을 만큼 형이나 아우라는 단어 자체가 그들에게는 전혀 중요하지 않았다. 이후 역사에서도 비슷한 예를 흔하게 발견할 수 있다. 1004년 송나라가 살려달라고 애걸복걸하며 요나라에게 조공을 바치며 맺었던 전연의맹澶淵之盟에서도 송이 형, 요가 아우였다. 하지만 이러한 글자로 나타난 형식보다 더욱 중요한 것은 실제로는 초원의 선우나 칸이 중원의 황제를 신하로 여기고 있었다는 점이다. 이를 부인할 방법이 있다면 그들 스스로가 써온 역사의 많은 부분마저 부정하는 역사 왜곡이 유일한 방법일 것이다.

묵특이 그의 후예인 칭기즈 칸과 달랐던 점은 시간과 비용이 많이 드는 직접 통치보다는 적을 살려는 주되 철저히 굴종시켜 간접적으로 중원을 지배하는 것으로 만족했다는 사실이다. 한나라가 흉노의 신하가 되었던 이러한 신속臣屬 관계는 냉정히 말하면 청나라 때까지 관통하여 초원과 중원의 관계를 규정하는 대륙의 일반적인 법칙이 되었다. 일시적으로 반항을 하기도 했지만 단 한 번도 중원의 한족들이 동양사의 헤게모니를 장악했던 적은 없었다. 한족은 진시황이 그어놓고 유방이 피눈물을 흘리며 확인한 만리장성을 넘을 생각을 추호도 하지 못했다.

유방이 죽을 때 마지막으로 남긴 유언은 '절대로 흉노를 건드리지 마라.'였다. 그가 창업한 왕조를 오래도록 보존하기 위해 그의 후손들이 지켜야 할 제1덕목이 바로 굴종이라는 의미다. 제7대 황제였던 무제武帝 유철劉徹이 이러한 패러다임을 극복하고자 50여 년에 걸쳐 흉노에 도전했지만 결론적으로 피만 부르고 제국의 몰락을 부채질하는 결과만 불러왔을 뿐이었다. 그리고 다시 한나라는 흉노를 모시고 사는 삶을 선택했고 이렇게 계속된 흉노의 대륙 지배는 세월이 흘러 중원으로 스며들어 관롱집단關隴集團*이라 정의된 그들의 후손이 화북의 지배계층으로 활약하다가 7세기에 중원을 통일한 당나라(618~907)의 건국 주체가 됨으로써 절정을 맞았다.

하지만 당나라는 종착지가 아니고 단지 중간 기착지였을 뿐이었다. 중원으로 남하하지 않고 흉노의 발원지에서 새롭게 흥망성쇠를 거듭한

---

* 중국 사학자 진인각陳寅恪이 정의한 것으로 오랜 세월에 걸쳐 중원을 지배하면서 옮겨 온 흉노계 선비족이 한족 등과 통혼함으로써 형성된 황실 또는 이를 중심으로 하는 지배자 집단을 뜻한다. 이들은 북족北族의 전통도 계승하고 있었다.

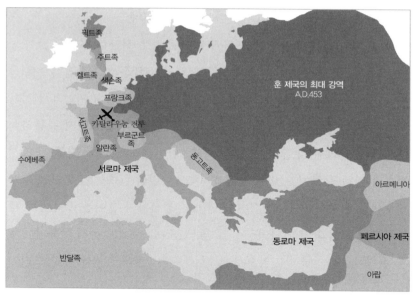

7-2 유럽 역사에 홀연히 등장한 훈을 흉노의 후예로 보는 의견이 많다. 그렇다면 흉노가 캅카스에 살던 게르만의 이동을 촉진시킨 셈이고 결국 유럽으로 도망간 게르만이 로마를 멸망시켰으니 흉노는 세계의 역사를 바꾼 주역이 되는 셈이다. 지도는 5세기경 훈의 극성기 모습인데 오늘날의 프랑스까지 세력을 뻗쳤다.

또 다른 유목민의 초원 제국들이 이후에도 계속 역사의 주역이 되었다. 요(916~1125), 금(1115~1234), 원(1271~1368), 청(1644~1912)으로 이어진 유목민들의 대륙 지배를 부인할 근거는 전혀 없다. 그리고 이러한 초원민족의 대륙 지배를 시작하고 부인할 수 없는 역사의 기록으로 남긴 인물이 바로 묵특선우다.

사실 역사에 등장한 수많은 정복자들 중에서 묵특만큼 그 크기에 비해 많이 알려지지 않은 인물도 없다. 묵특에 대해 남겨진 기록은 그의 거대한 행보에 비한다면 없다고 봐야 할 정도로 적다. 그러나 기록이 많이 남아 후세에 많이 알려진 정복자들 중에서도 묵특을 능가할 만큼 역사에 커다란 발자국을 남긴 인물을 발견하기란 쉬운 일이 아니다.

초원의 역사에 대한 기록을 살펴보면 돌풍과 같다는 느낌을 받는다. 돌풍은 예견하지도 못하는 때 순식간에 불어 닥치지만 막상 바람 그 자체는 눈에 보이지 않는다. 하지만 돌풍이 남기고 간 흔적은 크고 깊고 거대하다. 스스로 기록을 남기지 않아 제대로 보이지는 않았지만 돌풍의 흔적처럼 역사에 커

아틸라 대왕은 훈족 최후의 왕이며 가장 강력한 왕으로 아틸라 대왕 시절의 훈 제국은 로마를 압박하며 오늘날의 프랑스 인근까지 영향력을 행사했다.

다란 자국을 남긴 초원세계 최초의 황제 묵특의 신화는 길이길이 남을 것이다.

Part 8. 우리 땅은 우리가 지킨다

러시아 군인에서 핀란드 대통령으로, 만네르헤임

만
네
르
헤
임

Carl Gustaf Emil Mannerheim

그나마 최근에는 기능성 겸과 휴대폰 때문에 알려지긴 했지만 아직까지도 우리에게 핀란드라는 나라는 상당히 생소하다. 개략적인 역사 등은 고사하고 이 나라가 어디에 있는지 모르는 사람도 많다. 넓은 영토를 가졌지만 북극에 가까워 기후가 나쁘고 국토도 대부분 척박한데다 인구는 경기도민의 절반 정도인 500만 정도 밖에 되지 않으니 작은 나라에 속한다고 볼 수 있다. 그런데 역사, 특히 전쟁사를 다루는 사람들 입장에서는 핀란드만큼 강렬한 인상을 주는 나라를 찾기도 힘들다.

사상 최대의 전쟁이었던 2차대전 당시에는 원하지 않는 전쟁에 타의로 참여하게 된 약소국들이 많았지만 대부분 그냥 한두 줄 정도로 간략하게 기록되거나 생략되기 일쑤다. 예를 들어 핀란드와 비슷한 시기에 독립했고 국가 규모나 인구도 얼추 비슷한 이웃의 발트 3국은 1939년 소련의 전격 침공으로 하루아침에 없어져버렸지만 이런 사실조차 제대로 알지 못하는 사람들이 더 많다. 그런데 비슷한 시기에 소련이라는 강대국의 도발에 굴복하지 않고 고슴도치 같은 용기를 보이며 끝까지 독립을 지켜낸 나라가 바로 핀란드다.

핀란드가 독립을 수호하게 된 데는 여러 가지 이유가 있었겠지만 그중에서도 독립을 유지하기 위해 투쟁한 국민들의 꺾이지 않는 용기와 이를 하나로 모을 수 있었던 지도자의 능력 때문이었다. 특히 핀란드의 국부와 다름없는 만네르헤임은 강대국 사이에 끼인 약소국이 자주적으로 살아갈 수 있게 하는 리더십을 뚜렷이 알려준 지도자다. 핀란드의 현대사에 각인된 만네르헤임의 모습을 반추하면 고난의 시기를 극복해야 할 지도자에게 필요한 덕목이 무엇이지 깨닫게 된다.

1. 헬싱키역에 내린 장군

1917년 12월 18일, 러시아 제국군의 군복을 제대로 차려입은 커다란 키의 고급장교 한 명이 러시아의 페트로그라드Petrograd(현 상트페테르부르크 Sankt Peterburg)를 떠나 헬싱키Helsinki 역에 도착한 기차에서 내렸다. 중장의 계급장을 달고 있던 그는 제정 러시아군의 기병장교였는데 러시아가 혁명의 소용돌이에 빠지고 그가 극도로 혐오하던 볼셰비키가 정권을 장악하자 자의 반 타의 반으로 이곳에 오게 되었다. 당시 헬싱키는 그가 도착하기 직전인 12월 6일, 막 독립을 선언한 신생 핀란드의 수도였다. 그는 러시아 차르에게 신하로서 충성을 맹세하고 1차대전에서도 열과 성을 다 바쳐 복무해왔지만 혁명으로 인해 갑자기 충성의 대상을 잃은 상태였는데 때마침 독립을 선언한 핀란드로부터 새로운 국가를 위해 함께 일해줄 것을 요청받았고 그는 여기에 응했다.

　그는 엄밀히 말하면 16세기에 독일에서 스웨덴으로 이주한 몰락한 귀족 가문의 후손이었지만 고조부 때부터 제정 러시아 내 핀란드 자치

공국에 자리 잡아왔고 그 또한 아스카이넨Askainen에서 태어난 핀란드인이었다. 혁명으로 더 이상 러시아에 있을 수 없던 이 고급장교는 이러한 인연 덕에 막 탄생한 신생독립국의 군대를 만드는 데 힘을 보태게 되었다. 하지만 이렇게 시작한 그의 새로운 도전은 단순히 신생 독립국의 군대 건설로만 끝나지 않았고 몇십 년에 걸쳐 계속된 외세의 위협으로부터 조국의 독립을 수호하고 핀란드를 탄탄한 반석 위에 올려놓는 투쟁을 지휘

핀란드에서 구국의 영웅이자 국부로 칭송받는 칼 구스타프 만네르헤임.

하도록 만들었다. 이 인물이 바로 외부에서는 기회주의자라는 혹평도 일부 있지만 적어도 핀란드에서는 구국의 영웅이자 국부國父라고 칭송받는 칼 구스타프 만네르헤임(1867~1951)이다.

그는 두말할 필요가 없는 엄청난 이기주의자였는데 그가 극도로 욕심을 부린 절대 가치는 오로지 핀란드의 독립이었다. 이 목표를 위해 그가 보여주었던 방법론에 대해 많은 칭송은 물론 극단적인 비판도 있지만, 나는 강대국 사이에 껴 있는 약소국의 생존방법을 누구보다 확실하게 세계사에 각인시켜준 인물로 평가하고 싶다. 그는 굴종을 할 때는 확실하게, 저항을 할 때는 더욱 강렬하게 하고 그리고 이용할 상대가 있다면 철저히 이용하고 필요하다면 배신까지도 했는데 이런 모순적인 행태는 오로지 핀란드의 독립을 지키기 위한 다양한 방법들이었을 뿐이

다. 그의 이런 야누스 같은 행태를 제대로 이해하려면 먼저 핀란드라는 나라의 독립 과정에 대해 알아볼 필요가 있다.

2. 내실을 다져온 핀란드의 실용주의

핀란드는 오랫동안 북방의 강자로 군림한 스웨덴의 변방 영토였다. 그동안 수차례 독립운동을 했지만 실패를 경험한 핀란드인들은 자신들의 능력을 초과한 무모한 독립 시도는 희생만 야기할 것이라 판단하고 은인자중하며 우선 내실을 다져나가는 방향을 선택했다. 그러던 1809년 나폴레옹 전쟁 이후 국력이 비약적으로 신장한 러시아가 스웨덴 세력을 몰아내고 핀란드를 러시아의 영토로 합병했다. 때때로 독립을 위해 저항도 했지만 스웨덴보다 더 강력한 러시아가 새로운 지배자가 되자 아직은 때가 아니라고 생각한 핀란드는 러시아의 환심을 사기 위해 먼저 러시아의 제도 및 문물을 적극적으로 받아들이는 것처럼 행동하면서도 내부적으로는 민족정신을 함양하는 데 전력을 다했다. 그 결과 핀란드는 러시아 제국 내에서 핀란드어를 공식 언어로 인정받고 자치의회를 구성할 만큼 고도의 자치권을 얻어내는 데 성공했다.

핀란드는 표면적으로는 복종하는 듯 보였지만 사실상 상당한 실리를 챙기고 있었다. 이렇듯 차근차근 내실을 다져 몇 가지 분야만 빼고 독립국과 같은 위치에 있던 핀란드는 러시아가 힘이 약해졌을 때 독립만 선언하면 될 정도로 이미 만반의 준비를 마쳐놓은 상태였다. 그리고 1917년 러시아 혁명은 오랫동안 기다려왔던 바로 그 기회가 되었다. 1차대전과 러시아 혁명으로 말미암아 1918년 이후 그동안 제정 러시아가 점령하고 있던 동유럽 지역에서 많은 신생 독립국들이 탄생했고 핀란드도 이 기회를 제대로 이용해 꿈에 그리던 독립을 하게 되었다.

앞에서 말했듯이 핀란드의 대처방법은 급진적이지 않았고 내공을 키워 적절한 기회를 잡는 형태였는데 이러한 핀란드의 태도는 동시대에 독립을 쟁취한 이웃 폴란드와 비교했을 때 많은 생각을 하게 만든다. 20세기 초까지 핀란드와 폴란드는 모두 러시아의 속국이었는데 원래부터 변방의 약소국이었던 핀란드는 앞서 언급한 것처럼 굴종을 감내하면서 내실을 키워나갔던 데 반해, 한때 중부유럽의 강자로 군림했던 폴란드는 18세기 말 지도에서 사라지는 존재가 되었음에도 고래심줄 같은 자존심을 무기 삼아 정복자에게 순순히 굴종하기보다는 명예롭게 탄압받는 길을 택했다. 특히 폴란드를 분할한 러시아, 프로이센, 오스트리아 중에서도 바르샤바를 포함해 대부분의 폴란드 영토를 장악한 러시아에 대한 저항은 극렬한 수준이었다. 비록 같은 슬라브계이지만 가톨릭이 국교이다시피 한 폴란드에게 있어 그리스정교의 변형인 러시아정교는 받아들이기 곤란한 이단과 다름없었다. 더구나 오랫동안 몽골의 식민지였던 러시아에 대해 느끼는 문화적 우월감 때문에 거부감은 더욱 심했다.

폴란드의 과거와 폴란드인들의 자긍심을 잘 알고 있던 러시아도 처음부터 채찍으로만 폴란드를 지배하기는 힘들 것이라고 생각했다. 그리하여 점령지에 괴뢰국이지만 표면적으로 자치권이 있는 것처럼 보이는 폴란드 왕국을 만들어 기본법을 제정해주는 등 유화책을 펼쳤는데 이러한 정책은 당시 러시아인들에게조차 허용되지 않던 특혜였을 정도였다. 하지만 완전한 독립을 꿈꾸던 폴란드인들은 고분고분하게 순응하지 않았고 1830년 봉기를 비롯한 수차례의 무력봉기를 꾀하면서 극렬하게 독립운동을 전개했으나 그때마다 무자비하게 진압당해 많은 인명과 재산피해를 입었다. 결국 분노한 러시아는 폴란드를 철저하게 지워버리는 정책으로 선회해 폴란드를 러시아의 직할 영토로 합병하고 이름마저 지도에서 사라지게 만들었다. 러시아는 정치적, 경제적, 사회적, 종교적, 문화적 측면에서 폴란드에 대한 전 방위적인 탄압을 가해 폴란드라는 존재 자체를 지워버리려 했지만 이러한 러시아의 무자비한 탄압도 폴란드인들의 독립에 대한 열망을 꺾지는 못했고 결국 1차대전 후 폴란드는 독립을 쟁취하게 된다.

폴란드건 핀란드건 비록 주체적으로 관여하지 못한 외생적인 변수인 1차대전과 러시아 혁명을 기회로 비슷한 시기에 독립을 쟁취해 새롭게 세계사에 걸음을 내디뎠는데, 강대국의 밑에서 처신한 행동은 이와 같이 극과 극의 차이를 보였다. 불굴의 저항정신을 가지고 있던 폴란드 사람들이 보여준 투쟁과 놀라운 용기는 이론의 여지없이 훌륭하다. 그렇지만 이에 반대되는 전략을 보여준 핀란드인들의 방법이 잘못되었다고 할 수 있을까? 사실 겉으로는 굴종의 모습을 보였지만 핀란드인들도 자긍심을 잃지 않기 위해서 많은 노력을 했고 단지 그 방법이 흩날리는 풀처럼 거친 바람에 순응하며 휘는 모습으로 보였을 뿐이었다. 때문에 폴란드처럼 극렬한 저항이 없었다는 이유만으로 핀란드의 조용한 독립 노력을 폄하할 수는 없다.

3. 백지에서 시작한 독립국가의 군대

앞서 대략 언급했던 것처럼 만네르헤임이 귀국했을 당시 핀란드는 이

미 국가가 건국된 것이나 다름없는 상태였다. 그런데 그동안 철저히 내 공을 쌓아 당당히 독립을 선포했음에도 불구하고 부족한 부분이 몇 가 지 있었는데 그중 하나가 바로 국방이었다. 그동안 러시아가 고도의 자 치권을 부여하기는 했지만 외교와 군대만큼은 당연히 예외였다. 원론 적인 이야기지만 국가의 기본은 영토, 국민 그리고 주권인데 이러한 기 본 요소들은 이를 충분히 수호할 만한 힘이 있을 때에만 유효한 것이다. 모든 힘의 1차적 근원은 경제력이지만 단지 경제력만 있다고 국가의 독 립을 유지할 수 있는 것은 아니고 튼튼한 경제력을 바탕으로 외교력과 국방이 제대로 갖추어져야 제대로 된 국가라 할 수 있는 것이다.

때문에 외교력과 국방은 엄밀히 말하면 같은 목적을 위해 존재하며 자주적인 외교력과 국방력이 없다면 그것은 독립국이 아니라는 의미와 도 같으며 역사상 모든 제국주의자들은 피지배 지역민들이 외교력과 국방력을 가질 수 없도록 철저히 제한해왔다. 그래서 많은 신생독립국 들은 이러한 분야 특히 국방과 관련한 부분에 있어 많은 애를 먹게 되었 다. 특히 외세의 강점 기간이 길었던 나라일수록 자주 국방과 관련한 노 하우가 상당히 부족하고 백지상태에서 새롭게 시작하다 보니 많은 시 행착오가 있을 수밖에 없다. 따라서 차르에게 충성을 다한 제정 러시아 의 근위대 출신 장교이기는 하지만 만네르헤임과 같이 경험이 풍부한 인물들이 창군의 핵심이 된 것이었다. 독립 준비과정에서 알 수 있듯이 냉정하면서도 합리적인 사고방식을 가지고 있던 핀란드인들은 비록 그 들을 지배했던 제정 러시아 군대 출신이어도 이들을 등용할 수밖에 없 는 현실을 받아들이고 실리를 추구했다.

1918년 1월, 비록 군대 조직의 체계는 물론 병력과 장비도 거의 없 다시피 한 상태였지만 만네르헤임은 신생 핀란드군의 최고 지휘관으로 임명되었다. 그는 비록 얼마 안 되는 무장과 병력이지만 시급히 조직을 갖추어 제일 먼저 핀란드에 주둔하고 있던 러시아군을 무장해제 시키는 작전을 전개했다. 그리고 다행히도 본국이 내전상태에 빠져 있던 상황이라 무기력했던 점령 러시아군들을 쉽게 제압하고 임무를 훌륭히 완수할 수 있었다. 하지만 독립이라는 것이 그리 순탄하게 완성되지는 않았다. 러시아 혁명에 영향을 받은 핀란드 내 공산주의자들이 소련 볼셰비키의 적극적인 지원 아래 노동자, 농민을 주축으로 적위군(공산주의 혁명세력)을 만들어 1918년 1월 27일 반란을 일으키면서 핀란드 역사상 가장 아픈 기억으로 남은 내전에 빠져들게 된 것이다.

이때 위기에 처한 신생 핀란드 정부를 지원한 세력이 독일이었다. 독일은 볼셰비키의 확대를 경계하고 있어서 핀란드 내전을 예의주시하고 있었다. 사실 그동안 장기간 전쟁을 벌여온 제정 러시아는 그리 두려운 상대가 아니었지만 아래로부터의 혁명으로 등장한 공산주의 소련이라는 새로운 존재는 독일의 좌파에게도 많은 영향을 주고 있었고 심리적 확산 요인을 미리 차단시켜야 독일 제국의 안위를 보존할 수 있다고 생각했던 것이다. 따라서 1차대전이 막판으로 치닫고 있던 정신없는 와중임에도 독일은 핀란드 정부군인 백위군白衛軍을 아낌없이 지원해주었고 병력까지 파병했다. 이 때 백위군을 총괄 지휘한 인물이 바로 만네르헤임이었다. 당시 러시아도 적·백 내전상태였는데 러시아 백위군이 핀란드 백위군을 도와주겠다고 제의했지만 차후에 러시아 측의 간섭을 우려한 만네르헤임은 일언지하에 이를 거절했다. 비록 상황이 어려워 독일의 지원을 받았지만 외세가 자꾸 핀란드 내정에 간섭하는 것은 옳지 않다고 생각했기 때문이었다.

4. 비극의 내전 그리고 교훈

최초 전황은 선공을 개시한 핀란드의 공산주의자들에게 상당히 유리하게 돌아가 반란 하루 만에 헬싱키를 포함해 발트 해 연안의 핀란드 요지 대부분이 점령되었다. 적위군의 주력은 소작농과 노동자 등 무산계급이 주를 이루고 있었는데 혼란기라 할 수 있는 독립의 와중에서 경제적으로 많이 피폐한 계층들이었다. 처음에는 러시아 혁명의 성공에 상당히 고무되어 있었고 소련 적위군의 지원 등으로 상당히 득세를 했지만 얼마 안 가 군대로서의 한계에 부딪혔다. 백위군과 적위군의 병력은 각각 7만 5,000명 수준으로 얼추 비슷했고 무장도 대등한 것으로 평가되었지만 적위군에게 가장 큰 문제점은 부대를 전략적으로 이끌 만한 뛰어난 지휘관이 없다는 것이었고 이 점은 극복할 수 없는 결정적인 한계였다. 반면 백위군에게는 명장 만네르헤임이 있었기에 그의 뛰어난 지휘로 초전의 어려움을 재빨리 극복하고 가는 곳마다 농민군 수준의 적위군을 쉽게 격파하며 승리를 엮어냈다.

비록 만네르헤임은 제정 러시아의 장군 출신이고 핀란드로 오기 바로 직전까지 폐위된 차르 니콜라이Nikolai 2세에게 충성을 맹세한 전제주의적인 사고방식을 가진 군인이었지만, 앞서 언급한 것처럼 러시아 백위군의 원조 제의를 단호히 거절한 이유는 그가 핀란드인이었기 때문이다. 러시아 백위군의 호의는 결국 핀란드에 대한 영향력을 확대하겠다는 간악한 의도임을 만네르헤임은 누구보다도 잘 알고 있었다. 물론 전쟁과 내전의 혼란한 상황에서도 1개 사단 정도의 대병력을 파병하면서 적극 개입한 독일과 소련 적위군의 의도도 역시 마찬가지였다. 독일은 볼셰비키 세력의 확대를 저지한다는 대의적인 명분을 발판 삼아 새롭게 탄생한 핀란드에 대한 영향력을 확대하고 싶었고 소련 적위군은 입으로는 '만국의 노동자들이여 단결하라.'라고 외치면서 공산주의 이념 전파를 내세웠지만 속으로는 러시아 백위군이 그랬던 것처럼 핀란드에서의 영향력 확대를 원했을 뿐이었다.

따라서 만네르헤임은 러시아 백위군이건 소련 적위군이건 또는 독일군이건 모두 신생 약소국에 영향력을 갖고자 하는 간악한 세력이라고 생각했고 종국적으로 핀란드에 간섭하여 독립을 방해하는 강대국으로 보았다. 결론적으로 만네르헤임은 외세의 개입을 차단하고 독립을 유지하려면 내전을 최대한 빨리 종결하는 것이 가장 좋은 방법이라고 생각했는데 다행히 이런 그의 노력이 빛을 발해 전쟁은 장기화되지 않았다. 1918년 4월 13일 백위군이 헬싱키를 점령하면서 전세가 완전히 역전되었고 5월 15일 적위군 주도세력이 소련으로 탈출함과 동시에 잔당이 항복함으로써 내전은 백위군의 승리로 막을 내리게 되었다.

신생 독립국 핀란드는 독립을 선언하자마자 발생한 비극적인 5개월 간의 전쟁으로 양쪽 모두 합쳐 약 2만 명의 인명 손실을 입었다. 당시 핀란드 인구가 300만이었던 점을 감안한다면 엄청난 숫자였으며, 이는 현재까지도 핀란드 역사에서 가장 아픈 기억이 되었다. 이 내전 이후에 외세와의 전쟁으로 이보다 많은 피해를 입기는 했지만 동족 간의 싸움이었다는 점에서 볼 때 1918년 봄은 핀란드 역사에서 지우기 힘든 엄청난 비극이었다. 하지만 내전으로 인해 한 가지 반대급부를 얻었는데 그것은 독립에 대한 핀란드인들의 마음가짐을 공고히 하는 결정적인 계기를 마련했다는 점이다. 사실 내전이 확대된 원인 중 하나가 외세의 개입임을 깨달은 핀란드인들은 자신들이 일치단결하지 않고 분열되면 언제든 강대국들이 개입할 수 있다는 뼈에 사무치는 교훈을 얻은 것이다.

5. 북극곰은 물러갔지만

그런데 어렵게 내전을 종결짓자마자 결국 만네르헤임이 우려했던 일이 벌어졌다. 100여 년간 핀란드를 지배했던 북극곰을 몰아내고 동족 간에 피까지 흘리며 독립을 이뤄낸 신생 약소국에게 그동안 양의 가면을 쓰고 있던 늑대가 본모습을 드러낸 것이다. 바로 핀란드의 독립을 적극 도와주는 것처럼 행동하면서 무력까지 동원해 내전에 적극 개입했던 독일이었다. 독일은 핀란드의 새로운 지배자가 될 욕심을 노골적으로 내비쳤고 결국 내전으로 힘이 소진된 핀란드는 친독일파가 정권을 잡게 되었으며, 잠재적 적대 세력인 소련을 견제하는 외세로써 독일을 받아들이기로 결정한다. 내심 눈앞에 다가온 완전한 독립의 기회가 다시 멀어진 것 같아 통한의 눈물을 훔쳐야 했지만 이는 누구에게도 호소하기 힘든 어쩔 수 없는 약소국의 설움이었다.

독일은 제국 내의 주요 공국公國인 헤센카셀 공국 가문을 핀란드의 왕가로 책봉해 신생 핀란드를 형식상 왕국으로 독립시키되 독일 제국의 속국처럼 간접 지배할 생각을 가지고 있었다. 남의 나라 제후를 강제로 수입해 원하지도 않던 왕국이 되어버린 핀란드는 외세의 개입을 탐탁지 않게 생각하던 눈엣가시 같은 존재인 만네르헤임을 축출하도록 독일로부터 압력을 받았다. 결국 1918년 6월, 만네르헤임은 정권을 잡은 친독일파의 압력에 밀려 자의 반 타의 반으로 고국을 떠나 스웨덴으로 가게 되었지만, 이것 역시 독일이 간섭을 해도 실질적인 독립을 계속 유지하기 위해 차선책을 선택한 핀란드의 의지 때문이었다. 친독파 정권도 군부의 태두인 만네르헤임과 그리 소원한 관계는 아니었기에 이심전심으로 잠시 독일의 눈에서 피해 있도록 조치했던 것이다.

핀란드는 일단 독일인을 왕으로 옹립해 입헌군주제로 국가를 경영하면 독일의 입맛도 맞출 수 있고 하기에 따라서는 내치에 핀란드의 의지를 최대한 반영할 수도 있다고 판단했다. 특히 독일은 아직도 1차대전의 와중에 있던 상황이라 이만큼 핀란드가 먼저 고개를 숙이면 더 이상 간섭하기 힘들 것으로 판단했던 것이다. 내전을 막 끝내고 피폐해진 핀란드에 필요한 것은 내실을 다지는 일이었다. 내실이 건실하지 않으면 독립을 유지할 수 없다는 사실을 절감했고, 내실을 다지기 위해서는 일단 시간이 필요했다. 결국 핀란드인들은 형식상 다시 복종하는 모습을 보였지만 이는 너무 서두르다가 어렵게 찾아온 독립의 기회를 놓쳐버리는 우를 범하지 않기 위한 것이었다.

스웨덴에 망명한 만네르헤임은 다른 방법으로 핀란드의 주권을 지키기 위해 노력했다. 그는 당시 연합국이던 영국, 프랑스 등과 지속적으로 외교적 접촉을 해 관계를 돈독히 했는데 이것은 형식상 친독일 정부가 정권을 장악한 핀란드의 장래를 담보하기 위한 다각적인 노력 중 하나였다. 쉽게 말해 핀란드는 다른 루트를 통해 연합국과 동맹국 모두에게 다리를 걸치고 있었던 것인데, 이것이 바로 약소국의 생존방법이었다. 하늘도 진정한 노력은 배반하지 않는지 이러한 독립 초기 핀란드인들의 눈물겨운 노력은 얼마 가지 않아 꽃을 피우게 되었다. 핀란드의 새로운 후견인으로 자처하던 독일이 그해 11월 1차대전에서 패전했고, 이러한 국제상황은 핀란드에서 외세를 몰아내는 결정적인 기회가 되었다. 핀란드는 그들의 의사와 전혀 상관없이 세워졌던 왕정을 폐지하고 1919년 초 공화국으로 완전한 독립을 쟁취하게 되었다.

6. 진정한 독립 그리고 잠재적 위협

독일이 1차대전에서 항복한 직후인 1918년 12월, 파리에 머무르던 만네르헤임은 고국으로부터의 열렬한 귀환 요청에 화답하며 헬싱키에 돌아왔다. 그는 돌아오자마자 임시정부의 책임자 자리에 취임했는데 일부 왕당파들은 대중의 인기가 높던 그를 왕으로 옹립하려는 움직임까지 보였다. 이러한 움직임에 대해서 만네르헤임이 어떤 반응을 보였는지는 모르겠지만 핀란드는 국민들에 의한 공화국으로의 길을 갔다. 인격이 형성되는 시기 대부분을 제정 러시아에서 보냈던 만네르헤임이 민주주의에 대한 가치관이 어땠는지는 정확히 알 수 없고 일부 자료에서는 그가 군국주의적이거나 전제적인 성향도 보였다고 한다. 그러나 1919년 1월, 국회에서 선출하는 초대 대통령 선거에 출마했다가 예상과 달리 낙선하자 깨끗이 승복하고 정계에서 은퇴했을 만큼 그는 대의에 충실했던 인물이었다.

핀란드는 이후 민주주의적 가치를 최대한 존중하며 대화와 타협을 통해 상당한 정치적 안정을 이루며 발전해갔고 그러한 전통은 아직까지도 계속되고 있다. 이것은 1차대전 당시 독립을 쟁취했으면서도 철권 통치자가 지배하는 독재국가의 길을 가거나 정쟁으로 하루라도 편안한 날이 없던 주변의 여러 나라들과 비교하면 극명히 대비가 되는 모습이다. 만네르헤임이 망명생활 당시 서방과 꾸준히 유지했던 관계는 핀란드의 독립을 인정받는 지름길이 되었다. 설령 본래의 의도가 아니었다 하더라도 엄밀히 말해 내전 직후의 핀란드는 형식적으로나마 독일 편에 붙었던 동맹국의 일원이었다. 하지만 승전국들이 주도한 전후 국제 사회에서 핀란드는 어떠한 제재도 받지 않았고 당당히 꿈에 그리던 독립을 획득했다.

이러한 결과를 끌어낸 바탕에는 핀란드가 처한 불가피한 상황을 역설하고 다니면서 영국, 프랑스를 비롯한 연합국 측의 지지를 이끌어냈던 만네르헤임의 노력도 중요한 부분을 담당했다. 망명했던 만네르헤임이나 독일의 간접 지배를 받아들인 친독파들도 궁극적인 목적은 핀란드의 자주독립이었고 이러한 다각적인 노력들이 모인 결과로 1919년 1월, 핀란드 공화국이 출범했다. 가장 극적이었던 1918년을 정력적으로 보낸 만네르헤임은 공화국 출범과 동시에 정계에서 물러나 재야에 있으면서 인도주의 활동에 힘썼고 한편으로는 그의 경력을 살려 틈나는 대로 핀란드 군대의 발전에 힘을 보탰다. 더불어 어려운 고비를 넘기고 건국한 핀란드는 발전을 이뤄가며 내실을 다져나가기 시작했다. 하지만 신생국 핀란드의 평화는 오래가지 못했고, 고난의 시간이 점차 다가오고 있었다.

옛 제정 러시아의 대부분을 승계한 소련이 혁명의 혼란기를 추스른 뒤 독재권력을 공고히 하고 발전해나가면서 소련의 핀란드에 대한 위협이 서서히 가시화되었다. 브레스트리토프스크 조약*을 감수하고 1차 대전에서 황급히 빠져나왔을 만큼 혁명 직후 소련의 상황은 좋지 않았지만 시간이 흘러 국력을 회복하자 서서히 전쟁 이전 제정 러시아의 영토를 회복하고자 했다. 소련은 회복해야 할 고토로 폴란드, 발트 3국과 더불어 핀란드도 명단에 올려놓고 있었다. 핀란드 역시 소련에 대해 좋은 감정을 가지고 있지 않았다. 소련을 러시아의 승계국가로 보고 있었

---

* 1차대전 당시 동맹국과 소련의 단독 강화조약이었는데 실제로는 소련의 항복과 다름없었다. 혁명 과정에 있던 소련은 계속 전쟁에 참여할 수 없었고 이 조약으로 인해 전쟁에서 이탈했는데 프랑스와 영국 같은 여타 연합국으로부터 비난을 받았다.

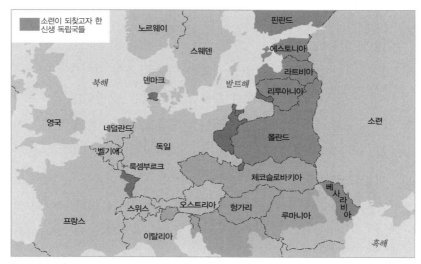

8-1 1차대전 후의 유럽지도 전쟁 후 신생 독립국들이 자리 잡은 곳은 패전국인 독일, 오스트리아-헝가리 그리고 혁명으로 인해 붕괴된 구 러시아의 영토였다. 따라서 독일과 소련은 이들을 재합병하고자 했고 핀란드도 소련이 야심을 보인 곳 중 하나였다.

기도 했지만 독립 초기 소련의 간섭으로 내전까지 벌였던 과거 때문이기도 했다. 특히 내전 이후 반공 감정이 강해졌고 이러한 상호불신 관계는 언젠가 한 번은 터질 뇌관이 되었다.

7. 72세 노장군의 복귀

흔히 간과하는 사실이지만 2차대전의 시작을 1939년 9월 1일 독일의 폴란드 침공으로 본다면 개전의 명분은 패전국 독일의 고토 회복이었다. 또한 독일의 입장에서 폴란드 침략은 오스트리아 합병, 수데텐 합병, 라인란트Rheinland 회복 등과 떼어놓고 생각하기 어려운 일련의 영토 팽창과정이었다. 때문에 사실상 유럽에서의 전쟁의 시작은 훨씬 앞당겨

볼 필요가 있겠다. 그런데 연합국이었으면서 1차대전의 패전국이기도 했던 소련의 만행도 이러한 독일의 침략 행위에 뒤지지 않았는데 소련은 전후에 잃은 유럽 러시아 영토의 약 25퍼센트 정도를 반드시 회복해야 할 곳으로 생각했다. 따라서 사전 약속에 따라 1939년 폴란드를 독일과 나눠 먹음과 동시에 발트 해 연안에 독립해 있던 에스토니아, 라트비아, 리투아니아도 함께 석권했다.

1차대전 이후 독립한 많은 국가들 중 체코슬로바키아, 폴란드, 발트 3국 등이 독립 20년도 되지 않아 연고권을 주장하던 독일과 소련의 야욕으로 순식간에 사라져버렸고 국제사회는 두 국가의 만행을 지켜보기만 했다. 서전을 무난하게 장식해 자신감을 갖게 된 소련은 북부의 핀란드로 눈을 돌렸는데, 폴란드나 발트 3국처럼 마음만 먹으면 쉽게 회복할 고토로 보았다. 이러한 위협과 국제 정세의 급박한 변화는 은퇴해 말년을 보내고 있던 72세의 노장군을 현역으로 복귀하게 만들었다. 소련의 침략이 예상되자 만네르헤임은 1939년 다시 핀란드군의 최고 지휘관이 되었다. 핀란드 입장에서는 핀란드 군부 내에서 실전 경력도 가장 많고 소련군에 대해 누구보다 잘 알고 있던 만네르헤임의 경험이 절대적으로 필요했기 때문이다.

만네르헤임은 20살이던 1887년 제정 러시아의 수도인 상트페테르부르크에 있는 니콜라이 기병학교에 입교하면서 군무를 시작해 무려 30년간 러시아의 군복을 입었다. 러시아 사람이 아닌 점령 지역 사람이었으면서도 유럽 명문가의 후예로 타고난 뛰어난 외모와 언변 덕분에 승승장구하여 러시아 황실의 궁정 경비를 담당하는 근위대의 장교로 복무하기도 했다. 어느 국가를 막론하고 권력자를 최측근에서 보위하는 근위대는 지존에 대한 충성심이 강한 인물들로 구성되는 관례를 고려한다면 만네르헤임이 적어도 제정 러시아의 차르에 대한 충성심은 컸다는 사실을 짐작할 수 있다. 만네르헤임은 이러한 성향 때문에 혁명으로 황제를 타도하고 정권을 잡은 소비에트 볼셰비키 정권에 반감을 가질 수밖에 없었고, 이후 반소투쟁의 선봉에 서기도 한다.

그는 1904년 러일전쟁 때에는 만주에서 벌어진 일본과의 전투에도 자원해서 참전했고, 1906년에는 황제의 명령을 받아 당시 러시아의 변경이라 할 수 있는 중앙아시아의 투르키스탄Turkistan 지역을 답사했다. 이때 만네르헤임이 촬영한 원주민들의 생활 모습과 풍습을 담은 사진은 오늘날에도 문화인류학적으로 상당한 가치가 있는 귀중한 자료로 평가되고 있을 정도다. 1차대전에서 기병중장으로 승진한 그는 주로 오스트리아-헝가리와의 전투에 참전해 러시아 제국이 무너지는 순간까지 30년간 자신의 임무를 충실히 했다. 이와 같이 러시아군의 핵심으로 있으면서 실전 경험도 많이 쌓은 만네르헤임은 누구보다도 상대의 전술을 잘 알고 있기 때문에 그가 예상되는 소련의 침략으로부터 핀란드를 수호할 적임자임은 그 누구도 부정할 수 없었다.

8. 준비 그리고 도발

소련에 대한 경계심을 늦추지 않고 있던 만네르헤임은 현역으로 복귀하기 이미 오래전부터 국경에 견고한 요새선을 구상하고 있었다. 비록 소련과 핀란드 사이의 국경이 1,000여 킬로미터가 넘을지라도 소련이 침공을 개시한다면 한정된 돌격로를 이용할 수밖에 없다고 생각한 만네르헤임은 정부에 제안해 소련의 침공로로 예상되는 주요 거점에 방어 진지를 구축하도록 독려했다. 소련의 침공이 가시화되고 그가 총사령관으로 복귀하자 카렐리야^{Kareliya} 회랑을 비롯한 주요 병목지점에는 방어진지를 더욱 단단히 축성했다. 훗날 만네르헤임 라인으로 불린 이 요새선의 공사에는 1939년 여름에만 10만 명의 국민이 자발적으로 참여했을 정도로 지도자를 비롯한 핀란드의 모든 국민이 똘똘 뭉쳐 외세의 침략에 대비했다. 그들은 어렵게 획득한 독립을 이웃 폴란드나 발트 3국처럼 또다시 빼앗길 수 없었다.

침략자들이 으레 그렇듯이 소련은 외교적인 압박으로 핀란드를 도발하기 시작했다. 소련 외상 몰로토프^{Vyacheslav Mikhailovich Molotov}는 핀란드를 방문해 레닌그라드의 방위를 위해서 필요하니 카렐리야를 할양하라고 요구함과 동시에 제정 러시아 시기의 점령군처럼 핀란드 주요 지역에 소련군의 주둔을 허용하라는 상당히 무례한 요구를 한다. 약소국을 상대로 이러한 무도한 제안을 거리낌 없이 한 소련의 목적은 간단했다. 당연히 핀란드는 소련의 요구를 거절할 것이고 소련은 이것으로 전쟁 개시의 명분을 삼으려 했던 것이다. 비록 땅덩어리는 크지만 인구가 350만 명밖에 되지 않는 약소국 핀란드를 소련이 요리하는 것은 그리 어려워 보이지 않았고 모두가 그렇게 생각했다. 단 만네르헤임을 비롯한 핀란드인들은 그렇게 생각하지 않았다.

1939년 11월 초, 소련은 1,200킬로미터에 이르는 핀란드와의 국경선에 2,500대의 전차 및 2,000여 문의 야포로 중무장한 25개 사단 55만의 병력을 집결시켰다. 이것은 당시 핀란드 성인 남성 인구 50퍼센트에 해당하는 어마어마한 규모였는데 준비를 완료한 소련은 11월 30일 전 국경선을 따라 공격을 개시했다. 전사에 두고두고 회자되는 겨울전쟁(1939~1940)이 시작된 것이다. 소련은 1939년 내로 핀란드를 점령한 후

소련 14군

라플란트관구

소련 9군

백해

북카렐리야관구

소련 8군

4군단

오네가 호

이스무스방어군

소련 15군

라도가 호

핀란드 만

소련 7군

소련 13군

8-2 소련은 소련-핀란드 전 전선에 걸쳐 침공을 개시했으나 지형적인 여건상 한정된 진격로만 이용할 수 있었다. 특히 라도가 호수와 핀란드 만 사이의 카렐리야 회랑은 헬싱키로 향하는 중요한 공격로였는데 만네르헤임은 이곳에 방어선을 설정하고 결사항전 했다

망명한 핀란드 적위군 출신 인사들을 내세워 괴뢰정부를 수립하고 기회를 봐서 소비에트 연방에 편입하려는 계획을 가지고 있었다. 침공을 개시한 소련군은 겨울 날씨에도 불구하고 방한복과 위장용 설상복 등 제대로 된 동계전투용 장비도 갖추지 않았고 지휘관들조차 "너무 전진하다 국경을 넘어 스웨덴까지 들어가는 실수는 하지 마라."라고 떠들 정도로 자만심에 들떠 있었다.

침략자를 막기 위해 출동한 핀란드군은 긴급 동원된 예비군까지 포함해 총 10개 사단의 15만 병력이었는데 이로써 침략군을 상대하기는 절대적으로 중과부적이었다. 핀란드군은 소련군의 압도적인 초전 공세를 막지 못하고

군데군데 돌파를 허용하면서 일단 국경지역에서 후퇴할 수밖에 없었다. 하지만 오랜 기간 외세의 지배를 받은 후 어렵게 독립을 쟁취한 핀

란드인들은 쉽게 물러서지 않았다. 소련군이 서서히 지쳐갈 시점이 되자 만네르헤임은 후방에 예비로 배치하고 있던 6개 사단을 방어선에 전진 배치해 소련군의 진격을 둔화시키는 데 성공했고, 핀란드 영토 깊숙이 들어온 소련군 선도부대는 부대 정비를 목적으로 12월 6일 진격을 일시 중지했다. 그러자 적의 허점이 드러나길 기다리며 매복하고 기회를 엿보던 핀란드군이 드디어 반격에 나섰다.

9. 겨울전쟁의 전설

러시아군의 전통을 물려받은 소련군의 전술에 대해 잘 알고 있던 만네르헤임은 처음부터 정규전으로 침략자를 맞상대할 생각은 없었다. 소련의 전통적인 전술은 압도적인 전력, 특히 병력의 우위를 믿고 무조건 공격하는 단순함의 극치였는데 때로는 전후좌우도 제대로 살피지 않고 준비도 없이 일을 벌이는 경우가 많았다. 핀란드 침공에 동원한 부대의 경우도 겨울 피복조차 제대로 갖추지 않았을 정도였다. 더불어 당시 소련의 지휘체계는 엄밀히 말해 붕괴되어 있던 상태였다. 전쟁 직전에 있었던 스탈린의 대숙청으로 인해 수많은 지휘관들이 사라졌고 그 공백을 당성만 뛰어난 모리배들이 채운 경우가 많았다. 심한 경우는 겨우 대대 정도나 지휘해본 중간간부가 단지 스탈린에 대한 충성도가 높다는 한 가지 이유만으로 경험도 없이 사단급 부대를 지휘하는 경우도 있었다.

그러나 소련은 핀란드 침공 바로 직전 독일과 협공하여 굴복시킨 폴란드와 국방력이 없다시피 한 발트 3국에 대한 침략을 너무 쉽게 이루어내 스스로의 단점을 전혀 모르고 있었다. 더불어 12월이 되어 북극에

1940년 핀란드 스키부대. 12월이 되어 혹한이 계속되자, 전장은 대대로 거친 자연 환경과 기후에서 살아와 적응력이 월등한 핀란드에 유리하게 되었다.

서 거대한 한파가 밀려 내려오면서 혹한이 계속되자 전장은 핀란드에 유리하게 되었다. 비록 소련도 역사적으로 혹한을 전쟁의 수단으로 적절히 사용해왔지만 핀란드군은 대대로 거친 자연 환경과 기후에서 살아와 적응력이 더욱 월등한 인적 자원을 보유하고 있었고, 더구나 침략자로부터 조국을 지키기 위해 해외에서 자원 귀국자들이 줄을 설 만큼 사기도 충천했다. 이런 양측의 상황을 정확히 꿰뚫고 있던 만네르헤임은 주로 항공기와 기갑부대의 지원이 어려운 밤에 소련군의 배후를 기습해 각개격파를 하는 전술을 사용했다.

소련군은 눈에 파묻힌 낯선 험로를 일렬종대로 진군해 왔으므로 선두와 퇴로가 공격을 받아 차단되면 부대 전체가 고립되어 핀란드군의 손쉬운 먹잇감으로 전락했다. 심야에 숲속에서 날아오는 핀란드군 저격수들의 공격에 얼어붙은 소련군은 우왕좌왕하다가 무기력하게 쓰러져갔고 심한 경우는 기습에 놀라 서로 오인 교전하다가 목숨을 잃는 경우마저 비일비재했다. 진격하고 싶어도 눈보라와 어둠 때문에 길이 막혔고 잠시라도 정지하면 방한 장비도 갖추지 않은 상태로 허허벌판이나 산속에 고립되어, 영하 40도의 엄청난 혹한에 병사들은 계속해서 죽어나갔다. 더불어 얼어 죽지 않은 자들은 참호 깊숙이 매복해 있다가 시도 때도 없이 사방에서 출몰하는 핀란드군의 공격에 차례차례 저승으로 향하고 있었다.

　그중 1939년 12월에서 1940년 1월 사이에 있었던 수오무살미
Suomussalmi 전투는 소련군 역사에 기록될 만한 대망신이라 할 수 있다. 전
략 요충지 수오무살미로 진격한 소련 제6군은 핀란드 제9사단의 강력
한 유격전술에 매몰되어 전멸 당했는데 총 사상자가 3만에 이르렀다.
반면 핀란드군의 피해는 단지 900명밖에 되지 않았고 운용할 핀란드군
이 부족할 만큼 노획한 기갑장비가 너무 많아 상당수를 파괴했을 정도
로 소련은 대참패를 했다. 전선으로부터 전해져 오는 참담한 소식에 분
노한 스탈린은 지휘부를 단칼에 날려 보내고 폴란드 침공전을 수행했
던 티모셴코Semyon Konstantinovich Timoshenko에게 지휘를 맡겼는데, 그는 그리
유능하지는 않았지만 적어도 상대에 비해 5배 이상의 전력을 투입하고
도 일방적으로 패할 만큼 무능한 인물도 아니었다.

10. 절반의 성공

1940년 2월, 스탈린은 개전 초에 비해 2배 가까이 되는 90만의 병력과
3,000여 문의 화포로 구성된 북서전선군을 추가 투입하면서 신임 사령
관 티모셴코에게 힘을 실어주었다. 티모셴코는 압도적인 공군력을 동
원하여 후방에 있는 핀란드의 주요 거점을 반복 타격하고 보급을 제한
시키면서 전력을 한곳으로 집중해 돌파하는 전술을 시도했다. 아무 대

---

* 겨울전쟁 당시 소련군은 추위를 잊으려 보드카를 마시고는 했는데 이러한 무지가 오히
려 동사자를 양산했다.

책 없이 술에 취해* 눈보라를 헤치며 앞으로만 행진하다 괴멸된 지난 겨울과 달리, 새로 투입된 소련군은 대대적인 포격으로 탄막을 친 후 전초부대가 진격로를 개척하면 뒤이어 대규모 기갑부대가 돌파하고 그 뒤를 보병이 진격하는 전술을 구사했는데 이는 어쩌면 너무나 평범한 전술이었다. 그러나 이런 평범한 전술만으로도 전력이 달렸던 핀란드 군에게는 상당한 충격을 주었다.

더구나 핀란드의 든든한 우군이던 동장군의 세력이 서서히 줄어들 자 그동안 결사적으로 방어했던 카렐리야 회랑 지대가 소련에게 돌파 당하기 시작했다. 핀란드는 지난 2개월간 만네르헤임의 지휘로 고군분 투하며 침략자 소련을 궁지에 몰아넣었지만 이제 서서히 한계를 보이 기 시작했다. 겨울전쟁 중 핀란드군이 입은 손실의 대부분을 소련의 체 계적인 맹공이 시작된 후 불과 한 달 사이에 당했을 만큼 커다란 피해를 입었다. 상황을 보고 받은 만네르헤임은 핀란드의 무운武運도 여기까지 가 한계임을 깨달았다. 이러한 상태로 전쟁을 계속한다면 핀란드는 독 일과 소련에게 재분할된 폴란드나 소비에트 연방에 강제 편입된 발트 3국과 같이 독립한 지 20여 년 만에 사라질 위기에 처할 것으로 보였다. 전쟁이 개시된 후, 국제사회가 소련의 침공을 맹비난하고 핀란드를 지 원하겠다고 공언했지만 폴란드의 경우처럼 대부분은 빈말에 그쳤다.

냉정한 만네르헤임은 이 이상의 단독 항전은 무의미한 피해를 더할 수밖에 없다고 판단했다. 결국 핀란드의 지도부는 전부를 지킬 수 없으 면 차라리 일부를 잃는 차선책을 선택하기로 결심한다. 핀란드는 소련 에게 강화를 제의하는데, 만일 개전 초부터 핀란드가 일방적으로 밀렸 다면 핀란드 전부를 차지하려는 야심을 가지고 있던 소련은 강화 제의 를 무시했을 것이다. 그러나 핀란드가 동원 병력의 절반에 해당하는

7만이 사상당하는 큰 손실을 입었다고는 해도, 침략자 소련도 20만 명이 죽거나 다친 혹독한 피해를 당한 만큼 이 전쟁에서 잃은 것이 너무 많았다. 결국 소련도 예상을 벗어난 너무나 큰 손실 때문에 핀란드의 강화제의에 쉽게 응했고 1940년 3월 13일 모스크바에서 조약을 체결했는데 한마디로 핀란드의 고슴도치 같은 항전에 넌더리가 났던 것이었다.

강화조약으로 소련은 오히려 전쟁 전에 내세웠던 요구조건 이상의 전리품을 얻었다. 때문에 혹자는 결론적으로 핀란드가 지난 4개월간 무의미한 저항을 한 것이 아니었는가라고 반문할 수도 있을 것이다. 그러나 독일의 체코 병합에서 볼 수 있듯이 핀란드가 처음부터 소련의 협박에 굴복해 요구조건을 받아들였다 해도 소련의 야심이 단지 거기에서 멈추지는 않았을 것이다. 분명히 소련은 궁극적으로 제정 러시아의 영토였던 핀란드를 소련 연방에 편입시키려는 목표를 가지고 있었다. 만네르헤임은 핀란드의 의지를 보여주어야 소련의 야욕을 저지할 수 있으리라 판단했고, 결국 그가 지휘한 겨울전쟁의 결과는 핀란드가 폴란드나 발트 3국과 달리 소련이 더 이상 함부로 대하기 힘든 나라라는 사실을 각인시켜주었다.

11. 절치부심

소련은 카렐리야 회랑을 합병하는 등 많은 실익을 얻었지만 핀란드와의 강화협상에서 한 가지 커다란 실수를 했다. 겨울전쟁에서 핀란드군이 회복하기 힘든 타격을 입었다고 판단하여 핀란드군의 군비를 제한하지 않았던 것이다. 불과 두 달 전까지 소련군을 곤경에 빠뜨렸던 용맹한 핀란드군의 용전분투를 소련은 혹독한 대가를 치르고도 간과했던 것이다. 비록 겨울전쟁은 소련이 승리했지만 핀란드의 5배에 이르는 엄청난 손실을 보면 전술적으로는 패배한 것이나 다름없었다. 그러나 절대량에서는 소련의 피해가 크다고 해도 핀란드의 경우는 군의 반 이상이 괴멸된 것으로 추정될 만큼 상대적으로 심각한 타격을 입었고 소련은 이 점만 고려해 핀란드의 군비까지 통제할 생각을 하지 못한 것이다.

하지만 만네르헤임은 겨울전쟁에서 핀란드인들이 보여준 놀라운 잠재력을 믿었다. 겉으로 드러난 피해는 신속히 복구할 수 있을 것이었고, 오히려 다른 성과가 있었다. 독립 직후 둘로 나뉘어 내전을 겪었던 핀란드인들은 내전이 끝난 후에도 심정적으로 완전히 하나가 되지 못하고 있었는데 외세의 침략은 이들을 일치단결하도록 만들어주었던 것이다. 만네르헤임은 소련이 언젠가는 추가 도발을 가할 가능성이 농후하다고 판단해 상처 입은 핀란드군을 회복하는 데 전력을 다했다. 그런데 도와주겠다는 주변국들의 후원은 말뿐이었고 결국 홀로 전쟁을 치러냈던 소련의 침공 당시보다도 국제환경은 더욱 좋지 않았다. 심정적으로나마 후원 세력이 되어주었던 영국과 프랑스가 독일과의 대결에서 참패해 핀란드는 더욱 고립무원의 상태였다.

이때까지만 해도 독일은 소련과 폴란드를 나눠 먹은 동지였고 국제사회에서 발트 3국과 핀란드에 대한 소련의 도발을 지지한 유일한 세력이나 다름없었다. 세계에서 핀란드를 도와줄 세력은 하나도 없어 보였고 순식간에 독일과 소련이 사이좋게 유럽을 나누어 가진 암담한 현실이었다. 그런데 생각지도 못한 극적인 반전이 벌어져 핀란드는 소련에 대한 복수의 기회를 잡을 수 있었다. 1941년 6월 22일, 독일이 소련을 전격 침공했다. 1939년, 이데올로기적으로 서로를 철저히 증오하는 사이인 공산주의 소련과 나치 독일이 갑자기 불가침조약을 맺자 세계는 경악했다. 하지만 이런 물과 기름 같은 두 독재자가 계속 같은 배를 탈 수는 없었고 불과 2년도 되지 않아 서로를 격멸하기 위한 사상 최대의 전쟁이 개시되었다.

독일은 러시아와 더불어 핀란드의 탄생 당시부터 깊숙이 영향력을 행사한 외세였다. 핀란드가 싫어하던 두 외세가 서로를 잡아먹기 위해 전쟁을 벌였고 그 규모는 1차대전 당시의 동부전선과는 감히 비교가 되지 않을 정도로 격렬했다. 그때도 그랬지만 두 악마의 충돌은 핀란드에게 좋은 기회가 되었다. 만네르헤임은 이를 복수의 기회로 삼기로 결심했다. 두 국가 모두를 좋아하지는 않았지만 소련을 골수에 사무치도록 미워한 핀란드는 독일 편에 붙어 소련을 침공하기로 결정했다. 바로 오랑캐로 오랑캐를 무찌르는 이이제이以夷制夷였다. 독일은 수많은 동맹국을 전쟁에 동원했는데 대부분 강제로 참전한 탓에 전투력이나 전투의지가 부족했다. 하지만 복수심에 불타 자발적으로 참여한 핀란드는 경우가 달랐다.

12. 복수 그리고 실패

바르바로사 작전에서 독일은 그들의 군대를 거대한 3개의 병단으로 나누어 소련을 침공했는데 폰 레프 원수가 지휘하는 독일 북부집단군은 레닌그라드 점령을 목표로 1941년 6월 22일 진격을 개시했고 소련의 최초 방어선은 모래성처럼 녹아내리기 시작했다. 그리고 3일 후 핀란드가 독일의 진공과 보조를 맞춰 소련을 향해 공격을 개시했다. 사실 히틀러는 지난 겨울전쟁에서 보여준 핀란드군의 놀라운 능력에 상당한 감명을 받았고, 이런 강력한 전투력을 가진 핀란드군을 비밀리에 포섭하는 데 성공한 것이다. 와신상담하며 복수의 기회를 엿보던 핀란드는 비록 나치 독일이 탐탁지는 않았지만 소련에 대한 증오가 너무 커 전쟁에 나서기로 결심했고 만네르헤임이 선봉장이 되었다.

이해타산이 밝았던 만네르헤임은 궁극적으로 자신들의 복수전이었던 이 전쟁의 참전을 대가로 독일로부터 많은 지원을 받아냈다. 제대로 된 무기나 원조도 없이 혼자서 치러냈던 지난 겨울전쟁과 달리 이번 침공전에 나선 핀란드군은 독일의 최신 무기로 중무장할 수 있었고 이를 바탕으로 군은 신속히 재건될 수 있었다. 더불어 복수에 불타는 핀란드군의 사기는 하늘을 찔렀다. 그런데 핀란드는 이런 상황에서도 독일의 동맹 제의는 한사코 거부하는 용의주도함을 보였다. 한 명의 병력도 아쉬웠던 독일은 핀란드군을 다른 전선에도 투입하기를 바랐지만 핀란드는 오로지 겨울전쟁으로 강탈당한 고토를 회복하는 전투에만 참여했다. 비록 핀란드는 독일과 함께 싸웠지만 사실상 별개의 전쟁을 벌인 셈이었다. 때문에 역사에서는 이를 따로 분리하여 독소전쟁의 일부가 아닌 계속전쟁Continuation War이라 칭한다.

때문에 핀란드는 소련의 전략 거점인 레닌그라드 봉쇄에 일익을 담당하고 있었음에도 불구하고 연합국 측 모두에게 적으로 여기지지는 않았다. 비록 종전 때까지 직접 교전은 없었지만 영국은 핀란드에 형식상 선전포고를 한 데에 반해 미국은 핀란드를 적대국으로 간주하지 않았다. 분명히 내용으로나 형식적으로나 계속전쟁으로 인해 핀란드를 공공의 적으로 매도하기는 어려웠다. 하지만 곰을 몰아내는 데 늑대의 힘을 이용한 핀란드의 노력도 그리 오래가지 못했다. 1944년이 되었을 때 소련은 독일의 숨통을 끊기 위해 독소전쟁 전 전선에 걸쳐 대대적인 반격을 개시했다. 만네르헤임을 비롯한 핀란드 지도부는 회심의 복수전이 실패로 끝나는 것을 지켜봐야만 했다. 주권을 지키고 살아남기 위해 그렇게 노력했지만 역사가 다시 한 번 강자의 손을 들어주는 것을 막을 수는 없었다.

1944년 1월 900일간 계속되던 레닌그라드 봉쇄가 풀리고 독일군은 소련 영토에서 급속히 퇴각했다. 독일과 연합해 소련을 옥죄던 핀란드가 소련의 대군을 막아내는 것은 물리적으로 불가능했다. 당시 엄청난 인명을 희생하며 산전수전 다 겪은 소련군은 세계 최강의 무력을 가진 나라가 되어 있었고 핀란드는 사기만 가지고 이를 상대할 방법이 없었다. 다급한 핀란드는 소련에게 휴전을 제의했지만 일언지하에 거절당했고 이때 핀란드의 이탈을 우려한 독일이 원조를 약속하며 계속해서 함께 소련과 싸우자고 제의했다. 이에 핀란드 대통령 리티^{Risto Heikki Ryti}는 그렇게 하겠노라고 구두로 약속을 했지만 내부에서는 이러한 개인의 판단에 따른 약속이 핀란드를 위기에 빠뜨릴 것이라는 비난 여론이 일었고, 이런 위기를 타개하고자 1944년 8월 4일 만네르헤임이 6대 대통령에 취임했다.

13. 위기의 순간과 기회

핀란드는 겨울전쟁으로 빼앗겼던 영토를 계속전쟁으로 회복했지만 결국 일장춘몽으로 끝나게 되었고 1944년 소련군이 다시 핀란드의 영토로 밀려들어 오자 핀란드는 다시 한 번 국가적 위난에 빠지게 되었다.

당시 상황으로만 본다면 소련이 오래전부터 꿈꾸어왔던 대로 힘으로 핀란드가 합병될 정도의 절망적인 순간이었다. 하지만 핀란드인들에게 다시 한 번 절호의 기회가 찾아왔다. 1944년 6월 22일 소련이 독일의 숨통을 끊기 위해 바그레이션 작전을 펼쳐 독일의 중부집단군을 붕괴시키고 독일 본토로 다가갔는데 발트 해 인근의 커랜드Courland에 고립된 독일 북부집단군이 철수하지 않고 의외로 현지를 사수했던 것이다. 전략적으로 보면 이들은 독일 본토 방위를 위해 후퇴해야 했는데 히틀러는 현지사수를 명령했고 북부집단군은 자신의 의지와 상관없이 고립을 자초한 셈이었다.

결론적으로는 종전이 되었을 때 이들은 외진 곳에 고립되어 본토 방위에 어떠한 기여도 못하고 비참하게 항복하는 운명에 처해졌는데 당시 상황만 놓고 본다면 상당한 수준의 독일군이 커랜드에 남아 있는 이상 소련은 상당히 고심할 수밖에 없었다. 이를 소탕하려면 주력을 돌려야 하는데 그럴 경우 많은 출혈을 볼 것은 명약관화한 일이었고 그만큼 독일로의 진격에 차질을 빚을 것이 확실했기 때문이다. 결국 소련은 이들을 소탕하지 않고 그냥 외곽을 봉쇄해 밖으로 나오지 못하도록 고립시켜놓은 채 독일로 전진하는 전략을 택했다. 그렇지만 수많은 적을 배후에 남겨놓고 앞으로만 달려가는 것도 뒤통수가 간지러울 수밖에 없었다. 그런데 이런 절호의 기회를 핀란드는 간파했다. 핀란드는 이런 상황에서 소련군이 핀란드 쪽으로도 힘을 나누어 쏟기는 상당히 어려울 것으로 판단했다.

소련은 발트 해 북쪽에 독일의 커다란 교두보를 남겨놓고 무턱대고 인근에 있던 핀란드로 들어갈 수만은 없는 상황이었다. 만일 커랜드 반도를 소련이 석권했다면 전선이 상당히 줄어들기 때문에 핀란드로의

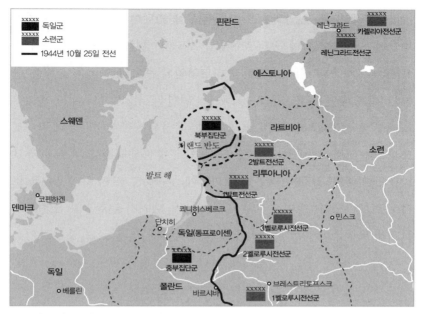

8-3 바그레이션 작전 결과 독일 북부집단군의 대부분이 쿠를란드 반도에 고립되었는데 히틀러는 발트 해 제해권 확보를 명분으로 현지를 사수하도록 명령했다. 하지만 이러한 결정은 귀중한 자원이 본토 방어에 투입되지 못하고 무의미하게 고립되어 있다가 종전을 맞이하는 결과를 초래했다. 소련은 쿠를란드를 외곽에서 포위만 하고 주력은 독일로 진격시켰는데 그러다보니 핀란드로의 진격은 물리적으로 불가능했고 이 덕분에 핀란드는 소련과 외교적으로 전쟁을 끝낼 수 있게 되었다.

공격에도 여력이 있겠지만, 독일 북부집단군을 외곽에서 봉쇄해놓고 소련에게 제2전선이라 할 수 있는 핀란드로의 진격은 무리일 수밖에 없었다. 이러한 틈을 노려 핀란드는 소련에 휴전을 제의했고 소련은 고심 끝에 핀란드의 제의를 받아들이기로 정한다. 독일을 우선적으로 처단하기 위해 소련은 다른 곳으로 전력을 분산할 여력이 모자랐고 더구나 지난 겨울전쟁에서 멋모르고 핀란드 영토로 들어갔다가 상상하기 힘들만큼 끔찍한 고초를 겪었던 점도 고려되었다. 그때와 같은 상황이 재현되지 말라는 법 또한 없었다.

더불어 계속전쟁 당시 핀란드가 겨울전쟁에서 잃은 영토만 회복하고 소련 영토로는 진입하지 않았기 때문에 소련이 핀란드 영토로 진격하기에는 대의적인 명분도 부족했다. 결국 양자의 이해가 절묘하게 맞아 떨어지자 1944년 9월 19일 만네르헤임의 주도로 양국은 휴전을 한다. 핀란드가 단독 휴전을 하자 독일의 반발이 극심했으나 이를 철회시킬 방법은 없었다. 장군으로서의 만네르헤임은 용맹했지만 국가원수로서의 그는 상당히 냉철했다. 만네르헤임은 주저하지 않고 독일로 총부리를 돌려 핀란드 북부 라플란드Lapland에 주둔하고 있던 독일군을 노르웨이로 몰아냈다. 독일은 핀란드에 구애를 했지만 핀란드는 소련과의 관계에서 생존하기 위해 가차 없이 독일과의 인연을 끊고 적으로 만들어버린 것이다. 만네르헤임에게 핀란드의 생존보다 우선시되는 것은 없었고 독일 또한 핀란드의 이익을 위해 잠시 동안 함께한 외세였을 뿐이었다.

14. 가장 소중한 가치

2차대전이 끝나고 핀란드에게 남겨진 것은 무지막지한 소련의 보복이었다. 1947년 소련과 체결한 강화조약으로 카렐리야, 페시아모Petsamo(지금의 페첸가Pechenga)를 빼앗기고, 항코Hanko 반도와 포르칼라Porkkala를 강제로 대여해야 했으며 거액의 배상금까지 지불하게 되었다. 또한 친소 중립노선을 견지하는 조건으로 제3국과의 동맹을 제한받는 등 외교적인 굴욕까지 감수해야 했다. 하지만 이런 굴욕을 감수하면서도 핀란드가 지켜낸 것은 독립이었다. 발트 3국이 소비에트연방에 강제로 합병당해 주권을 잃고, 동부 독일은 물론 독일편에 붙었던 루마니아, 불가리아,

형가리 등이 소련의 위성국으로 전락했지만 핀란드는 소련과 치열하게 피를 주고받았음에도 국가의 주권을 끝까지 고수했고 민주주의 체제를 유지할 수 있었다.

핀란드가 자존심을 지킬 수 있었던 가장 큰 이유는 고슴도치 같은 핀란드인들의 독립의지 때문이었다. 이러한 저항은 전후 세계질서를 좌우하는 슈퍼파워로 등장한 소련도 핀란드가 함부로 대

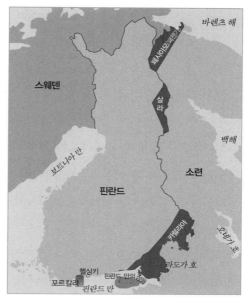

8-4 강화조약 이후 변경된 영토 강화조약으로 핀란드는 많은 영토를 소련에 빼앗기고 외교적으로나 경제적으로 많은 굴욕을 당했지만 발트 3국처럼 나라가 없어지거나 동유럽처럼 위성국으로 전락하지는 않았다. 그것은 외세에 굴하지 않고 독립을 위해 처절한 항쟁을 계속한 핀란드인들과 만네르헤임 같은 지도자가 있었기 때문이다.

할 상대가 아님을 뼈저리게 느끼도록 만들었다. 저항 한 번 제대로 못해 보고 강대국에 좌지우지되었던 나라가 부지기수였던 점을 생각하면 기회를 살려 강온을 적절히 구사하며 생존을 유지해온 핀란드인들의 전략은 상당히 뛰어났다. 때로는 태도를 돌변해 배신을 하고 자신들의 이익만을 좇은 핀란드의 자세가 마치 박쥐같다는 비난도 있지만 약소국인 핀란드에게 독립의 유지 이상의 중요한 이념은 없었다. 사실 역사 이래 강대국이 지배하는 국제 질서에서 약소국의 정의를 존중해주었던 적은 한 번도 없었다. 이와 같은 독립 이후 핀란드의 역경의 시기를 성공적으로 이끌어온 인물이 바로 만네르헤임이었다.

그는 핀란드인이었지만 인생의 초반기를 제정 러시아에 충성을 다한 군인으로 살았다. 이러한 그의 초반기 이력에서 우리가 분명히 알아야 할 것은 그 당시에 핀란드라는 나라가 지구상에 없었다는 사실이다. 그리고 핀란드가 건국 후 내전에 빠져들었을 때 바로 직전까지 그와 불가분의 인연이 있었던 러시아 백위군의 도움을 과감히 거절한 것에서 알 수 있듯이 그에게 볼셰비키가 장악한 러시아는 핀란드의 독립을 저해하는 외세였을 뿐이었다. 이처럼 만네르헤임은 외세를 극도로 혐오했지만 자국의 이익을 위해서라면 철저하게 이용할 줄 아는 인물이었다. 1942년 6월 4일, 75회 생일을 맞은 만네르헤임을 축하하기 위해 히틀러가 비행기를 타고 직접 핀란드를 방문했다. 하지만 핀란드를 전쟁에 더욱 깊숙이 끌어들이려는 히틀러의 꿍꿍이를 잘 알고 있던 만네르헤임은 극히 외교적인 대응만 일관해 히틀러를 실망시켰을 정도로 필요 이상 가까이하지 않았다.

그에게 최고의 가치는 핀란드의 수호뿐이었고 이런 목적을 달성하기 위해 선택한 방법이 제3자로부터 비난을 받는 것은 전혀 신경 쓰지 않았다. 또한 그는 핀란드 건국 당시부터 죽기 직전까지 항상 막강한 권력을 가지고 있었지만 결코 남용하지 않았다. 젊을 때 전제주의 국가에서 교육을 받고 그렇게 인성을 키워왔으며 민주주의에 대한 경험도 적었지만 국가를 위해서라면 대의를 절대적으로 존중했다. 1918년 초대 대통령 선거에서 패했을 때에는 깨끗이 승복했으며, 전쟁 후 1946년에 2년 만에 대통령에서 물러난 결정적인 이유도 그가 비민주적이라는 의회의 비난을 받아들였기 때문이다. 물론 노령에 건강도 나빠졌기 때문이기도 하지만 그는 국가에서 정한 가치는 존중하고 지키려 노력했다.

우리나라의 경우에서도 알 수 있듯이 20세기에 독립한 많은 신생국가들 중에서 처음부터 민주주의 제도가 성공적으로 정착한 예를 발견하기는 상당히 어렵다. 심지어 기존에 민주주의를 채택했던 국가들 중에서도 핀란드가 독립한 1918년 당시 민주주의를 제대로 실현하고 있던 나라는 그리 많지 않다. 국제세계의 질서가 뚜렷이 잡히지 않은 상황에서 핀란드가 독립국가로 바로서지 못하고 외세로부터 위협을 받으면서도 그들이 추구하던 가치를 지켜내는 데 성공했던 것은 사심 없이 자신의 능력을 오로지 국가를 위해서만 사용한 만네르헤임 같은 인물이 있었기 때문이다.

Part 9. 오로지 사수하느냐 죽느냐의 선택밖에 없다

불독이라 불린 장군, 워커

Walton Harris Walker

1950년 6월 25일, 이름도 제대로 들어보지 못한 코리아라는 극동의 신생 독립국에서 국지전이 벌어졌다. 지겨웠던 2차대전이 끝나고 평화가 찾아올 줄 알았지만 당시 세계는 자본주의와 공산주의라는 두 개의 체제로 나뉘어 날카롭게 대립하고 있었고 그런 과정에서 소련의 비호를 받은 북한이 도발을 하면서 한반도에 비극적인 전쟁이 시작된 것이다.

세계 각국은 자기들이 옳다고 믿는 이데올로기를 수호하기 위해 대대적인 지원을 했는데 그 결과 전쟁의 규모가 급속하게 커지면서 국제전으로 성격이 변질되었고 어느 순간부터는 미국과 중공이 전쟁의 주도 세력으로 자리 잡게 되었다. 특히 전쟁 초기, 미국의 즉각적인 참전은 오늘날 대한민국이 존재하게 만든 커다란 힘이 되었다.

전사에서는 당시 미국의 참전과 더불어 전쟁 초기의 급박했던 시기를 담당했던 최고 사령관 맥아더가 자주 언급되고는 한다. 하지만 최전선에서 발에 땀나도록 뛰어다니며 전선을 사수하는 데 지대한 공헌을 했던 인물은 바로 미 8군 사령관 워커였다. 대외적으로는 회장이 한 조직을 대표하지만 궂은일은 총무가 하는 것처럼 그는 한국전쟁 초기의 충실한 총무였고 마당쇠였다.

1. 전차 M-41 워커 불독

1951년 오대호 연안의 오하이오 주 클리블랜드에 있는 캐딜락 탱크 공장에서 새로운 경전차의 명명식이 열렸다. 제식번호 M-41인 신형 전차는 기존에 미군이 보병 근접지원용으로 사용하던 M-24 채피^{Chaffee}를 대체하기 위해 제작한 전차로, 항공 수송이 가능할 정도의 작은 차체에도 불구하고 소련의 T-34에 맞설 수 있는 강력한 76밀리 주포를 장착했다. 이때 제식번호와 더불어 워커 불독^{Walker Bulldog}이라는 공식적인 애칭이 발표되었는데 이것은 사람 이름과 별명을 연이어 붙인 특이한 형태로 미 육군 월튼 해리스 워커(1889~1950) 장군의 이름과 그의 별명이었던 불독을 따서 명명한 것이다.

전쟁 영웅에 대한 예우가 남다른 미국에서도 새로운 무기의 이름으로 명명되는 사람은 후세에 길이 기억해야 할 만큼 빛나는 업적을 남긴 인물이어야 한다. 그만큼 불독이라는 별명을 가진 워커 장군의 업적이 크다는 사실을 알 수 있는데 군사에 관심이 있는 사람들이 아니면 그가

M-41은 항공 수송이 가능한 작은 차체에도 불구하고 소련의 T-34에 맞설 수 있는 강력한 76밀리 주포를 장착한 전차로 애칭은 미 육군 월튼 워커 장군의 이름과 별명을 딴 워커 불독이다. 전쟁 영웅에 대한 예우가 남다른 미국에서 새로운 무기의 이름으로 명명되는 사람은 후세에 길이 기억해야 할 만큼 빛나는 업적을 남긴 인물이다.

한국전쟁 당시 가장 어려웠던 시기를 이끌어온 인물이라는 사실을 의외로 잘 알지 못한다. 흔히 유엔군 총사령관이었던 맥아더가 전쟁을 이끌어왔다고 막연히 생각하고 있지만 사실 맥아더는 전략에만 관여를 했고 대부분의 전선을 책임진 것은 지휘권을 인계받은 야전지휘관인 미 8군 사령관이었다.

미 10군단처럼 별도의 지휘권을 일시적으로 가진 부대도 있었지만 전쟁 내내 모든 지상군은 미 8군의 단일 지휘체계 안에 있었다. 때문에 야전에서 전쟁을 수행하던 미 8군 사령관이 실질적인 최고 지휘관이었다. 특히 누구도 넘보지 못하는 카리스마를 가지고 있던 맥아더가 해임된 이후에는 미 8군 사령관의 권한이 더욱 막강해졌다. 한국전쟁 당시 워커는 이와 같이 중요한 자리였던 미 8군의 첫 사령관으로 부임해 최전선에서 정력적으로 부대를 진두지휘하며 자유세계를 수호한 인물이다.

한국전쟁 전체를 살펴볼 때 여러 번의 위기가 있었지만 1950년 8월에서 9월 사이에 있었던 낙동강 전투만큼 백척간두의 위기는 없었다. 한국전쟁 초기 공산군의 선제 기습공격으로 국토의 대부분이 유린당하고 낙동강을 교두보로 하는 좁은 지역만이 아군의 유일 거점으로 남아

한국전쟁 당시 첫 미 8군 사령관 월턴 해리스 워커.

있었는데, 만일 이곳이 돌파되어 부산이 점령된다면 그것으로 전쟁은 끝날 수 있었기 때문이다. 이러한 시기에 책임자였던 워커는 미 8군이라는 거대조직을 이끌고 있었는데 상황은 불리했다. 훗날 밝혀진 사실이지만 당시에는 한반도를 포기하고 마치 대만처럼 국민 일부만 제주도로 소개시켜 대한민국을 형식상 존속시키는 가능성까지도 진지하게 검토했을 정도였다고 한다. 이런 모든 불리한 여건에도 불구하고 제일선에서 맹활약하며 자유를 수호한 불독 같은 맹장 워커와 함께 그의 활약을 통해 한국전쟁 초기 고단했던 위기의 시기를 조명해본다.

2. 엘리트 장군

1889년 텍사스의 벨톤Belton에서 출생한 워커는 육군사관학교를 거치는 정통 엘리트 코스를 밟아 군무에 몸을 담았고 이후 제5사단 초급장교로 1차대전에 참전해 프랑스 전역에 참전했다. 이 당시 구체적으로 어떤 활약을 보였는지 자세한 기록이 남아 있지는 않지만 은성훈장을 수여받은 것으로 보아 큰 활약을 펼쳤던 것으로 추측할 수 있다. 종전 후 고위 참모과정을 밟는 등 순탄한 군생활을 영위했는데 특이한 점은 중국에서 근무한 기록이 있다는 것이다. 아마도 이 시기에 동양과 그 문화에 대해 중요한 지식을 얻었을 것이며 이때의 경험이 이후 한국전쟁에서 많은 도움이 되었으리라 생각된다.

1939년 2차대전이 발발하자 미국은 새로운 형태의 전쟁 패러다임이 된 기갑부대의 창설과 운용에 대해서 연구하기 시작했는데, 워커는 당시 이를 주도했던 인물과 인연을 맺게 된다. 바로 저돌적인 기갑부대 이미지와 너무 걸맞는 조지 패튼이었다. 1942년 제3기갑사단을 지휘한 워커는 이후 패튼의 예하부대장으로 유럽전선에서 맹활약을 펼쳤다. 제20군단장으로 승진한 워커는 뛰어난 기동력을 바탕으로 메스Metz, 벌지Bulge 등 서부전선의 주요 전투에서 선봉부대장으로 뛰어난 전과를 선보였는데 그가 지휘한 20군단은 '유령군단'이라는 영광스러운 별명까지 얻었을 정도였다.

종전 후 미 본토에 있던 제5군 사령관이 된 워커는 1948년에는 일본 점령군으로 있던 제8군의 2대 사령관으로 영전했고 이때부터 주일연합군 최고사령관이었던 맥아더를 상관으로 모셨다. 저돌적이면서도 친화력이 좋았던 워커는 맥아더와 뒤늦게 관계를 맺었음에도 원만한 사이였다고 전해진다. 그런데 맥아더는 인사관리를 적절히 이용해 부하들로 하여금 자신에 대한 충성 경쟁을 유도할 줄 알았던 인물이었다. 그는 뒤늦게 8군 사령관으로 부임해 주일미군의 제2인자가 된 워커와 기존에 근무하고 있던 앨먼드 같은 참모진과의 보이지 않는 경쟁을 유도했고 이런 관계는 한국전쟁까지 계속 이어진 것으로 평가되고 있다.

워커가 제2대 사령관으로 취임한 제8군은 1944년 6월 창설된 이후 줄곧 태평양전선에서 활약해왔고, 일본의 무조건항복 이후 1945년 8월 30일에는 일본에 행정 상륙해 요코하마에 사령부를 설치하고 패전 일본을 군정 통치하기 위한 연합군의 무력기반이 되었다. 종전 직전에는 예하에 1군단, 9군단, 10군단 등 3개 군단을 거느리고 있었으나 워커의 취임 이후부터 점차 감군을 단행해 예하의 군단들과 일부 사단들을 해체하기 시작했다. 얼마 안 가 제8군은 감편된 몇 개 사단과 직할부대로 구성되어 야전군으로서의 기능을 거의 상실한 행정부대가 되어가고 있었는데 바로 이때 한반도에서 전쟁이 발발한다.

3. 빠른 참전, 부족한 준비

유엔군이라는 이름을 빌려서 참전했지만 사실 한국전쟁에서 미국의 개입은 북한은 물론 후견인인 소련조차 전혀 예상하지 못했을 정도로 상당히 빠른 편이었다. 일부에서는 미국의 한국전쟁 개입이 통일을 방해하는 행위였다고 비난하는 여론이 있기는 하지만 이와 같은 미국의 즉각적인 개입이 대한민국 수호에 결정적인 역할을 했다는 것에는 어떠한 반론도 제기하기 힘들다. 그런데 적들도 예상하지 못할 만큼 빠르게 개입했다는 것은 역설적으로 제대로 준비도 되지 않은 상태로 참전했다는 이야기이기도 했다. 구조적으로 일본에 주둔한 미군이 한반도로 이동할 수밖에 없었는데 당시 일본에 주둔한 부대들은 2차대전 당시의 용맹함은 이미 사라지고 훈련 양도 절대적으로 부족한 상태의, 점령지 관리를 위해 축소 편제된 부대들이었다.

당시 미 8군은 제1기병사단, 제7사단, 제24사단, 제25사단으로 구성되어 있었는데 그중 가장 전투력이 좋다고 평가되던 제24사단에서 차출되어 급편된 스미스 특임단Task Force Smiths*이 1950년 6월 30일 한국전쟁에 전격 투입되었고, 동시에 워커 중장을 비롯한 8군 지휘부가 7월 7일 대구로 사령부를 이전했다. 워커에게 부여된 임무는 간단했다. 북한 공산군을 격퇴해 38선 이북으로 몰아내고 전쟁 전 상태로 원상 복구하라는 것이었다. 하지만 제대로 된 준비도 없이 참전한 미군은 스미스특임단의 참패와 연이어 투입된 제24사단 본진의 괴멸을 겪으면서 변화할 수밖에 없었다. 초전에 심각한 패배를 맛본 워커는 전투를 멈추고 전선을 가다듬어야만 했다.

일본에는 한국으로 건너오지 못한 부대들이 많이 있었지만 이들도 본토로부터의 충분한 증원을 받아 전투에 투입할 만큼 완편해야 하는데 그럴 시간이 모자랐다. 때문에 워커는 최대한 북한의 진격을 지연시키면서 시간을 벌어야 했다. 7월 14일 한국군의 작전권까지 인계받은 워커는 모든 지상군을 통합 지휘했다. 워커는 전선의 상황을 판단한 결과 8월 말이 되어야 아군의 증원이 충분히 완료되어 반격에 나설 수 있을 것으로 판단했다. 때문에 지금 상태로 1개월 이상을 버텨내야 했는데 전선을 고착화시키기 힘들 만큼 당시 공산군의 공세는 매우 거셌다. 결국 7월 15일 금강 방어선이 우회돌파를 당했고 아군은 소백산맥을 넘어 후퇴할 수밖에 없었다.

북한군은 아군의 정면에 일부 부대를 대치시키면서 주력은 측면으로 투입해 배후를 절단하는 작전을 주로 구사했다. 7월 말까지 이러한 작전이 효과적으로 작용한 이유는 미군이 투입되었음에도 아직까지 북한군의 전력이 월등히 우월해 양면 공격이 가능했을 뿐 아니라 전선이

---

* 제24사단 예하부대 중 가장 전투력이 좋다고 평가되던 21연대 제1대대에 포대와 약간의 직할대를 배속시켜 편성한 대대급 기동타격대로 대대장 스미스의 이름을 따서 부대 이름이 정해졌다.

너무 넓어 아군 부대 간의 연결이 제대로 이루어지지 않아 북한군이 우회 침투할 수 있는 공간이 많았기 때문이다. 워커는 시간을 벌기 위해서는 북한군이 우회 침투할 수 있는 간격을 먼저 메워야 한다고 판단했다. 그러기 위해서는 전선을 좀 더 축소시킬 필요가 있었고 한반도의 지형을 분석한 워커의 눈에 낙동강을 선으로 하는 천혜의 방어선이 들어왔다. 워커는 이곳을 최후의 저항거점으로 삼기로 한다.

4. 낙동강 방어선

흔히 낙동강 전선의 상황을 묘사할 때 자주 인용되는 문구가 '···백척간두의 위기에 놓인 조국···'이다. 당시 전선의 상황도를 보면 한반도의 대부분이 붉게 물들어 있고 대한민국은 부산을 정점으로 하는 경상도 일부 지역에 간신히 존재하고 있을 만큼 위기의 순간이었다. 하지만 당시 상황으로는 군사전략상 어쩔 수 없이 한반도의 대부분을 내줄 수밖에 없었다. 물론 적의 도발을 초전에 막지 못하고 이 정도까지 전선이 밀렸다면 엄청난 위기임은 부인할 수 없다. 하지만 아군이 수세에 몰린다면 방어에 유리한 거점을 찾아 지연전을 펼쳐야 하는데 당시에 낙동강을 정점으로 한 교두보가 지리적으로 방어에 유리한 최적의 장소였다.

흔히 워커 라인Walker Line이라 불린 낙동강 방어선은 북한군의 우회 돌파를 허용하지 않겠다는 고육책에서 시작되었다. 낙동강 교두보를 마련하기 전에는 아군이 넓은 지역에서 나뉘어 각개 부대별로 작전을 펼쳤다. 때문에 서로 유기적으로 연결되지 못했고 이런 부대 간에 벌어진 간격을 통해 북한군이 우회 침투를 했다. 북한군의 우회 돌파를 허용

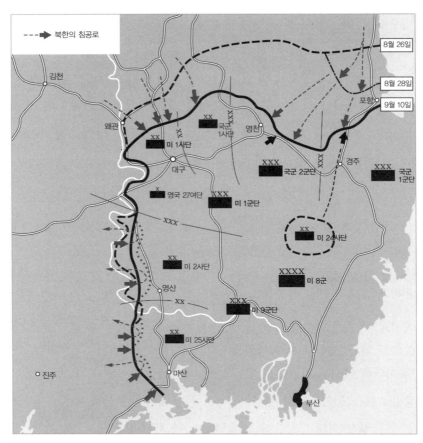

---- ▶ 북한의 침공로

8월 26일
8월 28일
9월 10일

김천

왜관

XX 미 1사단

XX 국군 1사단

영천

대구

X 영국 27여단   XXX 미 1군단

XXX 국군 2군단

XXX 경주

XXX 국군 1군단

포항

XXX

XX 미 24사단

XX 미 2사단

영산

XX

XXXX 미 8군

XXX 미 9군단

XX 미 25사단

ㅇ진주

마산

부산

9-1 낙동강 방어선 낙동강 방어선이 설정된 후 아군은 처음으로 전선을 촘촘히 연결할 수 있었고 이 때문에 적이 우회 침투하여 배후를 절단하는 전술을 막을 수 있었다. 반면 종심이 너무 짧아 만약 일각이 돌파당한다면 그것으로 전쟁이 끝날 수 있을 만큼 위험을 내포한 방어선이기도 했다. 한마디로 결사의 의지가 없었다면 지킬 수 없었던 방어 전략이었다.

하지 않기 위해서 틈이 없어질 정도로 최대한 전선을 축소시킬 필요가 있었는데 천혜의 방어거점인 낙동강을 정점으로 하는 라인은 한국전쟁 개전 후 처음으로 아군 부대들이 완전히 연결될 수 있을 만한 선이었다. 이런 전략적 이유 때문에 워커는 별다른 자연방어선이 없는 호남지역을 과감히 포기하고 전선을 최대한 축소한 것이다.

또한 이와 같이 전선을 축소하면 예비대 운용에 약간의 여유가 생길 수 있었다. 당시 미군의 즉각적인 투입에도 불구하고 아군의 전력은 북한군에 비해 상당한 열세를 보이고 있었다. 때문에 아군은 적정 수준의 예비대를 운용할 만한 여유가 없어 적의 우회 기습 등에 효과적으로 대응하지 못하고 붕괴된 아군 전선을 보충할 수 없었다. 그런데 예비대의 중요성을 알고 있던 워커는 낙동강 교두보가 완성되어 전선이 촘촘해지자 일부 부대를 후방으로 빼내 기동력을 보강시켜 모든 전선에서 가장 가까운 중앙에 주둔시킨 후 전 전선을 넘나드는 소방수 임무를 수행하도록 조치한다. 제25사단의 27연대 전투단이 그 역할을 맡았는데 이 부대가 바로 사단장의 이름을 따서 창설한 킨 특임단^{Task Force Keans}*이었다.

하지만 워커가 전략적으로 낙동강 방어선을 택했다 하더라도 만일 한 부분이 돌파당한다면 그 다음은 장담하기 힘든 상황이었다. 낙동강 방어선에서 부산까지는 가장 먼 곳도 불과 100킬로미터 정도밖에 되지 않았기 때문이다. 부산은 대한민국과 유엔군의 유일한 생명선으로 이곳을 잃는 것은 곧 학살과 패배를 의미하는 것이었다. 때문에 워커는 예하 장병에게 낙동강 교두보가 최후의 거점임을 알리고 더 이상의 후퇴는 있을 수도 없고 있어서도 안 된다는 지시를 내리며 다음과 같은 유명한 연설을 한다. "우리에게 됭케르크나 바탄^{Bataan}**은 없다. 그러한 탈

---

* 킨 특임단은 제25사단 예하 27연대에 포병대대와 직할대를 배속시켜 편성한 연대급 기동타격 전투단으로 연대장 킨의 이름을 따서 부대 이름이 정해졌다.
** 됭케르크는 프랑스 북부에 있는 해안 도시로 2차대전 초기인 1940년 5월 28일부터 6월 4일 사이 이곳에서 고깃배까지 동원해 독일에 포위된 연합군 30여만 명을 영국 본토로 철수시켰다. 바탄은 필리핀 루손 섬에 있는 반도로 태평양 전쟁 당시 일본군의 침공을 받자 맥아더는 천혜의 방어지인 바탄 반도로 전 병력을 몰고 퇴각해 오랜 기간 일본군의 진출을 저지했다. 워커는 낙동강 방어선까지 밀린 상황에서 병사들에게 됭케르크나 바탄과 같은 퇴각로는 없으므로 결사의 항전을 하도록 촉구한 것이다.

출구가 있다고 기대하지도 말라! 오로지 사수하느냐 죽느냐Stand dr Die의
선택밖에 없다"

5. 우리는 끝까지 싸운다

워커는 스스로 회고록 등을 남기지 못했기 때문에 본인의 의지에 대해
정확히 알 수는 없으나 전사에 나와 있는 사료를 통해 간접적으로 살펴
보면 '사수하느냐 죽느냐'처럼 낙동강 방어선에 대한 필사의 방어 의지
가 부하 장병들을 부추기기 위한 입에 발린 소리가 아닌 진심이었음을
알 수 있다. 당시 미국 내에서는 듣도 보도 못한 극동의 후진국에서 발
생한 전쟁에 미국이 과연 피를 흘려야 할 필요가 있는지, 또는 아무리
냉전시기이지만 한국이라는 나라를 사수해야 할 가치가 있는가에 대해
많은 문제제기가 있었다. 당연히 이런 상황을 잘 알고 있던 말단의 병사
들에게는 확고한 전투의지가 부족했다. 예를 들어《뉴욕 타임스New York
Times》종군기자인 핸슨 볼드윈Hanson Baldwin에 의해 워커의 '사수하느냐
죽느냐' 훈령이 대대적으로 보도되자 미 의회에서는 '병사들의 인권 무
시니, 미국인들이 피를 흘려가면서까지 한국을 지켜야 할 가치가 있는
것인지, 또는 민주주의의 위기니' 하면서 수많은 반론이 제기되었을 정
도였다.

참전 초기 북한군의 전투력을 과소평가하고 안이하게 대처해 엄청
난 코피가 터졌음에도 대다수의 미군들은 이러한 치욕을 적극적으로
극복하기보다는, 만일 부산을 내줄 정도로 밀린다면 그냥 배타고 일본
으로 건너가면 될 것으로 생각하고 있었다. 때문에 이런 생각을 가지고

있던 부하 장병들에게는 목숨을 걸라는 명령이 마음에 와 닿지 않았을지도 모른다. 하지만 워커도 처음부터 이러한 확고한 믿음과 신념으로 똘똘 뭉쳐 있었던 것은 아니었다. 그 또한 1950년 7월 7일, 야심만만하게 대구에 8군 사령부를 꾸렸을 때만 해도 여타 미군들처럼 손쉽게 북한군을 물리칠 것으로 낙관적으로 생각했다. 하지만 스미스 특임단의 뒤를 이어 투입된 제24사단 본진마저 괴멸되고 사단장 딘[William F. Dean] 소장까지 포로가 되어 해체 위기까지 몰릴 정도로 타격을 받자 생각을 달리할 수밖에 없었다.

워커는 차후 낙동강 방어선을 염두에 두고 후퇴를 하고 있었으면서도 만일 이곳이 붕괴된다면 다시 한 번 저항할 수 있는 최후의 거점을 염두에 두고 있었다. 그 선은 대략 경상남도의 경계와 비슷한데 한때 영천과 포항에 위기가 닥치자 대구 지역을 포기하고 이곳으로 이동할 것을 심각하게 고려했을 정도다. 그러나 판단이 빠른 야전지휘관인 워커는 상관인 맥아더의 확고한 전투의지와 반격에 대한 집념을 깨닫고 최선을 다해 방어전을 펼치기로 결심했고 이러한 확고한 전투의지를 부하들에게 표명한다. 또한 점령지에서 벌어지고 있던 대학살극에 대해 워커는 잘 알고 있었기에 부산까지 후퇴한다면 한반도 전체가 사상 최대의 살육장이 될 것이라고 생각했다.

그랬기 때문에 그는 "우리는 끝까지 싸워야 한다. 포로가 되는 것은 차라리 죽는 것보다 못하다."라며 결사의 항전의지를 예하 장병들에게도 요구했던 것이었다.

6. 가장 뜨거웠던 여름

낙동강의 최후 거점을 기준으로 양측이 첨예하게 대치되었고 이제 아군과 적에게는 단 한 가지 목표만 남았다. 바로 부산이었다. 부산을 지키려는 아군과 점령하기 위해 달려드는 북한군 사이에 엄청난 피바람이 분 것은 어쩌면 너무나 당연한 일일 것이다. 공산군은 남한 점령지에서 강제 징집한 병력까지 총알받이로 내세우면서 낙동강 방어선을 돌파하기 위해 혈안이 되었고, 아군 또한 최후의 보루를 지키기 위해 피로써 적을 막아내고 있었다. 일진일퇴의 공방 속에서 산하는 포연에 뒤집혀 빨간 속살을 드러냈고 불탄 나무와 풀 위에는 주검들이 나뒹굴었다.

8월로 접어드는 뜨거운 여름과 함께 시작된 공방전으로 마산, 왜관, 다부동, 영천, 포항을 잇는 낙동강 방어선은 붉게 물들어갔고, 총소리가 잠시 멈추면 산하의 여기저기서 치우지도 못한 부패한 시신들이 터지는 소름끼치는 소리가 울려 퍼져나갔다. 필사의 사투를 벌이며 1950년 여름은 그렇게 뜨겁게 달구어지고 있었다. 지독한 공방전이 벌어지던 8월 중순이 지나자 부산항을 통해 밀려들어온 수많은 보급품과 지원 병력 덕에 전쟁 발발 이후 계속 아군이 열세였던 전력균형이 서서히 바뀔 수 있었다. 하지만 전쟁이라는 것은 한 번 밀리면 그 자리에서 공세로 나가 순식간에 전황을 반전시키기가 쉽지 않다.

총사령관 맥아더는 전황을 일거에 뒤집을 수 있는 인천상륙작전을 구상했고 이 때문에 모든 가용전력을 낙동강 방어선에 투입할 수 없었다. 이러한 맥아더의 의중을 알고 있던 워커는 그에게 주어진 전력만으로 낙동강 교두보를 지켜나가야 했다. 워커의 임무는 눈앞의 공산군을 최대한 많이 잡아두면서 시간을 버는 것이었다. 2차대전 당시 스탈린그

인천에 상륙하는 미군. 한국전쟁 초기 3일 만에 서울을 내주고 피로써 낙동강을 막아내던 위기의 순간에 순식간에 전세를 역전시키는 인천상륙작전이 성공한다. 이 작전과 동시에 피로 낙동강 방어선을 지키고 있던 미 8군도 반격을 개시했다.

라드에서는 소련 제62군이 독일 제6군을 도심에 붙잡아두는 역할을 했었는데 워커의 제8군이 맥아더의 회심작인 크로마이트 작전Operation Chromite(인천상륙작전)을 위해 같은 역할을 담당했다. 다만 차이라면 소련 62군의 경우는 스탈린그라드를 독일에게 내주어도 전쟁을 계속할 수 있는 여지가 많았지만 낙동강 교두보를 담당한 제8군이 뚫린다면 전쟁은 그것으로 끝이었고 그만큼 위험부담이 큰 방어전이었다.

이때 워커에게 믿음직한 동반자로 인식된 것은 국군이었다. 한국전쟁에 참전한 직후만 해도 워커는 국군을 자기 힘으로 나라를 지키지 못하는 삼류 군대 정도로 인식했지만, 낙동강 교두보에서 전력의 열세에도 불구하고 육탄으로 적을 막아내며 전략거점을 방어해나간 국군의 투혼을 보고는 깊은 감명을 받았다. 대구를 중심으로 우측을 방어한 국군 제1·3·8사단과 수도사단은 낙동강 방어선의 중요성을 누구보다도 잘 알고 있었고 우리의 선배들은 그러한 위기상황에서 목숨을 걸고 싸웠다. 특히 동양의 베르됭Verdun 전투라 불린 다부동 전투*를 승리로 이끈 전진부대의 노고에 대한 워커의 찬사는 진심 어린 것이었고 국군을 믿을 수 있는 군대로 인식하게 되었다.

7. 불독이라 불린 이유

낙동강 교두보를 철옹성으로 만들면서 워커는 킨 특임단 같은 신속 대응 예비대를 적절히 활용해 방어전을 이끌어나갔다. 이를 내선방어작전이라 부르는데, 이 작전을 성공적으로 이끌기 위해서는 전투력의 신속한 집중과 절약, 정확한 정보획득을 통한 기회의 포착이 필요했다. 그리고 지휘관은 이와 관련된 모든 결정은 신속히 해야 했다. 전장을 뛰어다니며 현장을 직접 파악하는 것을 지휘의 원칙으로 삼고 있던 워커는 누구보다도 빠르게 상황 판단을 해 그때그때 필요한 지시를 내렸다. 특히 어떠한 일이 있어도 사수해야 하는 전투에서는 한번 물면 절대로 놓아주지 않는 그의 별명인 불독처럼 끝까지 버텨내도록 채근하고 지원했다.

그가 불독으로 불리게 된 데는 재미있는 에피소드가 있다. 불독이라는 별명이 너무 잘 어울린다고 생각될 만큼 워커는 다부진 체격과 강인한 인상을 가지고 있기도 하지만 이전에는 술 이름에 빗대어 조니 워커 Johnnie Walker라고 불렸다. 언론매체 등에서 공식적으로 그를 불독으로 부

---

* 베르됭 전투는 1차대전 당시 고착된 전선을 돌파해 전쟁을 끝내고자 했던 독일의 대공세를 프랑스가 베르됭에서 엄청난 피해에도 불구하고 불굴의 의지로 막아낸 역사적인 전투였다. 낙동강 전선의 돌출부에서 벌어진 다부동 전투도 부산을 향한 돌파구를 뚫으려는 공산군의 극렬한 공세를 국군이 어려움을 극복하고 막아낸 전투였는데 그 모습과 격렬함이 마치 베르됭 전투와 흡사해 동양의 베르됭 전투라고 불리게 되었다.

르게 된 것은 유명한 여성 종군기자 마가렛 히긴스Marguerite Higgins와 관련이 있다. 당시《뉴욕헤럴드트리뷴New York Herald-Tribune》의 동경 특파원이었던 그녀는 전쟁이 발발하자 한국으로 건너와 취재 활동을 한 맹렬 여성이었는데, 한강다리가 폭파되는 장면을 생생히 목격하고 피난민들과 함께 간신히 한강을 도강해 서울을 탈출했을 만큼 최전선에서 취재 활동을 해 여성 최초의 풀리처 상 수상자가 된 기념비적인 인물이었다.

원래 강철과 강철이 부딪치면 소리가 나듯 정력적인 야전 지휘관인 워커와 취재 재료를 얻기 위해 귀찮을 정도로 워커 근처를 맴도는 극렬 여성 히긴스의 사이가 좋았을 리 없었다. 워커는 전쟁터에는 편의시설이 없기 때문에 여자가 머무를 곳이 못 된다는 구실을 붙여 눈엣가시 같던 히긴스를 한국에서 추방한다. 그러자 그녀는 동경에 머무르던 맥아더를 찾아가 "나는 여자가 아니라 기자이고 전쟁터에서 편의시설이 없는 것은 너무나 당연하기 때문에 문제가 되지 않는다."고 주장하면서 한국에서 계속 취재할 수 있게 해달라고 간청했고, 매스컴을 이용할 줄 알던 정치적인 성향이 강했던 맥아더는 이런 당돌함에 감명을 받았는지 그녀가 다시 전선에 갈 수 있도록 허락했다.

당시 히긴스가 워커를 묘사한 글이 있는데, "짜리몽땅하고 볼품없는 몸에다가 얼굴은 흡사 불독 같은 표정이었으며, 늘 삐딱한 태도를 보이는 인간"이라고 했다. 여기에서 시작된 것인지는 모르겠지만 어쨌든 '워커=불독'이라는 공식이 성립되어 계속 전해질 정도로 불독은 그를 대변하는 별명이 되었다. 하지만 이런 평가와 달리 당시 한국군 제1사단장이었던 백선엽 장군은 "근엄한 얼굴에 불타는 기백을 지니고 있는 인물이었다. 엄격해 보였지만 말투는 부드러웠고 사람의 마음을 사로잡는 그 무엇이 있었다. 특히 악수할 때 그의 손은 여인같이 부드러웠다."라고 회상했을 정도로 워커는 열정적이었을 뿐만 아니라 겉모습과는 달리 부드러운 장군이었다.

8. 반전 그리고 북진

한국전쟁을 대표하는 군가 중에 다음과 같은 노래가 있다.

> 전우의 시체를 넘고 넘어 앞으로 앞으로. 낙동강아 잘 있거라. 우리는 전진한다……. (박시춘 작곡 〈전우야 잘 자라〉 중에서)

낙동강을 박차고 반격을 개시한 국군의 감격을 묘사한 노래다. 전쟁 개시 후 지난 3개월간 일방적으로 밀리며 낙동강에서 목숨을 걸고 사투를 벌인 국군은 물론 이역만리에서 바다 건너 참전한 미군 또한 감회가 새로웠을 것이다.

맥아더가 현장까지 찾아가 진두지휘한 인천상륙작전이 성공하고 난 3일 후인 9월 18일 미 8군은 드디어 북진의 시동을 걸고 앞으로 내달렸다. 그리고 9월 26일 미 8군의 선봉 제1기병사단이 인천에 상륙해서 남진해 내려오던 미 7사단과 오산에서 극적으로 조우함으로써 38선 이남이 드디어 북한의 압박으로부터 벗어나게 되었다. 이들 부대가 감격적으로 만난 오산은 미군의 선도부대인 스미스 특임단이 한국전쟁에 투입되자마자 북한군과 교전을 벌여 참패를 당한 원한의 장소이기도 했다. 낙동강을 벗어난 지 불과 열흘 만에 유엔군은 그동안 공산군에게 빼앗겼던 모든 지역을 회복하고 1950년 6월 25일 이전의 상태로 전선을

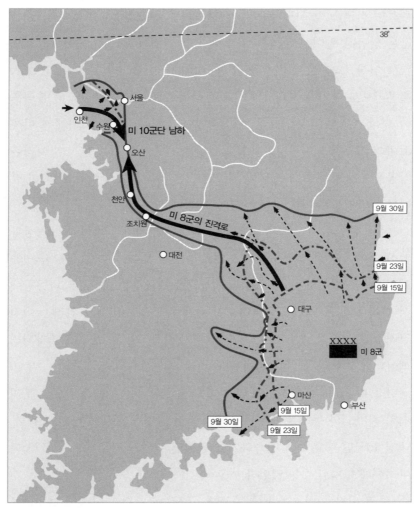

9-2 미 10군단이 인천에 상륙하면서 전세가 반전되었는데 이와 동시에 미 8군도 낙동강 교두보를 박차고 나와 진격을 개시했다. 9월 26일 북진하던 미 1기병사단과 인천에서 남진하던 미 7사단이 오산에서 조우함으로써 전선을 연결했고 순식간에 퇴로가 차단된 북한군 상당수는 산속으로 들어가 무장공비가 되었다.

돌려놓았다.

이러한 급속한 전황의 반전은 세기의 도박으로 불린 인천상륙작전의 성공이 결정타이기는 했지만 근본적으로 워커의 지휘 하에 고군분

투하며 적군을 막아낸 낙동강 방어전의 성공이 있었기 때문이다. 공산군은 낙동강 방어선 돌파를 위해 마지막 전력까지 모두 쏟아부었으므로 인천상륙작전으로 배후를 급습당하자 더 이상 버틸 여력이 없었다. 결론적으로 워커가 지휘하며 사수한 낙동강 방어선은 북한군의 블랙홀이 되어 스스로를 무너뜨린 늪이 되었던 것이다. 전사는 2차대전 이후 최대의 기동전인 인천상륙작전을 찬란히 서술하고 있지만 사실 이러한 성공을 뒷받침하고 그 바탕이 되었던 것은 낙동강을 방어막 삼아 피 말리는 공방전을 승리로 이끈 아군의 노력 때문이었다.

이제 전쟁은 현상 고착을 원하는 워싱턴 정치가들의 바람과는 상관없이 맥아더와 한국 정부의 의도대로 38선을 넘어 북한을 점령하는 통일전쟁으로 변했다. 이제 아군의 지상군을 대표하는 미 8군은 낙동강에서 참아내며 당했던 것을 돌려주기 위해 북진을 준비했고 워커는 이런 감격적인 진격을 이끌었다. 그런데 여기서 두고두고 인구에 회자되는 맥아더의 희한한 작전이 전개된다. 바로 인천상륙작전의 주역인 미 10군단을 미 8군에 배속시키지 않고 별도의 지휘권을 갖는 조직으로 분리시켜 한반도의 동북부에서 단독적인 북진 작전을 이끌도록 한 것이다. 내심 10군단을 휘하에 배속하기를 원했던 워커는 당황했으나 감히 맥아더에게 항명할 수는 없었다.

결국 워커는 미 1군단, 미 9군단, 국군 2군단으로 구성된 미 8군을 지휘하며 한반도 서북부인 평안도 지역으로 북진해 올라가게 되었고 앨먼드가 지휘하는 미 10군단은 국군 1군단을 배속 받아 반대편으로 북진했다. 맥아더는 충성스런 두 부하들로 하여금 북진 경쟁을 유도했던 것이다. 그런데 도쿄에서 전쟁을 지휘하던 맥아더가 알고 그랬는지는 모르겠으나 한반도 북부를 동서로 나누어 진격하는 작전은 400여 년 전임진왜란 당시 오사카 성에서 전쟁을 총괄 지휘하던 도요토미 히데요시豊臣秀吉의 작전과 매우 유사하다. 서울을 점령한 도요토미 히데요시는 침략군 주력을 둘로 나누어 경쟁심이 컸던 고니시 유키나와小西行長의 군을 평안도 지방으로, 가토 기요마사加藤淸正의 군을 함경도 지방으로 각각 진격시켜 한반도 북부를 석권하고자 했다. 둘의 유사점은 상당한 흥미를 불러일으키는데 혹시 맥아더가 일본에서 한반도 공략과 관련한 자료를 탐독해 체득하지는 않았는지 궁금하기도 하다.

9. 워커의 구상

지난여름 내내 붉게 물들었던 지긋지긋한 피의 강가를 박차고 나온 지 불과 12일 만인 1950년 10월 1일, 국군 제3사단은 드디어 원한에 사무친 38선을 돌파해 북녘을 해방하기 위한 위대한 일보를 내딛음으로써 무제한의 북진을 개시했고 옆에서 병진하던 수도사단도 거의 동시에 38선을 넘었으며, 이후 많은 아군 부대들이 이 대열에 동참했다. 짧은 시간 안에 38선 이남 지역을 완전히 회복했지만 그 이상의 진격은 외교상의 문제 등 여러 가지 이유로 주저하고 있던 중이었다. 비록 야전의 군인들과 한국정부는 이번 기회에 북한을 쳐부수고 통일을 달성하기를 간절히 원했지만 세계정치를 좌지우지하는 워싱턴은 이 문제에 대해 신중하게 생각했다.

한만국경으로의 진격은 소련과의 충돌이 예견되어 심각하게 고민해야 했고, 또한 중공은 38선 이북으로 유엔군이 넘어올 경우 개입하겠다고 공개적으로 으름장을 놓고 있던 상태였다. 그런데 인천상륙작전이 성공하고 순식간에 전세를 역전시킨 9월 중순이 되자 북진은 소수의 반대에도 불구하고 대세가 되었고 문제는 명분과 형식이었다. 9월 11일 트루먼의 허가가 떨어지고 10월 초순경 유엔의 결의가 예정되자 이승만 대통령은 군통수권을 유엔군 사령관에게 위임했음에도 국군에게 선(先)진격 명령을 별도로 하달했다. 전격적으로 아군의 진격이 개시된 것이다. 10월 7일 유엔총회에서 한국통일안이 가결되고 10월 9일에 38선 돌파 명령이 하달되었지만 이미 아군은 슬금슬금 북으로 올라가고 있던 중이었다.

전해지는 사료에 따르면 워커는 38선을 넘어 진격하는 작전을 나름대로 치밀하게 구상하고 있었다. 우선 인천으로 상륙해 서울을 탈환한 미 10군단을 8군에 배속시켜 북진의 선봉대로 예정하고 있었는데 그 이유는 낙동강에서 전진하던 미 1군단은 서울 탈환 당시 수원—대전—김천가도 연변에 있었고 미 9군단은 군산, 전주를 정점으로 하는 선까지 진출했을 뿐이었기 때문이다. 그는 당시의 보급상황을 고려할 때 아무리 노력해도 38선에서 모든 부대를 집결해 진격을 개시한다면 보름 정도의 시간이 필요하게 되고 그럴 경우 적에게 탈출 및 재편성 시간을 허용하는 결과를 가져오리라 판단했다. 그러나 현재 경인지역에 있는 미 10군단은 인천에서 보급을 받을 수 있기 때문에 10군단을 추격의 선봉대로 세우는 것이 빠르고 무난하게 공격을 개시하는 요건이라 생각했다.

워커는 미 10군단이 평양으로 진격하면 미 1군단이 돌파구를 확대해 평양 동쪽까지 후속 병진한 후 원산으로 방향을 전환해 청천강~원산 선을 먼저 제압하고자 했다. 이와 더불어 동부전선은 국군 1군단으로 하여금 동해축선을 따라 북진시켜 원산에서 미 1군단과 합류한 후 동북

지역을 제압하고자 구상하고 있었다. 또한 국군 2군단은 철원 지역으로 북진시켜 동서의 간격을 연결하고 미 9군단은 점령지역 관리 및 유엔군 예비대로 남겨놓고자 했다. 그의 이러한 계획은 대다수 지휘관들의 지지를 받았다. 하지만 워커의 안은 채택될 수 없었고 정식으로 보고되지도 못했다. 왜냐하면 신과 같은 존재로부터 이미 다른 계획을 하달 받은 상태였기 때문이다.

10. 거역할 수 없는 카리스마

유엔군 총사령관 맥아더의 생각은 워커가 구상하고 있던 전략과 판이하게 달랐다. 전략 거점으로 원산을 지목한 것은 같았지만 점령하는 방법이 문제였다. 워커는 미 1군단과 국군 1군단의 진격만으로 충분히 원산을 점령할 수 있다고 생각했지만 상륙작전 마니아인 맥아더는 이곳을 인천과 같은 방법으로 접수하고 싶었다. 맥아더는 워커가 북진의 선봉으로 고려하고 있던 미 10군단을 인천항을 통해 다시 빼내 한반도를 거의 한 바퀴 돌아 원산으로 보내고자 했다. 당시 미 8군은 수원 근처의 제1기병사단을 선두로 해서 단위 부대별로 경부가도를 따라 이동 중에 있었고 38선에 부대가 모두 집결하려면 많은 시간이 필요한 상태였다.

더구나 인천항은 유일무이한 서울 인근의 주요 보급로였는데 이곳이 미 10군단의 원산상륙작전을 위한 선적항이 되면서 미 8군을 위한 보급로로서의 기능이 막히게 되었다. 이렇게 되면 미 8군의 보급로는 부산부터 연결되는 경부가도가 유일했는데 철도는 단기간에 복구되기 힘들 만큼 파괴된 상태였고 도로 상태 또한 열악했다. 사실 맥아더도 인천항의 중요성을 알고 있었고 부산항은 38선 이북으로의 북진을 위한 보급기지로는 너무 멀다고 생각했다. 때문에 원산을 동북부의 주요 보급통로로 확보하고자 했던 것이다. 하지만 전술한 바와 같이 이 방법은 잘못된 것이었다. 중요한 시기에 인천항의 능력을 반감시켰고, 그리고 무엇보다도 육로로 진격했던 국군 1군단이 원산을 선점하자 상륙작전의 의미 자체가 사라졌다.

또한 지리적으로 분리되었다는 이유만으로 맥아더는 미 10군단에 별도의 지휘권과 작전권을 부여했다. 앨먼드와 워커의 사이가 그리 좋지 않았다는 점을 이용한 것인지는 모르겠으나 어쨌든 많은 이들은 이런 맥아더의 계획이 타당하지 않다고 생각했다. 그러나 워커를 비롯한 그 어느 누구도 미 군부 내에서 하느님과 같은 존재인 맥아더에게 이의를 제기할 수 없었다. 서부전선만을 담당하게 된 워커는 부대 집결이나 보급문제 등 여러 이유로 동부전선에 비해 뒤늦게 북진을 개시했다. 비록 자기 구상과는 동떨어진 진격이었지만 그에게는 적의 심장인 평양을 점령하라는 기분 좋은 임무가 부여되었다. 선봉에 나선 부대는 지금도 미군 전투서열 1위인 제1기병사단과 국군 제1사단이었다.

한국전쟁 발발 이후 낙동강 전투까지 부대 편제를 유지한 몇 안 되는 부대였던 전진부대와 그 지휘관인 백선엽 사단장에 대한 워커의 신뢰는 남달라서 국군 1사단을 미 1군단에 편제해 북진의 선봉에 내세웠다. 특히 사단장 백선엽 준장은 평양 인근 남포 출신으로 그 누구보다도 북진에 탁월한 업적을 이루었다. 당시 30세의 청년이었던 백선엽 장군은 부대 지휘에 뛰어난 능력을 발휘해 아버지뻘 되는 많은 미군 장성들로부터 폭넓은 신뢰를 받기도 했는데, 최근의 미군 장성들은 상상도 못할 대선배들과 어깨를 나란히 하고 함께 전장을 누빈 그의 경력 때문에 백선엽 예비역 대장은 역대 주한미군 장성들로부터 제1순위 귀빈대접을 받고 있다.

11. 달콤했던 10월의 일장춘몽

인천상륙작전의 대성공 이후 북진과 관련한 약간의 외교적인 문제나 원산상륙작전에서 10군단의 전력 낭비처럼 약간의 삐걱거림이 있었으나 38선을 넘어 북으로 달려간 아군은 신나게 북진을 했다. 워커와 앨먼드는 맥아더의 의도대로 예하부대를 경쟁적으로 독려하며 앞으로 내달렸는데 그 진격속도는 보급품이 미처 선도부대를 쫓아오지 못해 병사들이 배고픔에 힘들어했을 정도였다. 더구나 북한군의 저항이 예상보다 미미해 행군 속도가 바로 북진 속도였다. 결국 미 8군의 관할 섹터인 황해도, 평안도 지역은 물론 북한 전체의 핵심이라 할 수 있는 평양을 선점하는 영광을 누가 누릴 것인가 하는 점이 초미의 관심사가 되었다. 미 1기병사단과 국군 1사단은 한미 간의 자존심을 걸고 평양으로 내달렸다.

이에 더해 포천 지역을 돌파해 중부지역으로

이승만 전 대통령과 맥아더 장군.

전진하던 국군 2군단 예하 7사단까지 방향을 왼쪽으로 꺾어 평양으로 돌진했다. 서울 수복을 미군에게 내주었기에 평양 점령만큼은 무슨 일이 있어도 국군이 선점하라는 이승만 대통령의 신신당부가 있었기 때문이다. 하지만 적의 반격이 미미하다고 해도 이는 너무 잘못된 진격 방법이었다. 비록 평양이 전략적인 목표라고는 해도 필요 이상으로 많은 부대가 평양을 향해 경쟁적으로 좁혀 들어갔기 때문에 가뜩이나 좁은 진격로는 아침 출근길처럼 북적될 수밖에 없었다. 이것은 그만큼 전선의 다른 부분이 상대적으로 넓어졌음을 뜻하는데 이렇게 노출된 간격은 얼마 못 가 피눈물의 통로가 되었다.

10월 19일 예상과는 달리 변변한 저항 없이 평양이 쉽게 점령되고 북한의 최종적인 방어선이라고 추정되던 청천강 선까지 유엔군이 밀고 올라가자 전쟁은 쉽게 끝날 것으로 보였다. 북한의 저항은 눈 씻고 봐도 찾아보기 힘들었고 이제 유엔군 지휘부는 각 예하부대들로 하여금 한만국경에 먼저 도착한 부대에게 사탕을 줄 태세였다. 하지만 10월 25일 압록강의 수풍발전소를 점령하기 위해 연안군의 운산 지역까지 진격한 국군 1사단의 정면에 중공군이 등장했다. 이때 투입된 부대가 중공군 제39군인데 이들의 기습으로 국군 1사단이 밀려나기 시작했으나 이때까지도 유엔군은 중공군의 등장을 대수롭지 않게 보고 황당한 작전을 펼친다.

이때를 국군 1사단을 추월할 기회로 생각한 미 1기병사단이 중공군의 출현에도 불구하고 옆으로 내달려나가기 시작했던 것이다. 결국 1기병사단은 예하 제8기병연대가 운산에서 중공군에게 포위되어 과반수의 병력을 손실하면서 만용의 대가를 톡톡히 치르게 되었다. 하지만 이것은 앞으로 있을 눈물로 얼룩진 후퇴의 전초전일 뿐이었다. 통일에 대

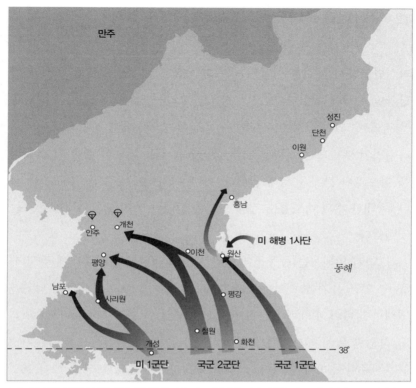

9-3 북진 당시 전선 중앙을 책임졌던 부대는 국군 2군단이었다. 당시 계획은 미 1군단 예하의 국군 1사단과 미 1기병사단이 평양을 공격할 예정이었는데 2군단은 공명심에 사로잡혀 주력인 7사단을 평양으로 우회시켰다. 때문에 전선 중앙에 커다란 간극이 발생했고 이후 이 간극으로 중공군이 침투해 아군을 포위하게 되었다.

한 기대로 일장춘몽 같은 10월을 보낸 유엔군은 눈이 내리기 시작한 얼어붙은 길을 따라 눈물의 후퇴 길에 오른다. 진격하면서 대책 없이 넓혀 놓은 간격으로 몰래 들어와 여기저기서 출몰하며 게릴라식 공격을 가하는 중공군에게 아군은 속절없이 무너지기 시작했고 단지 한 달만 즐거웠던 1950년은 그렇게 지나가고 있었다.

12. 군인으로 죽다

자신만만하게 북진을 이끌던 맥아더는 물론 미 8군 사령관 워커 또한 당황할 수밖에 없었다. 하지만 적을 막으라는 명령만 내린다고 중공군을 막을 수 있는 상황은 아니었다. 원산이 중공군에게 점령되어 워커의 라이벌인 앨먼드는 진격을 위해 상륙했던 길을 되돌아 배를 타고 후퇴를 함으로써 작전을 끝내야 했다. 이제 워커에게 부여된 임무는 단 하나, 최대한 후퇴 속도를 조절해 전선을 최대한 빨리 고착화해야 한다는 것이었다.

그러기 위해서는 중공군에 놀라 도망치기 바쁜 일선부대에 맞서 싸울 수 있는 용기를 주어야 했다. 후퇴 속도를 늦추고 중공군의 남진을 최대한 막아야 후방에 튼튼한 방어선을 만들 수 있기 때문이다. 결국 최고 사령관 워커는 예하부대의 사기 진작을 위해 제일선을 찾아다니며 동분서주할 수밖에 없었다. 그러한 노력의 일환으로 1950년 12월 23일 워커는 방어전을 펼치던 미 24사단과 영 27여단에 부대표창을 하기 위해 호위병도 없이 운전병만 대동하고 의정부 북방으로 출발했다. 그는 또한 오랜만에 24사단에 근무하는 아들 샘 워커 대위도 만나려 했다.

그런데 오전 11시 경 워커를 태운 지프가 의정부 남쪽 4킬로미터 지점인 축성령을 통과할 때 의정부에서 남하 중이던 국군 6사단 트럭과 정면으로 충돌했고 이 사고로 맹장 워커는 현장에서 사망했다. 한마디로 아주 중요한 시기에 당한 명장의 어이없는 죽음이었다. 비록 맥아더의 카리스마에 눌려 세인들에게 많이 알려지지는 않았고 또한 북진 시자신의 뜻대로 작전을 펼칠 수도 없었으나 부지런한 마당쇠처럼 동분서주하며 대한민국이 가장 어려웠던 시기를 불굴의 신념으로 극복한 워커는 한국 현대사와 떼어놓고 생각하기 힘든 인물이다.

그의 이름이 우리 가까이 부활한 것은 1963년 4월 국내에 변변한 시설이 없어 휴가 때 일본이나 태국으로 놀러 가는 주한미군들을 유치할 목적으로 한강변에 설립된 호텔의 이름을 워커 힐Walker Hill로 명명하면서부터다. 전쟁 영웅에 대한 사랑이 남다른 미국인들의 감성을 자극하기 위해서였다고 하는데 그만큼 워커가 존경받는 인물이라는 증거라 할 수 있다. 서두에서 언급했듯이 워커는 M-41 경전차의 이름으로 명명될 만큼 2차대전 때에는 패튼의 충직한 오른팔로 활약한 기동전의 대가였다. 반면 한국전쟁에서는 가장 위태로웠던 순간에 뚝심 있는 방어전을 펼쳐 빛을 발했다.

결국 마지막까지 지휘를 하지 못하고 불의의 사고로 전선에서 생을 마감했으나 낙동강 변에서 '사수하느냐 죽느냐'뿐이라는 그의 훈시처럼 전선을 사수한 그의 공적은 누구도 부정할 수 없을 만큼 위대하다. 미 8군 사령관이라는 어마어마한 직책에도 불구하고* 위에 군림하고 있던 맥아더의 권위 때문에 소신 있게 전략을 구사하지 못했던 아쉬움도 있지만 워커는 그러한 제한적인 상황 속에서도 본인에게 주어진 임무를 수행하기 위해 최선을 다했다. 이역만리 남의 땅을 수호하기 위해 노력하고 생을 다한 그에게 진심으로 감사의 마음을 전한다.

---

* 미 8군사령관은 오랫동안 유엔군 사령관, 주한미군사령관, 한미연합사 사령관을 함께 겸임하던 막강한 자리였다.

Part 10. 전쟁이 불가피하다면
필히 우익을 강화해라

선지자의 유언, 슐리펜

Alfred Graf von Schlieffen

1차대전의 발발 원인과 관련한 정치외교적인 부분은 외무고시에 단골 문제로 출제될 정도로 세계사적인 의의가 있지만 그에 비해 전투공간사적인 부분은 많이 알려져 있지 않다. 아니 엄밀히 말하자면 자료는 충분히 있지만 전쟁만 놓고 볼 때 세인들의 관심을 끌 만큼 흥미로운 부분이 없다. 1차대전의 참상은 어느 전쟁보다도 비극적이었지만 치열함에도 불구하고 정적인 전쟁이었기 때문이다.

너무나 당연하게도 전쟁의 장기화나 패배를 원하는 전쟁 지도부는 하나도 없으며 그것은 1차대전 당시도 예외가 아니었다. 모든 장군들은 승리를 원했고 그것도 신속하게 승리를 거머쥐는 것을 목표로 하고 있었다. 이러한 의도에서 나온 작전 중 대표작이 모든 1차대전 관련 책자에 예외 없이 등장하는 슐리펜 계획이다. 이것은 고착화된 전선의 실제 모습과 달리 역동적인 계획이었다.

슐리펜 계획은 실패한 작전으로 치부되지만 각론적으로 파고들면 당시의 정치, 외교, 군사적인 모든 상황을 종합적으로 고려하여 만든 치밀한 계획임을 알게 된다. 이 계획을 보면 입안자인 슐리펜이 얼마만큼의 지략가인지 유추할 수 있지만 막상 슐리펜에 대해 알려진 것은 그리 많지 않다. 왜냐하면 그는 전쟁을 직접 지휘해 본 적이 없기 때문이다. 장군으로서 전쟁을 직접 지휘하지도 않고 전사에 이름을 남기기는 낙타가 바늘구멍을 통과하는 것처럼 어려운 일이지만 그는 후세에 길이 남는 이 계획 때문에 바늘구멍을 통과한 낙타가 되었다.

1. 예상되는 양면전쟁

기다렸다는 듯이 유럽 전체가 서로에게 선전포고를 하며 1차대전이 발발한 지 약 한 달이 지난 1914년 9월 14일, 소小 몰트케Helmuth Johann Ludwig von Moltke*는 그를 총애하던 카이저 빌헬름 2세Wilhelm II를 알현해 무거운 심정으로 독일 제국군 참모총장직에서 물러나겠다고 고한다. 그것은 마른 전투의 패전을 책임지기 위해서였지만, 알프레트 그라프 폰 슐리펜(1833~1913)이라는 선지자先知者가 계획해놓았던 독일 제국의 필승 해법이 실패했음을 뜻하는 것이기도 했다. 그리고 4년 후 독일은 결국 전투에서는 이기고 있었지만 스스로 항복해 전쟁에서 패한다.

1888년, 독일 빌헬름 2세의 카이저 등극은 건국 재상 비스마르크가 외교력을 발휘해 심혈을 기울여 만들어놓은 프랑스의 고립을 통한 유

---

* 근대적 참모제도의 창시자인 독일의 군인 대大 몰트케Helmuth Karl Bernhard von Moltke의 조카로 대, 소 몰트케는 둘을 구분하기 위한 통칭이다.

럽의 평화를 깨뜨리는 전주곡이 된다.* 1873년 독일-오스트리아-러시아
의 3국 황제 사이에 맺은 삼제동맹三帝同盟은 그동안 독일의 안정을 이끌
던 발판이었는데, 야심만만한 젊은 황제 빌헬름 2세의 대외팽창 야망은
결국 러시아를 동맹에서 이탈시켜 적으로 만들어버렸다. 이것은 차후
다자간의 전쟁이 발생한다면, 최악의 경우 독일이 서부전선에서는 프
랑스와, 동부전선에서는 러시아와 양면전쟁을 치러야 할지도 모를 위
기에 놓이는 것을 의미했다. 비스마르크가 그렇게 우려하던 최악의 가
능성이 바로 눈앞에 다가왔고 독일 군부는 이와 같이 예상되는 비관적
인 장차전에 대한 필승 해법을 연구하게 되었다.

제국 창건 당시의 참모총장 발더제Alfred Graf von Waldersee나 독일 군부의
수장인 대★ 몰트케는 만일 양면전쟁이 불가피하다면 상대적으로 허약
한 러시아를 선공할 것을 주장했다. 크림 전쟁이나 러일전쟁에서의 패
전 때문인지는 모르겠으나 역사 이래로 유럽의 강국들은 상대적으로
러시아를 허술하게 보고 있었다. 그것은 몽골의 지배를 받았던 슬라브
인들의 역사에 비추어 러시아를 유럽의 일원이 아니라 발전이 뒤떨어진
변방의 삼류국가로 생각했기 때문이다. 이런 편견이 자리 잡게 된 데는

---

* 보불전쟁 이후 성립된 유럽의 평화를 흔히 비스마르크 체제라고 하는데 이 체제의 핵심
은 프랑스의 외교적 고립을 통한 현상유지였다. 비록 일련의 전쟁을 통해 통일 독일 제국
이 탄생했지만 강대국으로 성장하기 위해서는 좀 더 내실을 다져야 했는데 이때 가장 위
험한 존재는 보불전쟁의 굴욕적인 패전으로 독일에 대한 적개심이 높았던 프랑스였다. 때
문에 비스마르크는 독일-오스트리아-러시아의 3제동맹과 더불어 영국과도 친교를 맺는 적
극적인 외교를 통해 유럽의 모든 열강들을 독일편으로 만들었고 이러한 외교적인 책략으
로 프랑스는 철저히 고립되어 전쟁을 도발할 수 없었다. 그런데 야심만만한 빌헬름 2세가
황제로 등극하면서 비스마르크를 실각시키고 독일의 대외팽창을 적극 주도하자 이러한
평화는 깨졌고 오히려 독일이 외교적으로 수세에 몰리게 되었는데 이것은 1차대전의 원인
중 하나가 되었다.

서유럽은 가톨릭이 주류였던 반면 러시아는 스스로를 동방정교의 수호자로 자처했다는 종교적인 문제도 작용했다.

하지만 1891년 참모총장 자리에 오른 슐리펜은 전임자들과는 다른 생각을 가지고 있었다. 프로이센의 명문 무인가武人家 출신으로 1차대전 전에 참모총장이었던 슐리펜은 비스마르크의 독일 통일 과정에서 있었던 대對덴마크 전쟁, 대對오스트리아 전쟁, 대對프랑스 전쟁 등 일련의 전쟁에 참전했었다. 그는 이 경험을 바탕으로 미시적으로는 전투를 승리로 이끄는

당시의 정치·외교·군사적인 모든 상황을 종합적으로 고려하여 러시아, 프랑스와의 전쟁에 대한 필승 해법 '슐리펜 계획'을 고안한 슐리펜.

방법을 터득한 무인이면서도 국제정세와 힘의 역학관계를 꿰뚫어 전쟁을 승리로 이끄는 거시적인 혜안도 가지고 있던 인물이었다. 그는 지엽적인 전투의 승리보다는 전쟁 자체의 승전이 당연히 중요한 것이며 이를 달성하기 위해서는 한정된 자원을 집중하고 분산하는 방법과 시기를 적절히 조절할 줄 알아야 한다고 생각했다. 그리고 이를 위해서는 전쟁 당사자뿐만 아니라 주변과의 역학관계를 함께 고려해야 한다는 점을 항상 염두에 두고 있었다.

2. 프랑스를 먼저 쳐라

그는 나폴레옹이 러시아 원정을 실패했을 때의 교훈을 알고 있었다. 슐리펜은 러시아가 들어갈수록 깔때기처럼 넓어져 방어자에게 유리한 지형이고, 단기간에 제압할 수 없을 만큼 거대한 영토를 가지고 있다는 점도 고려했다. 비록 허술한 러시아 군대지만 인적, 물적 자원이 풍부한 러시아는 전쟁이 길어질수록 방위력도 강해질 수 있다는 점 또한 잘 알고 있었다. 때문에 양면전쟁을 피할 수 없다면 러시아보다는 상대적으로 빠른 시일 내에 승부를 걸 수 있는 프랑스를 먼저 제압해야 한다고 슐리펜은 생각했다. 즉 독일의 전력을 우선 서부로 집중해 작전 면적이 작은 프랑스를 신속히 굴복시킨 후 주력을 돌려 러시아는 장기적인 관점에서 천천히 제압해야 한다고 예측한 것이다.

사실 훗날 히틀러도 프랑스를 우선 제압해야 한다는 생각을 했지만 슐리펜만큼 신중하지는 않았다. 히틀러는 러시아와 러시아 인민들을 우습게 보고 단기간 내 쉽게 굴복시킬 수 있는 대상으로 생각했다. 하지만 슐리펜의 예측대로 러시아의 후신인 소련은 결코 만만한 상대가 아니었다. 소련은 상상하기도 힘들 만큼 많은 피해를 입었음에도 불구하고 시간이 지날수록 강해져 결국 나치 독일을 굴복시키고 최후의 승자가 되었다. 히틀러는 나폴레옹의 교훈과 슐리펜의 예언을 망각했던 것이었다.

1905년 12월 슐리펜은 지금까지의 구상을 바탕으로 장차전에 대한 원대한 작전계획을 수립한다. 바로 후세에 두고두고 회자되는 슐리펜 계획이다. 슐리펜은 자신의 경험과 1905년 당시까지의 국제정세를 바탕으로 작전을 입안했다. 참고로 당시 러시아는 러일전쟁의 패전으로 전력이 급속히 약화되어 있었고 내부 정비에 급급한 시기였다.

이 계획의 기본 골자는 다음과 같았다. 양면전쟁을 최대한 피하되 프랑스와 러시아를 반드시 이겨야 한다는 것이다. 그러기 위해서는 동·서 전선에서 동시에 양면전쟁이 발발한다 해도 프랑스를 먼저 목표로 삼고 서부에 전력을 집중해 되도록 빠른 시일 내 제압해야 하고 동시에 주력이 서부전선에 집중하는 동안 동부전선에서는 독일군의 10퍼센트 정도인 최소한의 전력으로 러시아를 상대해야 했다. 만일 러시아의 전력이 예상 외로 강해 전선을 고수하기 힘들다면 독일 동부의 전략 요충지인 동프로이센 및 쾨니히스베르크Königsberg까지도 포기하고 러시아군을 독일 영토 깊숙이 끌어들여 시간을 버는 전략적 후퇴를 할 용의까지도 있었다. 러일전쟁의 패배에서도 알 수 있듯이 계획 수립 당시 러시아군의 전력은 상대적으로 약체로 평가되었고 동원에 많은 시간이 걸리기 때문에, 소수라도 실전 경험이 풍부했던 육군 강국 독일의 전력이면 충분히 전선을 고수하거나 전략적 후퇴를 통해 러시아의 공세를 충분히 저지할 수 있을 것으로 판단되었다. 이것은 이후 전쟁에서 실증되었다.

결론적으로 프랑스 제압 후에 곧바로 주력을 동부로 이동시켜 러시아에 적극적인 반격을 가해 광활한 러시아를 보급을 유지할 수 있는 순서대로 야금야금 격파해 항복을 유도한다는 것이었는데, 그렇다면 이 원대한 계획의 성공은 프랑스를 조기에 제압하는 것에 달려 있었다.

3. 노장의 필승 해법

슐리펜은 프랑스를 제압하기 위해 독일군 전체 병력의 85퍼센트를 서부전선에 할당했다. 때문에 만일 러시아의 공격이 있을 경우 전략 예비인 5퍼센트 전력을 제외한 10퍼센트의 전력만으로 동부전선을 방어해야 하며 그동안 온 힘을 다해 속전속결로 프랑스를 굴복시켜야 한다고 결론지었다. 이는 프랑스에 대한 공략이 늦어지거나 장기화될 경우, 아니면 실패할 경우는 곧 독일의 패전을 뜻하므로 선택의 여지가 있을 수 없는 배수진을 친 전략이었다. 때문에 서부전선의 단시간 내 필승은 전체 전쟁을 승리로 이끌 필요충분조건이었던 것이다.

슐리펜은 장차 있을 수 있는 전쟁의 필승 해법이기도 한 프랑스 공략의 방법을 1870~1871년 사이에 있었던 보불전쟁에서 찾았다. 이 전쟁에 초급장교로 참전했던 슐리펜은 프로이센의 승리로 전쟁을 종결짓고 독일 제국을 탄생시켰던 영광의 시기를 생생히 기억하고 있었다. 그 당시 핵심은 프랑스의 수도이자 국력의 대부분이 집결한 파리였다. 그 무엇보다도 지리적으로 독일에 근접한 파리를 빨리 점령하는 것이 전쟁을 승리로 이끄는 가장 신속한 방법이었다. 나폴레옹 전쟁 당시도 그러했고 보불전쟁 및 후에 있었던 2차대전에서도 파리 점령은 프랑스의 전쟁 수행 의지를 순식간에 꺾어버리고 스스로 항복하게끔 만들었다.

물론 프랑스 또한 이런 사실을 잘 알고 있었다. 때문에 역사적으로 독·불 간 전쟁에서 대부분의 대회전은 파리를 사수하는 파리 인근의 주요 전략거점에서 벌어졌다. 이런 거점에서 프랑스의 주력이 격파되면 사실상 파리는 점령된 것이었으며 이는 곧바로 프랑스의 패망을 뜻하는 것이기도 했다. 보불전쟁도 1870년 7월 19일에 발발해 1871년 2월에 끝난 것으로 되어 있지만, 사실상은 전쟁 개시 한 달이 조금 지난 1870년 9월에 있었던 스당 전투로 이미 모든 것이 끝난 것이나 다름없었다. 포위된 파리에서 프랑스 국민들이 장기간 결사항전 했지만 프랑

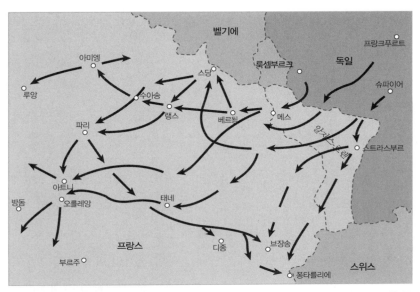

10-1 1870~1871년 보불전쟁 당시 독일군 진격도 보불전쟁 당시 프로이센 주축의 독일연합군은 독불국경을 통해 공격을 개시했고 스당에서 프랑스군 주력을 포위 섬멸하여 전쟁의 주도권을 잡았다.

스 권력의 핵심과 주력이 교두보였던 스당에서 격파되었을 때 전쟁은 이미 끝을 보았던 것이다.

슐리펜은 이러한 승리의 재현을 원했다. 그렇지만 한 번 망신을 당한 프랑스 또한 철저한 대비책을 세워놓고 있었다. 17호 계획Plan 17이라 불리는 작전이었는데 골자는 프랑스의 주력을 보불전쟁 당시 독일의 진격로였던 독불국경에 집중 배치해 독일을 국경에서부터 철저히 차단함과 동시에 즉시 반격을 개시해 빼앗겼던 알자스Alsace와 로렌Lorraine을 회복한다는 것이었다. 프랑스의 계획을 알던 슐리펜도 보불전쟁과 같이 산지와 협곡 그리고 하천이 많아 우회로가 부족하고 프랑스군이 강력히 포진해 있는 독불국경으로 침공하는 것은 상당히 위험한 작전임을 알고 있었다. 보불전쟁 시 프랑스와 정면충돌이 있었던 메스, 생프리바Saint-Privat 전투 등에서 프로이센군도 심각한 출혈을 보았던 사실을 슐리펜은 기억하고 있었다.

4. 우익을 강화하라

독불국경을 통한 정면공격은 불가하다고 결론을 내린 슐리펜은 북부에 있는 플랑드르Flandre 평원지대로 눈을 돌렸다. 그곳에는 영세중립국임을 자처하고 있는 작은 나라인 벨기에가 독일과 프랑스 사이에 자리 잡고 있었다. 그런데 벨기에의 바로 밑에는 독일 진격의 최종 목적지인 파리가 놓여 있었다. 대규모 부대가 기동하기 편한 벨기에만 통과한다면 프랑스의 숨통을 단번에 끊어놓을 파리가 바로 코앞에 주어지는 것이다. 더구나 프랑스와 벨기에 국경 사이의 프랑스 방어력은 취약한 것으로 분석되었고 더불어 벨기에 자체도 마음만 먹으면 쉽게 점령할 수 있는 약소국이기 때문에 이곳만 최대한 빠르게 통과한다면 승리를 거머쥐기 쉽다는 결론에 도달했다.

해법은 나왔다. 독일의 주공이 중립국 벨기에를 최대한 빨리 돌파해 파리를 대포위하면 독불국경에 배치된 프랑스 주력이 황급히 서쪽으로 이동하게 될 것이므로, 이때 알자스-로렌에 있는 독일 조공이 함께 밀어붙이면 적어도 6주 내에 파리를 중심으로 하는 포위망 안에 프랑스군 주력을 고립시켜 항복을 유도할 수 있다는 결론에 도달한다. 보불전쟁 당시에도 그랬지만 파리를 중심으로 하는 포위망 안에 일단 프랑스 주력을 가두게 되면 전선을 돌파하며 집중 공격할 때와 달리 상대적으로 적은 병력으로도 계속 압박을 가할 수 있고, 시간이 지나면 프랑스 스스

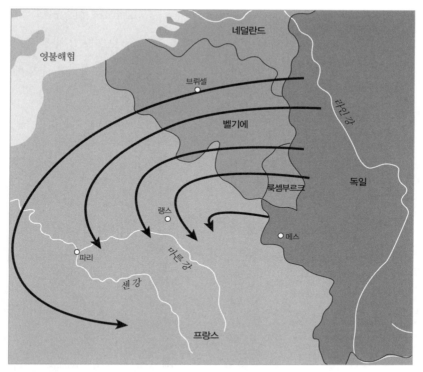

10-2 슐리펜 계획 중 프랑스 침공안 슐리펜은 독일군 주력을 강력한 방어선이 구축된 독불국경을 피해 중립국인 벨기에로 통과시켜 파리를 북에서부터 대포위한 뒤 6주 안에 서부전선을 평정하는 프랑스 침공계획을 세웠다. 이때 가장 멀리 진군할 우익에게 전력을 집중해야 한다고 주장했다.

로 항복의 길로 나설 수밖에 없을 것이며, 이 틈을 타서 주력을 동부전선으로 이동 전개시켜 러시아를 격퇴시키면 동서 양면전에서 최종적으로 승리를 거머쥘 것이었다.

　결론적으로 6주라는 시간 내에 파리를 포위하는 이러한 전략은 대對프랑스전 필승 해법이기도 했지만 동서 양면전 전체 승리의 전략이기도 했다. 슐리펜은 이를 위해 서부전선 우익(프랑스 입장에서 좌익)에 주공을 배치하도록 계획을 세우는데, 전시에 동원되어 서부전선에 배치될 7개 야전군 중 가장 강력한 순서대로 우익부터 배치하고 침공 시 5개 군을 벨기에로 통과시켜 파리를 대포위하는 계획을 1905년에 완성한다. 그리고 이러한 회심의 계획을 만든 슐리펜은 그해 참모총장직에서 물러나 낙향하는데, 마치 제갈공명이 죽기 전 촉한의 장차전 계획을 수립해 놓았던 것처럼 노老장군은 독일의 승리를 위한 필승 전략을 만들어놓고 퇴임했던 것이었다. 그리고 1차대전이 발발하기 1년 전인 1913년 슐리펜은 고향에서 생을 마감한다.

슐리펜은 생을 마감하기 전에 다시 한 번 유명한 유훈遺訓을 남긴다. "전쟁이 불가피하다면 필히 우익을 강화해라." 슐리펜은 장차전의 승리는 6주 안에 프랑스를 굴복시키는 데에 달려 있고 이를 위해서는 승리의 선봉이 되어야 하는 서부전선의 우익을 최대한 강화해야 함을 죽기 전에 다시 한 번 강조했던 것이었다. 그가 죽고 1년 후 대전쟁Great War이라고 불리게 되는(비록 20여 년 후 그 규모를 능가하는 전쟁이 다시 일어나지만), 그때까지 볼 수 없었던 대규모 전쟁의 폭풍이 유럽에 불어온다. 그리고 비록 독일은 피하고 싶어 했지만 예상대로 양면전에 돌입하게 되고 독일의 참모총장 소 몰트케는 선지자가 세워놓은 계획에 따라 독일의 주력을 벨기에로 진입시킨다.

5. 위험한 실수

1914년 7월 28일 독일의 동맹국 오스트리아-헝가리가 세르비아에 선전포고를 했다. 사전에 오스트리아를 지원해주겠다는 약속을 했던 독일은 세르비아의 후견자인 러시아를 향해 8월 1일 선전포고를 한다. 그런데 야심가 빌헬름 2세나 수상 베트만홀베크Theobald von Bethmann-Hollweg가 주도했던 이러한 정치적인 대응은 옳지 못했다. 슐리펜 계획에 따르면 러시아는 우선적으로 전쟁을 벌여야 할 대상이 아닌데도 러시아에 대한 선전포고를 먼저 감행함으로써 그렇게 피하고 싶어 하던 양면전쟁의 무덤을 스스로 팠기 때문이다. 이와 동시에 독일은 다음 날 러시아의 연합국인 프랑스에 선전포고를 하면서 사전에 준비된 대로 주력을 곧바로 벨기에 영토로 진입시켜버린다.

하지만 전쟁 수행을 전반적으로 지휘하기에 참모총장인 소 몰트케는 능력이 부족했다. 신임 참모총장 소 몰트케의 제1과제는 1905년에 수립된 슐리펜 계획을 새로운 상황에 적합하도록 수정 보완하는 것이었는데, 1914년 8월 전쟁이 발발할 때까지 그는 필요한 어떠한 조치도 취하지 못하고 있었다. 그렇다고 선임자가 만들어놓은 계획을 그대로 적용해 작전을 세우지도 않고 오히려 슐리펜 계획의 본질을 저해하는 즉흥적인 명령을 남발했다. 슐리펜 계획을 시대에 맞게 보완하지도 않고 우왕좌왕하며 작전을 변경한 소 몰트케의 실수는 결국 독일이 승리할 수 있는 기회를 놓치게 만든다.

그가 제일 먼저 범한 과오는 러시아군이 예상보다 빨리 동원되어 동프로이센으로 진격해 오자 독일 제2제국의 탄생지인 동프로이센을 방어하라는 정치적인 압력에 성급하게 서부전선의 병력을 빼내 동부전선에 투입한 것이다. 슐리펜은 러시아의 진격이 거셀 경우에는 영토 깊숙이 적을 끌어들이는 것도 용인할 만큼 동부전선에서의 일시적인 전략적 후퇴도 고려했지만, 소 몰트케는 제국의 핵심인 이 지역 출신 권세가들의 요구에 편승해 현 전선에서 러시아의 진격을 막고 싶어 했다. 그러나 서부전선에서 차출된 전력이 이동해 전개가 완료되기도 전에 힌덴부르크Paul von Hindenburg가 지휘한 독일 제8군이 타넨베르크Tannenberg에서 대승을 거둠으로써 그 의미가 반감되었고 결국 전쟁 전체로 볼 때에는 패착敗着이 되었다.

또한 서부전선의 우익을 강화하라는 슐리펜의 유언을 망각하고 동부전선으로 전력을 빼내는 실수를 범한 상태에서 그나마 서부전선 우익에 있던 주력 일부마저 좌익으로 이동시켜버렸다. 슐리펜은 강력한 우익이 파리를 우회해 대포위하면 파리를 구하기 위해 이동할 프랑스 주력을 뒤쫓아 좌익이 공세를 가하도록 했는데, 소 몰트케는 한술 더 떠 좌익의 지휘관들에게 현 전선 고수 대신 성급한 전면공격까지 허용해버렸다.

더구나 슐리펜도 고려하지 못했던 변수가 하나 더 발생했다. 독일이 중립국 벨기에를 침공하자 8월 4일, 비록 삼국협상국이기는 하지만 빌헬름 2세의 사촌이 국왕으로 있으며 중립적인 모습을 보였던 영국이 1839년에 벨기에의 영세중립약속을 보장한 국제조약을 근거로 독일에 전쟁을 선포한 것이다. 이후 영국은 일주일 만에 무려 12만의 대륙 원정군을 비밀리에 프랑스로 이동시켰다. 이것은 거의 무주공산이던 침공로에 강력한 방어망이 형성되었음을 뜻했으며, 독일의 좌익과 맞서던 프랑스군 주력이 분산되지 않는 효과를 가져왔다. 때문에 소 몰트케의 실책으로 가뜩이나 전력이 약화된 독일의 서부전선 우익은 프랑스-영국-벨기에 연합군과 힘겨운 교전을 하면서 전진해야 하는 부담을 안게 되었다.

6. 알려줘도 못하나

강화된 강력한 우익으로 무주공산인 벨기에 평원을 최단시간 내에 통과해 파리를 포위해야 함에도 불구하고, 최초 작전 계획보다 약화된 독일이 오히려 처음보다 전력이 강화된 연합국을 상대로 벌였던 급속 진군은 결국 한 달도 되지 않아 한계를 드러낼 수밖에 없었다. 아니 불가능할 수밖에 없었다고 말할 수 있겠다. 더구나 일관된 지휘체계와 통신의 중요성을 간과한 독일군 지휘부는 전선을 제대로 통제하지 못하는 실수를 범한다. 선봉을 책임지던 제1군과 제2군 사이의 간격이 벌어지게 되자 당황한 독일 지휘부는 진격을 멈추고 간격을 메우기 위해 제1군을 회군시키는 치명적인 결정을 한 것이다. 후에 밝혀진 사실에 따르면 당시 상황으로는 독일의 우려와는 달리 간극 사이로 연합군이 침투하기가 불가능했다는 의견이 많다.

독일군은 파리를 대포위하는 지점에서 주력이 좌회전해야 하는데도 전선의 간격이 벌어지고 전쟁 기간이 길어지자 조급히 주공의 방향을 틀어버리는 실책을 한 번 더 저질렀고 이러한 연속된 실수로 9월 초 파리 북방의 마른에서 진격이 멈추었다. 당시 병력 분산으로 예비대가 부족했던 독일군은 한 달 동안 하루 평균 30~35킬로미터를 진군해 지칠 대로 지쳐 있었다. 병력의 대부분은 보병이었는데, 이런 진공 속도는 보병의 이동한계를 벗어난 강행군이었다. 슐리펜은 쾌속 진공을 원했지만 현실은 그렇지 못했고 더구나 병력을 분산시켜 예비대도 없이 이런 진공을 하려 했던 소 몰트케는 스스로 악수惡手를 두었던 것이다.

조프르Joseph Jacques Césaire Joffre가 지휘하던 프랑스는 이런 독일의 실책을 놓치지 않고 마른에서 동원 가능한 모든 예비를 투입해 회심의 반격으로 독일군을 물리친다. 1914년 9월 6일부터 12일까지 벌어진 마른 전투는 1차대전 전체의 분수령이 되었던 전투였다. 이후 벌어진 베르됭 전투나 솜 전투 등에 비한다면 그 규모는 작지만 전략적인 의미는 엄청났다. 바로 슐리펜 계획의 좌절이었다.

테일러A. J. P. Taylor가 쓴 『제1차 세계대전─사진으로 보는 역사The First World War : an Illustrated History』에서 묘사된 것처럼 독일군의 진격은 결정적인 한 번의 전투로 멈추었고 이때부터 1차대전 서부전선을 상징하는 참호전이 시작되었는데, 독일군은 참호에 박혀 기관총으로 방어를 하는 것이 공격하는 것보다 유리하다는 것을 깨닫게 되었고 이로써 나폴레옹 시대 이후 하나의 트렌드로 자리 잡은 돌격 제일주의는 막을 내리게 되었다.

앞서 언급했듯이 자포자기한 소 몰트케는 개전 한 달 만인 1914년 9월 14일 빌헬름 2세에게 사퇴를 고한다. 그는 이미 모든 것이 틀어졌음을 깨달았던 것이다. 이후 교착상태에 빠진 전장은 3년 이상을 비참한 참호전으로 일관하게 되었고, 전쟁을 승리로 이끌지 못한 절망감과 가문의 명예를 지키지 못한 자책감에 사로잡힌 소 몰트케는 병석에 들어 채 2년이 지나기도 전에 사망했다. 치밀한 계획은 만드는 것 자체도 중요하지만 이를 현실에 맞게 수정하고 보완해 필요할 때를 대비해야 함에도 임기응변으로 일관했던 소 몰트케는 죽어서 슐리펜을 만났을 때 무슨 소리를 들었을까? 슐리펜은 이렇게 말하지 않았을까 상상해본다. "내가 우익을 강화하라고 그렇게 이야기했잖아! 알려줘도 못해?"

7. 부활한 선지자의 계획

마른에서 독일의 진격이 멈춘 후 서부전선은 1차대전의 상징이 되어버린 참호전으로 돌입하며 결국 인간 살상의 경연장으로 변한다. 폭탄의 비가 퍼부어대는 베르됭, 솜, 이프르Ypres, 아라스Arras 같은 곳은 현실에 나타난 지옥이었으며 사람뿐만 아니라 동식물이 모두 없어진 이른바 노맨스랜드No Man's Land가 된다. 슐리펜 계획과 달리 장기전으로 변모한 총력 소모전과 더불어 지루한 동서 양면전은 독일이 더 이상 감당할 수 없는 한계에 다다르게 만들고 결국 연합국의 많은 영토를 점령하고 있었음에도 전쟁은 독일의 항복으로 끝난다.

독일 제국은 베르사유 궁전에서 건국을 선포한 지 50년도 채 되지 않아 같은 곳에서 이루어진 굴욕적인 강화조약으로 역사의 종언을 고하게 된다. 사실 제국주의 국가들의 경쟁 때문에 전쟁이 발발했지만 일방적으로 패전국들에게만 가혹했던 베르사유 조약은 2차대전의 원인이 되었다는 비판을 듣고 있다. 보불전쟁 패전 후 절치부심해온 프랑스가 연합군의 힘을 빌려 50년 만에 거둔 승리이기도 하지만, 전쟁 진행 중 여러 차례 패전의 위기까지 몰릴 만큼 가장 많은 피해를 입었기 때문에 프랑스는 종전 후 독일을 철저히 속박하려 든다. 이때 프랑스는 전쟁의 경험을 살려 많은 군사적 대비책도 강구했다.

첫째, 독일의 군사능력을 원천적으로 제한했다. 베르사유 조약에 의거 독일이 10만 이상의 상비군 병력을 보유하지 못하도록 했고, 각종 무기의 개발과 보유에 대해서도 제한을 하는데 당연히 이것은 독일의 군사적 도발을 원천적으로 방지하기 위한 목적이었다.

둘째, 프랑스는 독일의 공업 중심지인 라인 강 서쪽 지역의 라인란트를 군사적으로 점령했다. 비록 영토의 합병이나 정치적 통치는 아니고 프랑스군을 주둔시켜 군사적인 속박을 가하는 정도이기는 했지만 이것은 혹시 장차전이 발발한다면 프랑스를 벗어난 독일 영토에서 전쟁을 하겠다는 의지였다.

셋째, 참혹했던 참호전의 기억을 잊을 수 없어 프랑스는 독불국경 사이에 대규모 인공요새를 축성하는데 이것이 바로 마지노 선이다. 이는 당대 최고의 축성술을 동원해 건축한 독일의 어떠한 공격으로부터도 프랑스를 안전하게 보호할 수 있을 기념비적 군사 구조물이었다.

이러한 대독 군사 압박이 프랑스를 독일의 위협으로부터 완전하게 보호해줄 수 있을 것으로 판단했으나 불과 20년도 되지 않아 히틀러라는 광인에 의해 대독 강화조약은 휴지조각이 되고 독일은 재무장을 한다. 그리고 독일이 라인란트를 군사적으로 점령하자 프랑스와 영국은 감히 대항도 못했다. 다시 한 번 유럽에 전쟁의 기운이 밀려오고 있었다. 이제 독일의 침공으로부터 프랑스를 보호할 서부전선 최후 방어막은 마지노 선뿐이었는데, 역설적으로 실패해서 잊혔던 슐리펜 계획이 마지노 선 때문에 다시 한 번 역사에 등장하게 된다. 만일 마지노 선이 없었다면 슐리펜 계획은 전사에 실패했던 작전명으로 남을 것이었는데 유령처럼 서서히 부활한 것이다.

8. 누구나 예상하는 진격로

스위스부터 룩셈부르크에 이르는 독불국경을 따라서 축성된 마지노 선은 목진지가 될 만한 지역은 거대한 고정 포대로 중무장하고 대규모 기

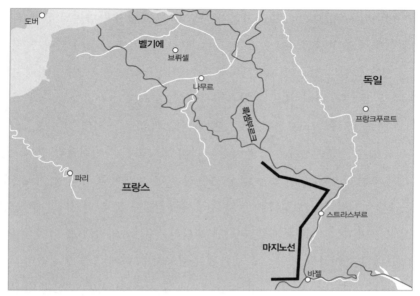

10-3 마지노선 1차대전 후 마지노 선은 스위스에서 룩셈부르크까지 독불국경 750킬로미터에 건설되었는데 당대 최고의 군사 건축물로 평가받았다. 이러한 강력한 방어선의 등장은 만일 독일이 프랑스를 재차 침공한다면 슐리펜 계획처럼 벨기에를 통과하는 방법밖에 없음을 뜻하는 것이기도 했다.

동로로 이용될 곳은 각종 장애물로 가득 찬, 그야말로 난공불락의 요새로 자타가 공인하고 있었다. 물론 군사장비 및 전술의 발달로 대규모 요새선 건설이 전략적으로는 무의미하다고 주장한 레노$^{Paul Reynaud}$ 수상이나 드골 같은 반대론자도 있었지만, 승장이었던 조프르나 페탱^{Henri} $^{Philippe Benoni Omer Joseph Pétain}$의 지지로 이 엄청난 요새는 축성될 수 있었다. 그런데 마지노 선은 대서양까지 연결되지는 않고 그 중간 지점이라 할 수 있는 룩셈부르크에서 단절되어 있었다.

이는 막대한 건설비 때문이기도 하지만 1차대전 당시 같은 편이었던 벨기에와의 국경에 요새선을 구축할 필요까지는 없다는 생각도 있었다. 뿐만 아니라 같은 시기에 벨기에가 마지노 선 서북쪽에 건설한 에방에 말$^{Eben-Emael}$ 요새가 벨기에-독일 국경에서의 독일의 군사적 도발을 충분히 방어할 수 있으리라 판단되었기 때문이다. 그렇지만 마지노 선에 의해 독불국경이 단절되어 있고 벨기에-프랑스 사이에 공간이 있다는 것은 장차 독일의 침공이 재발한다면 독일이 진격할 루트가 이미 정해져 있음을 뜻하는 것이었다. 즉 차후의 전쟁도 슐리펜 계획에서 주공의 침공 루트였던 플랑드르 평원으로 진행될 수밖에 없음을 의미했다.

독일은 보불전쟁에서 독불국경을 돌파해 승리를 거머쥐었던 경험도 있기 때문에 만일 마지노 선이 없었다면 한번 실패했던 슐리펜 계획과는 전혀 다른 침공로를 통한 전략을 구사했을지도 모를 일이다. 하지만 강력한 마지노 선의 존재는 슐리펜 계획의 부활을 의미했다. 다만 1차 대전과의 차이라면 프랑스도 제한된 침공로를 사전에 충분히 파악하고 있었다는 점이다. 즉 더 이상 기밀이 아니고 아군도 적군도 뻔히 알고 있는 침공로로 장차전이 벌어질 것이기에 전혀 생각지도 못했던 통로를 통한 기습의 효과는 기대할 수 없었다.

그렇지만 독일에게도 유리한 점이 있었으니 그것은 그동안 통신과 기동방법에서 획기적인 발전이 있었다는 점이다. 1차대전 때 통신망의 미비에 따른 판단 착오로 결정적 기회를 놓쳤던 것을 생각하면 이 점은 독일에게 유리하게 작용할 것이 틀림없었다. 그리고 벨기에를 통한 우회 기동은 어쩔 수 없이 신속한 장거리 이동을 필요로 했고 기동장비의 부족과 장거리 행군은 독일을 스스로 지치게 만들었으나 이 부분 또한 많은 발전이 있었다. 하지만 통신기술이나 각종 이동수단의 발달은 프랑스나 영국 또한 똑같이 혜택을 받고 있었다. 그러나 이러한 기술적 혜택을 가볍게 여기고 단편적인 각개의 수단으로 보았던 연합국 측과 달리 효과적으로 새롭게 접목한 독일의 전술은 드디어 선지자 슐리펜이 계획을 초안한 지 35년 만에 완성을 보게 만든다.

9. 프랑스의 오판

1차대전을 통해 장기간의 양면전쟁이 얼마나 무서운 것인가를 통절하게 깨달았던 독일은 우선 배후의 적을 막기 위해 나치 독일의 최대 적성국인 소련과 1939년 8월 불가침조약을 맺는다. 악마들의 밀약이라는 이 조약을 통해 독일은 폴란드를 소련과 분할 점령하고 동부전선을 안정화시킨다. 하지만 이런 악마들의 협조는 단지 장차전을 대비하기 위한 시간 벌기에 지나지 않았다. 비록 독소전쟁은 독일의 선공으로 시작되었지만 소련 또한 독일과의 일전을 항상 염두에 두고 있었고 내부적으로는 선제공격 계획까지도 수립해놓은 상태였다. 어쨌든 동부로부터의 위협을 제거한 독일은 드디어 프랑스 침공에 나서게 된다.

이웃한 두 나라는 카롤루스Carolus 대제가 프랑크 왕국을 창건할 당시에는 하나였지만 이후 분화되어 별개의 국가로 성장해왔으며 19세기 이후부터는 유럽 대륙의 패자로 군림하기 위해 양보할 수 없는 치열한 경쟁을 벌이고 있었다. 특히 뒤늦게 통일을 완수하고 제국으로 성장하려던 독일에게 1차대전의 굴욕을 안겨준 프랑스는 반드시 손을 봐야 할 원수였다. 그리고 프랑스와 영국은 1939년 9월 1일 독일이 폴란드를 침략함과 동시에 독일에 선전포고를 한 상태로 다만 군사적 행동을 하지 않았을 뿐이지 이미 영국-프랑스와 독일은 교전상태의 국가들이었다. 역사에 가정은 없지만 만일 이 당시 영-프 연합국이 선전포고와 동시에 독일로 진격했다면 역사는 다시 쓰였을 것이라는 의견이 상당히 많다. 하지만 겁부터 집어먹고 천재일우의 기회를 놓친 연합군은 인류사 최대의 재앙을 막지 못했다.

영국-프랑스나 독일은 서로의 계획을 이미 알고 있었다. 독일도 독

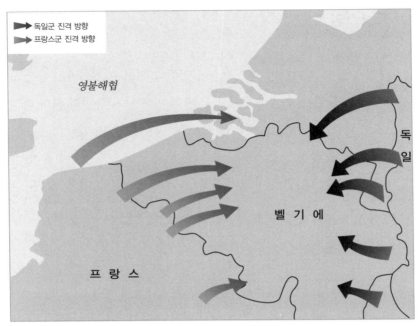

독일군 진격 방향
프랑스군 진격 방향

영불해협

독
일

벨 기 에

프 랑 스

10-4 프랑스의 다일-브레다 방어 계획 프랑스는 독일이 다시 침공한다면 벨기에를 통할 것으로 확신하고 있었기 때문에 강력한 주력을 프랑스-벨기에 국경에 포진하고 있다가 독일이 침공을 개시하면 벨기에로 진입해 방어하는 계획을 가지고 있었다. 하지만 이 계획은 벨기에를 주 전쟁터로 삼고 자국에만 포탄이 떨어지지 않으면 된다는 극히 이기적이고 소극적인 전략이었다.

불국경의 마지노 선을 돌파할 생각은 처음부터 접어두고 있었고 영-프 또한 독일이 무모하게 마지노 선으로 돌진하지는 않을 것이라 확신하고 있었다. 그렇다면 25년 전처럼 양측 모두에게 뻔히 보이는 길인 벨기에 평원이 진격로가 될 수밖에 없었다. 이런 이유로 영-프는 주력을 벨기에-프랑스 국경 사이에 집중 배치했고 이것은 옳은 방법이기는 했다. 하지만 약소국을 무시한 프랑스가 자국에서의 전쟁을 회피하기 위해 결전 장소를 벨기에로 정하는 잔꾀를 부린 것이기도 했다. 즉 독일의 주력이 벨기에-독일 국경을 넘을 경우 즉시 프랑스군도 벨기에로 진입해 이곳에서 독일과 일전을 벌이고자 했다.

프랑스는 최대한 자국 영토 내에서의 전쟁을 회피하고자 했고 바로 벨기에 평원이 프랑스가 생각한 장차의 전쟁터였다. 프랑스가 진정으로 전쟁을 막고자 했다면 1939년 대독 선전포고 때 독일의 라인란트로 진격하는 것이 옳았다. 하지만 당시의 프랑스는 독일에 대한 두려움이 너무나 컸고 결전의지도 없었다.* 단지 독일이 침략할 경우 자기네 땅에 포탄이 난무하고 시신이 널려 있지 않기만 바랄 뿐이었다. 그러면서도 프랑스는 독일이 벨기에를 통해 진격해 오면 1차대전 때처럼 멍청하게 당하지 않고 밖에서 막아낼 것이라는 확신을 가지고 있었다. 그렇지만 독일은 이런 프랑스의 생각을 꿰뚫고 있었다.

10. 35년 만에 실현된 작전

독일에게 있어 독불국경의 마지노 선 정면을 공격한다는 것은 있을 수도 없고 있어서도 안 되는 작전이었다. 그렇다면 연합군의 대응책이 뻔히 보이는 플랑드르 평원으로 진격해야 하는데 이것이 바로 슐리펜 계획이다. 독일이 대對프랑스전을 위해 참모총장 할더의 주도로 계획한 황색작전은 사실 슐리펜 계획을 이름만 바꿔 단 정도였다. 이는 슐리펜 계획의 골격이 상당히 완벽했다는 증거이기도 하지만 그렇다고 뻔히 상대편이 기다리고 있는 곳으로 진군한다는 것은 자살행위였다. 하지만 독일에는 장차전에 대한 연구와 전술 개발을 꾸준히 한 현명한 장군들

---

* 1939년 9월 8일 폴란드 지원을 명분으로 프랑스의 11개 사단이 국경을 넘어 자르Saar까지 진공하였음에도 독일의 회피로 교전은 하지 못했고, 단지 무력시위만 한 후 곧바로 철군했을 만큼 프랑스는 결전의지가 없었다.

이 많았다. 만슈타인, 구데리안 등이 그러한데 그들은 1차대전 당시 참호를 돌파하기 위해 탄생한 전차가 장차 기동전의 핵심이라고 파악하고 있었다.

독일은 집단화된 전차와 차량화된 보병들을 이용하면 1차대전 당시 예비대의 부족과 기동력의 결여로 제 풀에 지쳐 실패했던 슐리펜 계획을 완성할 수 있으리라 생각했다. 다만 1차대전 당시에는 프랑스의 주력이 독불국경에 배치되어 있었지만 이번에는 독일이 침공로로 예정하고 있는 플랑드르 평원 바로 배후에서 카운터펀치를 날릴 만반의 준비를 하고 있다는 점이 걸림돌이었다. 독일은 여기서 낫질작전이라는 기상천외한 방법을 생각했다. 독일은 그들이 벨기에로 진입하면 영-프 연합군도 국경을 넘어 서쪽에서 벨기에로 진입할 것을 알았고 이때 앞만 보고 달려들 연합군의 배후 깊숙이 독일 주력을 기습 투입해 연합군의 종심을 절단하고 대포위하면 전쟁을 속전속결로 마무리 지을 수 있다고 생각한 것이다.

슐리펜 계획과의 차이라 한다면 슐리펜 계획은 파리를 좌회전 대포위하는 전략이었는데 반해, 낫질작전은 최단의 기동로를 택해 우직진해 바다를 연한 좁은 구역으로 적의 주력을 양단시킨 후 급속히 몰아붙여 일거에 섬멸한다는 것이었다. 두 작전의 공통점은 적의 주력만 전멸시키면 파리는 천천히 접수할 수 있는 대상으로 보았다는 점이다. 즉 낫질작전은 슐리펜 계획의 변형 축소판이었다. 그렇다면 독일 주력이 마지노 선도 아니고 벨기에 평원도 아닌 적이 상상하지 못한 곳으로 기습 통과할 축선이 필요했다. 이때 떠오른 곳이 독일·프랑스·벨기에·룩셈부르크 국경에 있던 아르덴 고원지대였다. 그런데 재미있게도 프랑스는 전쟁 전 이곳에서 전차 기동훈련을 했음에도 불구하고 독일군 기

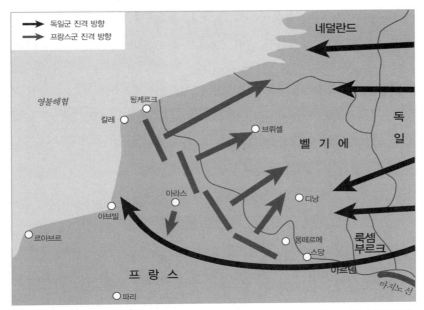

10-5 만슈타인 계획(낫질작전) 만슈타인은 프랑스의 계획을 역이용하여 침공군 주력을 아르덴 지역에 집결해 놓고 있다가 연합국 주력이 벨기에로 진입하면 스당을 돌파해 배후를 절단하여 포위 섬멸하는 계획을 제안했고, 이것은 결국 전사에 길이 남는 대승을 이끈 필승 해법이 되었다.

갑부대가 이곳을 통과하지는 못할 것이라는 엉뚱한 결론을 내리고 무주공산으로 놔두었다.

　1940년 5월 영-프 연합군을 벨기에로 유인하는 기만 역할을 담당할 독일 B집단군이 국경을 넘어 이른바 저지대 국가인 벨기에와 네덜란드로 진입했다. 그러자 국경 밖에서 준비하고 있던 영-프 연합군은 100만 주력군을 벨기에 방향으로 이동시키기 시작했고, 회심의 미소를 지은 독일의 주력인 A집단군은 아르덴을 돌파해 배후를 돌아 대서양을 향해 내달리기 시작했다. 선봉의 기계화부대가 돌파한 전선을 뒤이어 들어와 인계받아야 할 보병부대들이 속도를 맞추지 못할 만큼 전사에 길이 남을 엄청난 돌격 기동전이었는데, 순식간에 배후가 절단되어 고립무원의 상태로 포위된 연합군은 조그만 고깃배까지 얻어 타고 간신히 영불해협을 건너 도망쳐야만 했다. 그리고 슐리펜이 최초 계획했던 대로 6주 만에 프랑스는 항복문서에 서명했다.

11. 앞선 전략, 빈약한 실천

흔히 1차대전사와 관련된 책자를 보면 개전 시점 서두에 제일 많이 언급되는 내용 중 하나가 슐리펜 계획이다. 그런데 독일이 스스로 패착을 두면서 패전을 했기 때문인지 대부분 슐리펜 계획을 실패한 작전으로 인식하고 있다. 더불어 단지 벨기에를 통한 프랑스 우회 침공만을 슐리펜 계획의 전부로 착각하는 경우도 많다. 하지만 슐리펜 계획의 최종목표는 설령 최악의 경우 양면전이 되더라도 모두 이기기 위한 웅대한 전략이었고, 서부전선에서 상대적으로 방어가 취약한 벨기에를 통한 기습침공을 주장한 것은 프랑스를 러시아보다 먼저 제압하기 위한 세부 전술이었다. 그러나 독일은 바로 이 단계부터 실수를 저질렀고 결국 이 때문에 전쟁에서 패했기 때문에 슐리펜 계획 전체를 실패로 인식하게 되었던 것이다.

물론 독일이 초기부터 시기를 놓쳐 결국 전쟁에서 패전했으므로 실패한 작전으로 치부될 수도 있지만 반드시 그렇지만은 않다. 보통 대부분의 군사작전의 경우 작전을 입안한 주체가 전시에 직접 실행에 옮기거나 평화 시에 이미 만들어놓았던 작전은 환경의 변화를 반영하며 계속 수정 보완되어야 하는데 슐리펜 계획은 그렇지 못했다. 이미 전쟁 발발 10여 년 전에 수립된 작전 계획인데도 그동안 제대로 보완된 적이 없었다. 물론 이것은 한편으로 수정을 필요로 하지 않을 정도로 최초에 수립된 슐리펜 계획이 완벽함을 입증하는 것이기도 하다. 오히려 최초 입안된 계획대로 작전을 진행하지 않고 수시로 오락가락하며 작전의 본질을 훼손한 것은 소 몰트케를 비롯한 후임자들이었다.

혹자는 슐리펜의 급속한 기동 계획이 너무 시대를 앞섰기 때문에 애초부터 불가능했다고 이야기하기도 한다. 하지만 작전 입안 시 어느 지휘관이 자신들의 능력을 넘어서는 달성하기 불가능한 계획을 만들겠는가? 당연히 슐리펜은 1905년 당시 능력을 기준으로 충분히 실현 가능한 작전을 만들었다. 슐리펜은 가장 멀리 우회할 우익의 중요성 때문에 이곳을 강화하라고 누누이 강조했지만 후임자의 실책으로 인해 오히려 최초 계획보다 우익의 전력이 반 이상 줄어들었으며 이로 인해 부대 간 간극이 발생했고 더불어 예비대의 부족으로 진격이 탄력을 받지 못했다. 비록 진격로에 예상 못한 영국 원정군이 등장했다고는 하지만 독일 스스로가 주춤했기 때문에 영국군이 방어진지로 이동할 시간을 주었던 것이다.

전사를 살펴보면 공격자가 초전에 상대에게 가하는 기습, 집중, 속도가 전쟁의 승패를 가르는 결정적인 요소다. 후임자 소 몰트케는 기습에는 성공했지만 집중과 속도의 중요성을 간과했던 것이다. 결론적으로 슐리펜 계획에 의한 전쟁 수행이 실패했던 것이지 애당초 슐리펜 계획 자체가 허술하거나 실패로 인도한 작전은 아니다. 더구나 독일육군 최고사령부 스스로도 20여 년 후 나치 독일이 대對프랑스 작전을 염두에 두고 최초 입안하고 이후 모든 침공계획의 기본 원리가 되었던 황색작전에 대해 기습 효과의 반감만 제외한다면 '슐리펜 계획의 재판'이라고 이야기했을 정도로 슐리펜 계획은 기본 개념이 명확하고 간결하며 또한 확실했다. 슐리펜 계획은 세대를 초월할 만큼 기본 개념이 훌륭한 작전이었고 이를 주도한 슐리펜의 예지력은 대단했다.

12. 망각하는 교훈

앞에서도 여러 차례 언급했지만 슐리펜 계획은 양면전쟁을 하더라도 승리하겠다는 필승의 의지를 반영한 작전이다. 하지만 최악의 경우는 어쩔 수 없겠지만 독일같이 좌우에 잠재적인 적대 세력이 있는 경우 양면전쟁은 되도록이면 피하는 것이 우선이다. 슐리펜도 이를 잘 알고 있었다. 때문에 슐리펜이 생각한 것은 선 회피이고 부득불 양면전이 예상되거나 발생한다면 먼저 프랑스를 신속히 제압하고 난 후 주공을 동쪽으로 돌려 러시아는 천천히 시간을 두고 물리치는 것이었다. 당연히 독일이 나서서 양면전을 펼칠 하등의 이유가 없었는데도 1차대전 발발과정을 보면 독일 스스로가 양면전을 선택했다.

설령 욕심 많고 호전적인 카이저 빌헬름 2세를 비롯한 위정자들이 외교적인 효과를 노려 그렇게 전쟁을 진행하고자 했어도 스스로의 능력을 잘 알고 있는 군부에서 먼저 반기를 들었어야 했는데 당시 독일 군부는 카리스마 넘치는 황제에게 직언할 수 있는 분위기가 아니었다. 아니 비스마르크 사직 후 독일에는 충언을 할 수 있는 인물이 없었다고 하는 게 옳을 것이다. 오히려 충성 경쟁 때문에 아니면 당시 유럽을 휩쓴 전쟁에 대한 미친 열망의 광풍에 스스로 매몰되어 위정자들은 현실을 이성적으로 생각하지 못하고 감정적으로 전쟁을 결정하는데, 문제는 군부 또한 은연중에 이에 동조했다는 것이다. 어떻게든 피해야 함에도

소련 외무장관 몰로토프가 독소불가침조약에 서명하고 있다. 몰로토프 뒤에 서있는 사람은 독일 외무장관 리벤트로프(좌)와 소련 수상 스탈린(우). 독일은 2차대전 초기 독소불가침조약과 폴란드 분할 점령으로 동부 전선을 안정시킨 뒤 프랑스를 단숨에 굴복시켰다.

불구하고 일치단결해(?) 독일이 먼저 양면전을 선포한 사실을 슐리펜이 알았다면 피눈물을 흘렸을 것이다.

이런 실패 때문인지 절치부심했던 독일은 2차대전 초기 독소불가침 조약과 폴란드 분할 점령으로 동부전선을 일단 안정시킨 후 역사에 길이 남는 전광석화 같은 작전을 선보이며 프랑스를 단숨에 굴복시켰다. 슐리펜이 1905년 구상했던 6주 안에 프랑스를 정복한다는 원대한 계획이 결국 현실로 이루어진 셈이다. 선지자 슐리펜의 단순명료한 전략이 마침내 빛을 발하는 데 한 세대 정도인 35년이 걸렸다. 독일은 1차대전의 교훈을 발전시켜 필승 해법으로 승화시켰던 반면 프랑스는 너무나 안이한 대처로 결국 패망했고 그들이 최후의 보루로 생각했던 마지노 선은 제대로 써보지도 못한 채 실패한 군사 건축물이 되어 현재는 관광 자원으로나 이용되고 있을 뿐이다.

하지만 1940년까지는 그런대로 군부의 의견을 존중하던 히틀러가 계속된 승리 때문인지 역사의 교훈을 망각했다. 원칙적으로 슐리펜은 속전속결로 선서부先西部하고, 보급을 염두에 두고 완급을 조절해 후동부 後東部를 생각했다. 그러나 소련을 깔본 히틀러는 러시아의 넓은 영토와 무궁무진한 잠재력을 우려했던 슐리펜의 생각을 무시하고 동부에서도 속전속결로 결말을 보려 했고 그 결과는 다 아시다시피 제3제국의 멸망 이었다.

지금까지 살펴본 것처럼 선지자 슐리펜의 뜻과 달리 그의 계획은 후 임자들에 의해 수많은 굴곡과 변형을 거쳤다. 지금까지 알아본 바와 같 이 선지자의 뜻을 제대로 헤아리고 받들어 실천하기는 힘든 것 같다. 그 래서 실패한 역사적 사실이 있음에도 인간들은 계속해서 같은 실수를 반복하는가 보다.

마치는 글

일반적으로 관객이 많이 몰리고 소문이 자자한 영화는 기꺼이 돈을 내고 볼 만큼 재미가 있다. 반면 대중들의 평가는 별로인데 영화평론가들이나 소수의 팬들이 극찬한 영화는 실제로 보면 하품만 나오고 스토리가 난해한 경우도 많다. 그러나 이와 같이 대중으로부터 외면을 받았어도 뛰어난 예술적 가치를 내포하는 경우도 있고, 대중성이 늘 가치를 결정하는 것은 아니다. 이처럼 우리는 우리가 접하는 모든 것에 대해 다양한 측면으로 평가를 내리게 되는데, 특히 국가를 다스리는 위정자들은 이런 대중의 평가로부터 결코 자유스러울 수 없다.

모든 위정자들은 대중은 물론 전문가, 하다못해 정적들로부터도 잘했다는 평가를 받을 정도의 훌륭한 업적을 남기고 싶어 하지만 이것은 말처럼 쉬운 일이 아니다. 오히려 때로는 대의를 위해 대중에게 인기가 없는 정책을 펼칠 수 있는 용기가 필요할지도 모른다. 따라서 역사에 기록된 위정자들의 리더십은 당대보다는 이해관계로부터 보다 자유로운 후세에 와서 제대로 평가될 수 있는데, 비록 당대에는 인기가 없었어도 훗날 좋은 평가를 받거나 혹은 그 반대되는 경우를 쉽게 발견할 수 있다. 이것은 당대 대중에게 인기가 많았다고 그것이 분명히 제 역할을 잘 했다는 의미가 될 수는 없음을 뜻한다.

아마 이러한 예에 부합하는 대표적인 인물은 에바 페론Maria Eva Duarte de Perón이 아닌가 생각된다. 그녀는 대중들로부터는 살아 있는 천사라는 소리까지도 들었지만 전문가들로부터는 인기영합적인 술수로 국가를 파탄낸 악녀라는 극단적인 평가를 받고 있기 때문이다. 반대로 그리 많이 알려지지는 않았지만 전문가들로부터는 호평을 받았던 인물들의 경우도 있는데 장기적인 차원에서 생각한다면 오히려 이것이 국가를 진심으로 위한 것이 아닌가 생각된다. 핀란드의 국부로 칭송받는 만네르헤임은 페론과 달리 세계인들에게 그렇게 많이 알려지지도 않았고 평화 시에는 국내에서조차 비민주적이라는 지탄도 받았지만 위기에 빠진 약소국의 지도자가 우선시해야 할 가치가 무엇이고 리더십을 어떻게 발휘해야 하는지 확실하게 보여준 예라 할 수 있겠다.

그러나 빈 수레가 요란하다고는 하지만 대중에게 많이 알려지고 인기가 높은 사람이 모두 실력이 없다는 이야기는 물론 아니다. 대중으로부터 평가를 받을 위치까지 올라갔다는 것만으로도 분명히 그는 보통 사람들보다 많은 노력을 기울였을 것이 틀림없기 때문이다. 하지만 여기서 내가 말하고자 하는 것은 비록 많이 알려지지 않았어도 뛰어난 실력과 리더십을 보여주어 해당 분야에서 1인자의 위치를 점했던 인물들이 생각보다는 많다는 점이다. 그러한 인물을 같은 시기에 대중적인 명성을 얻었던 사람들과 직접 비교하면 오히려 숨어 있던 업적을 확실히 알 수 있다.

만슈타인과 비교되는 롬멜은 많이 알려진 것처럼 뛰어난 인물이기는 하지만 실력 이상으로 일반인들에게 높게 평가되고 있는 것도 사실이다. 북아프리카전선에서 보여주었던 롬멜의 전과는 두 말할 나위 없이 훌륭했지만 당시 소련과의 전쟁을 예정하고 있던 독일 전체의 입장에서 본다면 그의 선전이 그리 반갑지만은 않았다. 애당초 독일은 부차적인 전선이라 할 수 있는 북아프리카에 대한 관심이 그다지 크지 않았다. 독일은 내심 롬멜의 군대가 이탈리아를 도와 그냥 현상유지 정도만 하기를 바랐기 때문에 그 정도의 병력과 장비만 파견했지만 의외로 롬멜이 승리를 거듭하며 전선을 계속 확장해나가자 울며 겨자 먹기로 지원도 함께 확대해주어야 하는 난처한 지경에 이르렀다. 소련과 건곤일척의 혈전을 벌이면서 한 명의 사병도 아쉬웠던 독일은 단지 승리하고 있다는 이유만으로 주 전선도 아닌 아프리카에 무한정 지원을 계속할 수가 없었기 때문이다.

하지만 군 당국의 이런 고민과 달리 선전 목적으로 전쟁 영웅을 만들 필요가 있었던 나치 위정자들에게는 정치적으로 고분고분하고 바다 건너 아프리카에서 저돌적인 승리를 엮어내고 있던 롬멜이 대단히 좋은 재료가 되었다. 결국 체계적인 선전 결과 롬멜은 일반 국민들로부터 가장 인기 높은 장군으로 대접받게 되는데 1944년도에 벌어진 히틀러 암살미수 사건은 이렇게 가공 증폭된 롬멜의 위상을 확실히 보여준다. 혁명을 주도한 세력이 롬멜에게 접촉한 이유는 그의 대중적 인기를 혁명에 이용하고자 했기 때문이다. 그런데 이 점은 이후 혁명세력을 척결하고 사건을 종결지은 나치에게도 마찬가지였다. 사건이 미수로 끝난 후 여타 혁명 세력들과 달리 롬멜은 처형되지 않고 식구들의 안전을 담보로 자결을 강요받아 음독자살로 일생을 마쳤다. 그러나 롬멜의 선전 효과를 잃고 싶지 않은 나치는 롬멜의 죽음을 전사로 공표하고 국장까지 치렀다. 이렇게 무소불위의 정권조차 함부로 하지 못할 만큼 그는 독일 국민들에게 많이 알려져 있었다.

하지만 이처럼 정권을 장악하려는, 아니면 지키려는 입장에서도 함부로 하지 못할 만큼 커져버린 명망과 달리 군사적인 업적만 놓고 본다면 롬멜은 냉정하게 평가되어야 할 부분이 많다. 지원이 불가능할 정도로 무한정 확대시켜버렸지만 롬멜은 북아프리카전선에서 결국 패전했고 이러한 결과는 독일에 커다란 부담으로 돌아왔다. 또한 서부전선 방어의 총책을 담당했으면서도 상급자나 동료와 의견을 조율하지 못하고 독단적인 행동을 자주 보여 유기적인 방어망 완성에 공헌하지 못했던 점도 분명히 그의 실책이었다.

엄밀히 말하면 롬멜도 많은 승리를 이끌었지만 사실 당시 독일군에는 그 정도 전공을 세운 뛰어난 장군들이 많았다. 이처럼 군사적인 능력만 놓고 전문가들이 최고로 평가하는 장군들은 롬멜과 달리 대중적인 인기가 그저 그랬고 경우에 따라서는 히틀러가 내쳐버리기도 했다. 이런 점에서 볼 때 미국의 전쟁 영웅이자 영화에도 자주 등장하는 미국 기갑부대의 표상인 맹장 패튼은 대중에게 그리 많이 알려지지 않은 구데리안에게 감히 비교의 대상도 되지 못한다. 패튼은 언론에 가십거리를 끊임없이 제공한 저돌적인 일개 기갑부대장이었지만 구데리안은 장군으로서 뛰어난 지휘관이었던 동시에 기갑부대와 관련된 모든 것을 완성시킨 전략가였기 때문이다.

이러한 현상은 우리 현대사 최대의 비극인 한국전쟁에서도 볼 수 있

340

다. 그리 긴 시간이 지난 것도 아니지만 엄청난 규모의 지원을 하면서 전쟁에 깊숙이 개입한 미국에서도 어느덧 잊힌 전쟁으로 치부될 정도이고 전쟁의 당사자였으며 현재도 국토가 분단되어 있는 우리나라 사람들에게조차 이 비극적인 전쟁에 대한 관심은 점차 멀어져가고 있다. 따라서 그 당시에 활약한 인물들에 대해 자세히 알지 못하는 것은 어쩌면 당연한 현상일지도 모른다. 그나마 당시 전쟁을 가장 극적으로 지휘하여 오늘날 대한민국이 존속하는 데 이바지한 인물로 맥아더를 손꼽지만 사실 1950년 9월 28일을 끝으로 그의 지휘 능력은 기대 이하였던 경우가 대부분이었다. 오히려 어려운 여건에서 위기를 극복하면서 최선을 다한 이들은 워커, 스미스 그리고 김종오 같이 많이 알려지지 않은 인물들이었고 그들의 노고는 두고두고 되새길 만하다.

소설 속의 제갈공명은 바람의 방향을 바꾸는 신통술도 보이고 죽어서는 사마중달도 쫓아냈지만 정작 그가 만든 나라는 아주 볼품없는 변방의 약소국일 뿐이었다. 반면 실제로 사상 최대의 제국을 건설하는 데 앞장섰던 재상 야율초재의 엄청난 발걸음은 세계사를 결정했다. 또한 독일의 장차전을 위한 작전을 죽기 전에 완성해놓았던 지략가 슐리펜은 소설 속에서 묘사된 그 어떤 책사들보다 뛰어난 능력과 계책을 현실에 남겨주었다. 적에게 묘사된 글만으로도 놀라운 초원의 지배자였음을 충분히 알 수 있는 흉노의 위대한 선우 묵특은 그동안 진시황이나 유방을 당시 동양세계의 최고 지배자로 알고 있는 상식이 완전히 잘못되었음을 알려준다. 특히 후대의 칭기즈 칸이 자웅을 겨루던 상대들과 비교한다면 선우묵특이 대륙의 패권을 놓고 겨루었던 라이벌들은 오히려 더욱 강력한 상대였다고 평가할 수 있다.

생존을 위해 정치적으로는 한없이 자기를 낮추고 눈치도 보았지만 전선에서는 당대 어느 장성보다도 훌륭한 지도력을 보여주었던 로코소프스키는 소련에서는 영웅으로 폴란드에서는 악인으로 대중에게 유명했지만 우리에게는 너무나 낯선 인물이다. 이러한 인물을 통해 20세기 중반까지 혁명과 전쟁 그리고 냉전이 이어지는 숨 가빴던 시기에 소련과 동유럽의 급박한 변화를 그들의 시각으로 들여다보는 것도 흥미로운 일이다.

사실 이 책에서 언급한 10명은 우리나라 사람들의 관점에서 보았을 때 관심 밖의 인물들이다. 그러나 적어도 그들이 활동하던 시대와 공간에서는 실력을 인정받았고 또한 최고의 위치에 오른 사람들이지만 위에서 언급한 다른 인물들과의 비교에서 알 수 있듯이 실력에 비해 상대적으로 덜 알려져 있다. 전쟁이라는 과정이 인류사에서 차지하는 비중은 매우 크지만 그리 자랑스럽거나 계속해서 일어나기를 바랄 수는 없는 일이므로 되도록 조용하게 그리고 슬기롭고 신속하게 대처할 줄 알았던 인물들이 어쩌면 숨겨졌을 수도 있다. 그러나 그 이유가 무엇이든 이러한 숨겨진 위인들을 모르고 지나친다면 우리는 중요한 역사의 교훈들을 놓치게 되는 셈이다. 그래서 역사 속에 가려져 있던 위인을 찾아내 그들의 지혜를 배우는 이 작업이 가치 있는 것이다.

1970년대를 풍미한 ABBA의 히트곡 중 〈승자가 모든 것을 가진다The winner takes it all〉라는 노래가 있다. 이 노래의 제목처럼 어쩌면 최종 승리자만이 존경을 받을 수 있다는 것은 사실이다. 하지만 지금까지 살펴본 것처럼 많이 알려지지 않아 대중으로부터의 인기 등 모든 것을 갖지는 못했지만 숨어 있던 일인자들이 역사에 남긴 발자국은 생각 이상으로 컸다. 그리고 현재는 물론 미래에도 분명히 그러한 인물들은 반드시 존재할 것이다.

　물론 대중으로부터도 호평도 받고 전문가들의 평가에서도 흠잡을 것 없이 훌륭한 경우라면 두말할 필요 없이 최고겠지만 불행하게도 이러한 예는 인류 역사를 뒤져보아도 극소수에 불과하다. 그렇다면 대중적인 인기에 영합하지 않고 묵묵히 자기 분야에서 최선을 다해 최고의 리더십을 보여준 사람들이 많은 사회가 발전 가능성이 높은 사회가 아닐까 생각한다.

찾아보기

한국국방안보포럼(KODEF)은 21세기 국방정론을 발전시키고 국가안보에 대한 미래 전략적 대안을 제시하기 위해 뜻있는 군·정치·언론·법조·경제·문화 마니아 집단이 만든 사단법인입니다. 온·오프라인을 통해 국방정책을 논의하고, 국방정책에 관한 조사·연구·자문·지원 활동을 하고 있으며, 국방 관련 단체 및 기관과 공조하여 국방 교육 자료를 개발하고 안보의식을 고양하는 사업을 하고 있습니다. http://www.kodef.net

KODEF
안보총서
16

히든 제너럴
HIDDEN GENERALS
리더십으로 세계사를 바꾼 숨겨진 전략가들

개정판 1쇄 인쇄 2018년 1월 17일
개정판 1쇄 발행 2018년 1월 23일

지은이 남도현
펴낸이 김세영

펴낸곳 도서출판 플래닛미디어
주소 04035 서울시 마포구 월드컵로8길 40-9 3층
전화 02-3143-3366
팩스 02-3143-3360
블로그 http://blog.naver.com/planetmedia7
이메일 webmaster@planetmedia.co.kr
출판등록 2005년 9월 12일 제313-2005-000197호

ISBN 979-11-87822-14-1 03900

* 잘못된 책은 구입하신 서점에서 교환해 드립니다.